Eugen Biser

Nietzsche – Zerstörer oder Erneuerer des Christentums?

Gerd-Günther Grau
dem Pionier der religiösen Nietzsche-Forschung
in Dankbarkeit und Freundschaft

Inhalt

Nietzsches Rekonstruktion des Christentums

Vorwort

Wenn die Nietzsche-Forschung einen Beweis erbrachte, dann den ihrer Unabschließbarkeit. In der von ihm in Anspruch genommenen Unzeitgemäßheit erwies sich Nietzsche tatsächlich als der erst posthum für seine Weltwirksamkeit Geborene. Im Bewusstsein, dass seine Stunde noch kommen werde, konnte er seinen Zeitgenossen zurufen: „Ich komme zu früh, ich bin noch nicht an der Zeit!" Unwillkürlich trat er damit in die Fußspur dessen, der von sich mit noch ungleich größerem Recht sagen konnte: „Meine Stunde ist noch nicht gekommen."

Das lenkt den Blick auf ein kaum beachtetes Defizit der Nietzsche-Forschung. Es zeichnet sich in den Äußerungen jener Autoren ab, die aufgrund einer unverkennbaren Voreingenommenheit die Dominanz des Gottesproblems im kritischen Spätwerk Nietzsches bestreiten, und denen offensichtlich entging, dass das Christentum für Nietzsche letztlich eine Metapher Gottes ist. Darin ist es dann auch begründet, dass seine wiederholten Hinweise auf ein immer noch mögliches Christentum und auf die sich daraus ergebenden Konsequenzen keine wirkliche Beachtung fanden. Wie er einer Nachlassnotiz zufolge hinter der vermeintlichen Selbstzersetzung Gottes seine „Häutung" – „er zieht seine moralische Haut aus" – wahrnahm, so ist für ihn ein Christentum jenseits seiner dogmatischen Festlegungen und seiner moralischen Selbstdarstellung noch jederzeit möglich.

Umgekehrt ist das dann aber auch Grund und Anlass, der Inversion in Nietzsches Kritik des Christentums nachzugehen und die bei ihm nur schwach konturierten Umrisslinien eines Christentums der Zukunft, soweit dies die Texte erlauben, auszuziehen. Die innerste Rechtfertigung dieses Vorhabens ergibt sich aus der Beobachtung, dass sich Nietzsches Verhältnis zu Jesus in der Mitte des Antichrist von dem einer mehr als kritischen Distanz in das einer von der Theologie bis zur Stunde nicht eingeholten Einfühlung verwandelt. Das dokumentiert der Satz, der von der Leidens- und Liebesgemeinschaft des Gekreuzigten mit denen spricht, „die ihm Böses tun", und der es unausgesprochen lässt, ob er sich nur auf seine einstigen Peiniger bezieht.

Ich beschließe mit diesen Überlegungen den mit meiner Promotionsschrift über den Sinn des Satzes „Gott ist tot" (1962) eröffneten Ring meiner Nietzsche-Studien, die ich mit einer Nietzsche-Hermeneutik (1980), mit ‚Gottsucher oder Antichrist?' (1982) und mit dem in einer Zweitauflage vorliegenden Taschenbuch ‚Nietzsche für Christen' (2000) fortgeführt habe. In dankbarer Erinnerung an die Heidelberger Zeit widme ich die Schrift meinem Freund und Weggefährten in der Nietzsche-Forschung, Gerd-Günther Grau.

München, 25. August 2001 Eugen Biser

NIETZSCHES KRITIK DES CHRISTENTUMS

Gott ist tot! Gott bleibt tot! Und wir haben ihn getötet!
(Die fröhliche Wissenschaft III, § 125)

Nachdem die christliche Wahrheit einen Schluß nach dem anderen gezogen hat, zieht sie am Ende ihren stärksten Schluß, ihren Schluß gegen sich selbst.
(Zur Genealogie der Moral III, § 27)

Ich bin ein froher Botschafter, wie es keinen gab. Ich kenne Aufgaben von einer Höhe, dass der Begriff dafür bisher gefehlt hat; erst von mir aus gibt es wieder Hoffnungen.
(Ecce homo: Warum ich ein Schicksal bin, § 1)

I. Nietzsches letzter Wille

Wer ist Nietzsche?

Eigentlich müsste doch ein volles Jahrhundert nach seinem Tod gefragt werden: Wer war Nietzsche? Doch er selbst hätte der eingangs gewählten Frageform zugestimmt. Denn er war der Ansicht, dass „einige" – und er meinte damit sich selbst – erst „posthum" geboren werden und an der Zeit sind. Und darin hat ihm seine Wirkungsgeschichte Recht gegeben. Denn nie wurde er so heftig diskutiert, kommentiert und interpretiert wie heute. Doch dafür sprach anfänglich kaum etwas. Denn bei Lebzeiten schlug ihm eine Welle von Verständnislosigkeit entgegen, sodass er schließlich die wie Blei in den Regalen seiner Verleger liegenden Schriften zurückkaufen musste, um sie wenigstens verschenken zu können. Aber kaum war er in den Januartagen des Jahres 1889 in fast zwölfjährige Umnachtung gefallen, wuchs das Interesse an ihm und seinem literarischen Werk, und dies erst recht, nachdem er am 25. August 1900 in Weimar starb. Jetzt erregte er nicht nur das Interesse von Philosophen und Theologen, sondern vor allem auch das der durch ihn inspirierten Dichter und Komponisten. Sogar aus seiner Beanspruchung durch den Nationalsozialismus ging er, dank seiner Neuentdeckung durch jüdische Autoren, unbeschädigt hervor. War *Heidegger* der Schock und *Wittgenstein* die Ernüchterung des philosophisch Engagierten, so wurde er zur Droge der postmodernen Denkwelt, und dies mit ständig wachsender Wirkung. Doch wer war und ist er?

Am 15. Oktober 1844 als Sohn eines kirchenfrommen Pastors in Röcken (Sachsen) geboren, wuchs er in einer pietistisch gestimmten Familie auf, kam dann in die strenge Zucht der Erziehungsanstalt Schulpforta, die ihm das philologische Rüstzeug vermittelte, ihn aber auch schon an seinem Kinderglauben irre werden ließ. Als Vorzugsschüler des Altphilologen *Ritschl* errang er dessen Wertschätzung in so hohem Maß, dass er vor Abschluss seiner Promotion auf dessen Betreiben zum Professor in Basel berufen wurde. Doch schon bald traten die ersten Symptome seiner Todeskrankheit auf, die er sich als Student in Leipzig zugezogen hatte, sodass er seine Lehrtätigkeit aufgeben musste, um sein weiteres Leben als freischaffender Schriftsteller zu führen. Wichtig wurden für den Ruhelosen, der nach vielfachem Wohnsitzwechsel endlich in Sils-Maria im Oberengadin eine spartanische Bleibe fand, die in der

Folge wieder zerbrechenden Beziehungen zu *Richard Wagner* und der hoch begabten *Lou Salomé*. Enttäuscht zog sich der zusehends Vereinsamte auf sein kultur- und christentumskritisches Werk zurück, das in der ‚Fröhlichen Wissenschaft', dem ‚Zarathustra', in ‚Jenseits von Gut und Böse', der ‚Genealogie der Moral', der ‚Götzen-Dämmerung' und dem ‚Antichrist' seine Höhepunkte erreichte. Auf dem Weg zur Post, der er seine Wahnsinnsbotschaften an Freunde und hoch gestellte Persönlichkeiten übergab, brach er in Turin auf offener Straße zusammen, sodass er nur noch mit Mühe durch seinen Freund *Overbeck* vor der Einweisung in eine italienische Irrenanstalt bewahrt und der Klinik in Basel übergeben werden konnte. Ohne je wieder das normale Bewusstsein erlangt zu haben, kam er schließlich in die Obhut seiner warmherzigen Mutter und nach deren Tod in die Verfügungsgewalt seiner herrschsüchtigen Schwester, die mit Hilfe eines ständig wechselnden Mitarbeiterstabs seine Werke in teilweise tendenziös verfälschter Form herausbrachte. Nach dem Zweiten Weltkrieg gelang es dem Italiener *Mazzimo Montinari,* seine Werke in einer mustergültigen, vollständigen Edition herauszubringen. Doch damit stellte sich die Frage nach ihm definitiv als die nach dem, der er ist.

Was wollte Nietzsche?

Zwar schrieb Nietzsche in den letzten Wochen seines Schaffens: „Das eine bin ich – das andere sind meine Schriften." Deshalb ließ er dann auch auf den ‚Antichrist' einen Lebensrückblick unter dem Passionstitel ‚Ecce homo' folgen. Wie aber bei *Michelangelo* die wahre Biographie in seinen Bildwerken und wie sie bei *Beethoven* in seinen Tonschöpfungen besteht, schrieb Nietzsche seine Autobiographie in Form seiner Schriften. Sie sind, wie dies auch *Goethe* von sich sagte, eine „große Konfession". Denn sein Denken war sein Leben. In seinem Denken suchte er die Antwort auf seine Lebens- und Identitätsfrage, die ihm die ihn umgebende Lebenswelt schuldig blieb. Deshalb wurde er zum großen Kritiker der Zivilisation, Kultur, Moral und Religion seiner Zeit, der diese angriff, um sie doch noch zu der ihm zunächst verweigerten Antwort zu bewegen.

Dabei war er sich darüber im Klaren, dass sich seine auf ihren Humanismus, ihre technische Leistung und ihre politischen Erfolge pochende Zeit insgesamt auf einer abschüssigen Bahn bewegte und in einer Selbstauflösung begriffen war. Getreu seinem Grundsatz, dass man das, was zu fallen droht, noch zudem hinabstoßen müsse, ging er darauf aus, den unvollständigen Nihilismus, den er überall am Werk sah, in den vollkommenen zu verwandeln. Dem entsprach der Wandel in seiner Selbsteinschätzung.

Fühlte er sich zunächst als Beobachter und Deuter, so zuletzt als den Menschen des Verhängnisses, der diesen Prozess beschleunigte und dadurch ungeahnte Katastrophen auslöste. Im Blick auf den blutigen Gang des Jahrhunderts, an dessen Beginn er starb, wird man ihm die Fähigkeit zu hellsichtiger Prognose nicht absprechen können.

Lange bevor *Sigmund Freud* sein ‚Unbehagen in der Kultur' (1930) äußerte, sprach Nietzsche schon von dem „vielfachen Mißbehagen, welches die Ansprüche der höheren Kultur dem Menschen machen" (Menschliches, Allzumenschliches I, § 277). Vorausgesetzt, dass der Sinn aller Kultur darin bestehe, aus dem Raubtier Mensch ein „Haustier" zu machen, muss man die „Realisierens- und Ressentiments-Instinkte" als die eigentlichen Werkzeuge der Kulturentwicklung ausmachen.[1] Insbesondere hat für ihn das moderne Bildungswesen „nur den Wert einer anspruchsvollen Illusion"[2]. Weil in den Werken, „in denen die Menschheit ihre oberste Wünschbarkeit" zusammenfasste, die „Verfallsinstinkte" zur Norm erhoben wurden,[3] muss unter den schmeichlerischen Übermalungen der „schreckliche Grundtext homo natura" wieder freigelegt und der Mensch in die Natur „zurückübersetzt" werden.[4]

Ungleich strenger als mit dem „glitzernden Phantom" Kultur geht Nietzsche mit der Moral, dieser „Circe der Menschheit" und aller Denker, ins Gericht.[5] Denn in der „Hieroglyphenschrift" der menschlichen Moralgeschichte entziffert er immer nur den nackten Willen gegen das Leben, den Willen zum Nichts. Sie, die Moral, war schuld daran, dass der prachtvollste und mächtigste Typ Mensch niemals erreicht wurde und dass stattdessen nur Fragmente des wahren Menschseins zustande kamen. Zu dieser Wirkung gelangte die Moral aber vor allem infolge ihrer Verknüpfung mit der Religion, die ihrerseits als „Ausgeburt des Zweifels an der Einheit der Person" zu gelten hat und als solche aus dem gebrochenen Identitätswillen des Menschen hervorging.[6] Umgekehrt wird die Moral dann aber auch der Religion und insbesondere dem Christentum zum Verhängnis. Wie dieses in der Reformation „als Dogma" zugrunde ging, so steht es im Zug seiner Selbstauflösung heute im Begriff, auch „als Moral" zugrunde zu gehen, zumal sich das Christentum in verhängnisvoller Fehleinschätzung als moralische Religion darstellte und verstand. Indessen lag Nietzsche nichts ferner, als den Ausgang dieses Prozesses als distanzierter Beobachter abzuwarten; vielmehr griff er mit wachsender Vehemenz in seinen Ablauf ein.

Nietzsches Kampf

Die Entfremdung von der real gegebenen Lebenswelt, die Nietzsche der Moral und der mit ihr verbündeten Religion vorwirft, kulminiert für ihn in dem beiden zugrunde liegenden Gottesbegriff, der für ihn letztlich in einer Überredung zum Nichts besteht. Nichts wäre aber verkehrter als die daraus von heutigen Auslegern gezogene Konsequenz, ihn deshalb für irrelevant zu erklären und als reine Fiktion auf sich beruhen zu lassen. Da Nietzsche den Nihilismus in jeder Form ebenso als sein Ziel wie als seine größte Herausforderung empfand, stand für ihn gerade der zu einer Fiktion und damit zum Inbegriff aller Schwächungs- und Vernichtungstendenzen erklärte Gott im Zentrum seines – nie zu Ende gekommenen – Kampfes. Auch sein mit zunehmender Aggressivität geführter „Todkrieg" gegen das Christentum war, von seiner letzten Motivation her gesehen, ein Kampf unter der Parole „wenn es Götter gäbe, wie hielte ich es aus, kein Gott zu sein?"[7]. Denn das Christentum ist für ihn, den erklärten Gegner aller Systeme, ein um den Gottesbegriff aufgebautes System,

> *eine zusammengedachte und ganze Ansicht der Dinge. Bricht man aus ihm einen Hauptbegriff, den Glauben an Gott, heraus, so zerbricht man auch das Ganze. Man hat nichts Notwendiges mehr zwischen den Fingern.*[8]

Damit hat Nietzsche aber nicht nur seinen Begriff des Christentums offen gelegt, sondern auch seine Strategie mit aller Entschiedenheit herausgestellt. Das schließt zusätzliche Initiativen keineswegs aus, stellt aber definitiv klar, dass es ihm zentral um die Eliminierung des Gottesglaubens zu tun war und dass sich diesem Ziel alles andere unterordnete und von ihm her seinen Stellenwert empfing. Das muss nicht nur im Blick auf gängige Fehldeutungen, sondern auch „werkimmanent" hervorgehoben werden, da Nietzsche auf sein Zentralmotiv, den „Tod Gottes", nur vergleichsweise selten zu sprechen kommt und den in diesem Zusammenhang zu nennenden Schlüsseltext, den Aphorismus „Der tolle Mensch" seiner ‚Fröhlichen Wissenschaft' (III, § 125), in den folgenden Schriften höchstens noch andeutungsweise erwähnt. Daraus einen Einwand herzuleiten, hieße Nietzsches schriftstellerisches Verfahren gröblich zu verkennen. Denn so wie dieses durch die Verheimlichung seiner Quellen – *Augustinus*, *Goethe*, *Heine* – gekennzeichnet ist, gilt Ähnliches auch von der Verkennung seiner tatsächlichen Spitzenleistungen, die erst durch die Interpretation als solche erschlossen und gegebenenfalls auch gegen alte und neue Fehleinschätzungen geltend gemacht werden müssen.

Der parabolische Widerruf

Als Kritiker *Kants* stand Nietzsche ebenso unter dem Eindruck von dessen Kritik der klassischen Gottesbeweise wie unter dem des dramatischen Referats, mit dem *Heinrich Heine* seiner französischen Leserschaft einen Eindruck von dieser Kritik vermitteln wollte. In seiner ‚Geschichte der Religion und Philosophie in Deutschland' (1834), die Nietzsche wie eine – wenngleich von ihm verheimlichte – Fundgrube seiner Gotteskritik vorgekommen sein musste, schildert Heine diese Kritik im Bild eines von Kant unter den „himmlischen Leibgarden Gottes" – den Gottesbeweisen – angerichteten Massakers, an dessen Ende „der Oberherr der Welt" unbewiesen in seinem Blute liegt. Nur ein Beweis, fügt Heine hinzu, sei diesem Blutbad unbeschädigt entronnen: der ontologische, der sich über *Descartes* auf *Anselm von Canterbury*, ansatzweise sogar bis auf *Augustin* zurückführen lasse. Davon musste sich der dem Ziel der Eliminierung des Gottesbegriffs verschriebene Nietzsche ebenso betroffen wie herausgefordert fühlen. Alles musste daran gesetzt werden, um auch diesen Pfeiler zu Fall zu bringen. Da das, wie das Scheitern *Kants* bewies, auf spekulativem Weg nicht gelingen konnte, blieb nur der dem Sprachdenker und Bibelkenner Nietzsche nahe liegende Weg der Sprache. Denn Jesus hatte seine Botschaft gerade nicht in Lehrsätzen, sondern in Gleichnissen vorgetragen. Seine Spur hatte Nietzsche bereits mit der Parabel „Die Gefangenen" in ‚Menschliches, Allzumenschliches' (II, § 84) aufgenommen. Stimuliert durch die Vorgaben *Heines,* machte er sich nun nochmals ans Werk, indem er den Gedanken des unüberdenklich Größten ins Zentrum seiner Gleichniserzählung stellte. In diesem Sinn stellte er seinen ungläubigen Zeitgenossen durch den Mund des „tollen Menschen" drei Fragen, von denen sich die mittlere unmittelbar auf den Zentralbegriff des anselmischen Gottesbeweises bezieht:

> *Wie vermochten wir das Meer auszutrinken? Wer gab uns den Schwamm, um den ganzen Horizont wegzuwischen? Was taten wir, als wir diese Erde von ihrer Sonne loskettet en?*

Mit der Schlussfrage beschwört er dann auch schon die mit dem Tod Gottes hereinbrechende „Gottesfinsternis", von der im Anschluss an ihn der jüdische Religionsphilosoph *Martin Buber*, wegweisend für das Glaubensbewusstsein der Gegenwart, sprach. Was in der Folge des Gottestods kommt, ist eine Welt ohne Oben und Unten, also ohne Orientierung, dafür aber der wachsenden Nacht und Kälte. Damit bleibt er voll in der Spur der Gleichnisse Jesu, die allesamt zunächst darauf ausgehen, die gewohnten Denk- und Verhaltensweisen außer Kraft zu setzen, um die Herzen seiner

Hörer für die neue Gerechtigkeit des von ihm verkündeten – und verkörperten – Gottesreichs zu öffnen. Und auch darin folgt Nietzsche seinem Vorbild, wenn er den Urhebern der von ihnen begangenen, aber längst nicht begriffenen Untat des Gottesmordes zugute hält:

Und wer immer nach uns geboren wird, gehört um dieser Tat willen einer höheren Geschichte an als alle Geschichte bisher war.

Die schönste Apologie

Von da an verzweigen sich Nietzsches strategische Wege. Bevor er sich daran macht, den Ruin des seines Zentralbegriffs beraubten Christentums zu denunzieren, ist es ihm darum zu tun, die Folgen der Beseitigung Gottes für den – seiner Diagnose zufolge durch den Gottesglauben fragmentierten – Menschen auszuleuchten. Denn der unter die Gewalt Gottes gebeugte und durch das widersprüchliche Christentum zudem in ein Selbstzerwürfnis getriebenen Mensch trat in Akten einer unbegreiflichen „Freigebigkeit" seine höchsten Vorzüge, wie schon *Feuerbach* dekretierte, an Gott ab. Nicht dieser hatte den Menschen, sondern die Menschen haben, wie auch Nietzsche in einer knappen Notiz bemerkte, „Gott geschaffen". Nun aber gilt es, die durch den Tod Gottes wieder frei und verfügbar gewordenen Attribute ihrem wahren Eigentümer, dem Menschen, zurückzuerstatten. Im Stil einer feierlichen Resolution erklärt Nietzsche daher in einer Nachlassaufzeichnung:

All die Schönheit und Erhabenheit, die wir den wirklichen und eingebildeten Dingen geliehen haben, will ich zurückfordern als Eigentum und Erzeugnis des Menschen: als seine schönste Apologie.[9]

Was damit in Gang gesetzt war, hat allerdings erst Nietzsches Wirkungsgeschichte ans Licht gebracht. In seinem ‚Unbehagen in der Kultur' stellte *Freud* die inzwischen vielfach bestätigte Tatsache heraus, dass sich die moderne Hochtechnik nicht mehr auf das Ziel der Daseinserleichterung, sondern auf die uralten Traumziele der Menschheit konzentriert und damit auf die Realisierung von Utopien ausgeht. Dabei sucht der Mensch göttliche Attribute in seine Verfügungsgewalt zu bringen. Im Licht der inzwischen erfolgten Entwicklung hieße das: in der Raumfahrt einen Anteil an göttlicher Allgegenwart, in der Nachrichtentechnik und dem Internet einen Anteil an göttlicher Allwissenheit, in der Gentechnik einen Anteil an göttlichem Schöpfertum.

Demgegenüber stellt Nietzsche selbst die durch den Gottestod ermöglichte Steigerung des Menschen heraus. Zunächst in dem Aphorismus „Excelsior!“ der ‚Fröhlichen Wissenschaft‘, der mit dem großen Verzicht auf den Ausblick auf das Gebirge beginnt, „das Schnee auf dem Haupte und Gluten in seinem Herzen trägt“, also im Verzicht auf einen Vergelter und Verbesserer letzter Hand und auf die Ruhestatt in der Gewissheit eines letzten Friedens, und der mit dem Bild eines Sees schließt, der „einen Damm dort aufwarf, wo er bisher abfloss“ und seither immer höher steigt (III, § 285). Vor allem aber bezieht sich das auf die von *Karl Löwith* in ihrem Rang als Spitzenleistung Nietzsches herausgestellte Lehre von den „drei Verwandlungen“ zu Beginn des ‚Zarathustra‘: der Verwandlung des Menschen in das Kamel, die Figur der Heteronomie, sodann der Ver wandlung des Kamels in den Löwen, das Sinnbild der Autonomie, und schließlich des Löwen in das Kind, die Symbolfigur des zu erfüllendem Seinsglück und voller Identität gelangten Menschseins. Wie Nietzsche diese Idee der Erhebung des Menschen mit dem Postulat seiner Rückübersetzung in den naturhaften „Grundtext“ vereinbart, ist nicht abzusehen. Dafür zeichnet sich von da aus eine zweite wirkungsgeschichtliche Spur ab, diesmal aber in Richtung auf die mörderischen Exzesse der Unmenschlichkeit durch die von ihm angesagten „Herren der Erde“, von denen er im Fall, dass er sie erlebt hätte, zweifellos mit allen Zeichen des Entsetzens zurückgewichen wäre, denen er aber durch seine brutalen Formeln gleichwohl verbalen Vorschub leistete. Welchen Fortgang aber nahm sein Kampf gegen das Christentum?

Die furchtbarste Anklage

Im Grunde war Nietzsches Kampfziel dadurch erreicht, dass er mit seiner Toterklärung Gottes den Zentralbegriff aus dem christlichen Systemgebäude herausgebrochen hatte. Weil er aber angesichts der religiösen Beharrungskräfte am Erfolg dieser Attacke zweifelte, verfiel er auf zusätzliche Strategien, die sich freilich wie Wasser und Feuer zueinander verhielten. Die eine bestand in einer destruktiven Auslegung des Christentums, die andere in einer exzessiven und schließlich sich selbst überschlagenden Verbalpolemik.

Was die erste anlangt, so beginnt sie mit dem exorbitanten Satz: „im Grunde gab es nur einen Christen, und der starb am Kreuz“[10]. Mit dem Kreuzestod, den die Jünger ihrem Meister nicht verziehen, verbanden sich für sie aber drei Fragen: „wer war das? was war das? warum gerade so?“[11] Aus dem Versuch, darauf möglichst griffige Antworten zu finden, entstand die Geschichte des Christentums, die von daher das Gepräge einer Auslegungsgeschichte, näherhin der Geschichte eines „schrittweise immer gröberen Mißverstehens eines ursprünglichen Symbolismus" annahm.[12] Auf die erste Frage antwortete die Stilisierung des Gekreuzigten zum „Typus des Erlösers", auf die zweite die Deutung seines Todes als Opfertod und auf die dritte die von Nietzsche als Absturz in ein „schauderhaftes Heidentum" empfundene Lehre von seiner Sühneleistung.[13] Über diese Grundschicht legte sich in der Folge eine zweite in Gestalt der Begriffe „Menschensohn", „Reich Gottes", „Kindschaft Gottes", „Sünde", „Sündenvergebung", „Glaube" und „Erlösung" durch den Glauben.[14] Dazu traten dann schließlich außerchristliche Interpretamente, wie sie eine Nachlassnotiz aufführt:

Über das Christentum Herr geworden: der Judaismus (Paulus); der Platonismus (Augustin); die Mysterienkulte (Erlösungslehre, Sinnbild des Kreuzes), der Asketismus (= Feindschaft gegen die „Natur", „Vernunft", „Sinne" – Orient …).

Das führte zu einer progressiven Entfremdung vom Ursprung, und dies mit der Folge, dass die Menschheit heute „vor dem Gegensatz dessen auf den Knien liegt, was der Ursprung, der Sinn, das *Recht* des Evangeliums war", und dass mit dem Begriff „Kirche" gerade das heilig gesprochen wurde, „was der ‚frohe Botschafter' als *unter* sich, als *hinter* sich empfand"[15].

Getreu seinem Grundsatz, daß umgestoßen werden müsse, was bereits wanke, attackierte Nietzsche diese „Fiktionswelt" gleichzeitig mit Unterstellungen und Vorwürfen, die sich von der Polemik über das Pamphlet bis zur Verfluchung steigerten. Jetzt nennt er die Christen „kleine Mißgeburten von Muckern und Lügnern", die Begriffe wie „Gott", „Wahrheit", „Licht", „Geist", „Liebe", „Weisheit" und „Leben" für sich in Anspruch nahmen, um die „Welt" von sich und sich von der Welt abzugrenzen.[16] Jetzt wirft er der Kirche vor, „aus jedem Wert einem Unwert, aus jeder Wahrheit eine Lüge" gemacht zu haben. Und jetzt schreibt er mit „Buchstaben, um auch Blinde sehend zu machen" die „ewige Anklage", mit der er „das Christentum den *einen* großen Fluch, die *eine* große innerlichste Verdorbenheit, den *einen* großen Instinkt der Rache" und „den *einen* unsterblichen Schandfleck der Menschheit" nennt, an alle Wände, wo es nur Wände gibt und dies im Zug einer Haß-Tirade, mit der er seinen schriftstellerischen Rang aufs Spiel setzt und – verspielt.[17]

Der Doppelgänger

Es läge in der Konsequenz dieser Attacke, dass sich Nietzsche mit gleicher Vehemenz auch auf die Gestalt Jesu stürzte. Doch das Gegenteil ist der Fall. Wie *Karl Jaspers* beobachtete, ist es bei Nietzsche immer wieder nach dem Kampf, ja schon inmitten des Kampfes, als gebe er ihn auf, indem er den Gegner „mit einbezieht, sich gleichsam in ihn verwandelt“, und das gelte sogar für das Christentum.[18] Erst recht gilt das dann aber für sein Verhältnis zu Jesus, den er trotz aller Kritik, die sich einmal sogar bis zu der Bezeichnung „Idiot“ steigert, im Bewusstsein seiner Sonderstellung gleichzeitig aus dieser ausnimmt, um sich schließlich, mit Jaspers gesprochen, in ihn zu verwandeln. Der Umschwung von der Distanzierung zur Aneignung kündet sich an, wenn er für sich ein Wissen um „diesen großen Symbolisten“ in Anspruch nimmt, im Vergleich zu dem sich schon das der ersten Jünger wie eine hilflose Vergröberung ausnehme.[19] Und er wird sprachlich fühlbar, wenn er die dogmatischen Leitbegriffe wie „Sohn Gottes“ oder „zweite Person der Trinität“ als „die *Faust* auf dem Auge“ bezeichnet und wenn er dem den Seufzer „oh auf was für einem Auge!“ hinzufügt. Seinen Höhepunkt aber erreicht dieser Vorgang in seiner Deutung des Gesprächs Jesu mit dem Leidensgefährten, das wegen der irrtümlichen Zuordnung der Personen in der Erstausgabe unterdrückt wurde. Doch an dieser Stelle erreicht es einen Grad der Einfühlung in das Passionsgeschehen, der selbst von *Kierkegaard* nicht überboten wurde, wenn er von dem Gekreuzigten sagt:

Und er bittet, er leidet, er liebt mit *denen,* in *denen, die ihm Böses tun.*[20]

Tatsächlich muss man bis in spätmittelalterliche Passionsdarstellungen zurückgehen, um eine Entsprechung zu dem Gedanken, dass die Passion Jesu nicht so sehr das Werk des Hasses als vielmehr seiner die Feinde einbeziehenden Liebe ist, ausfindig zu machen. Auf dieser Aussage liegt auch insofern ein besonderer Akzent, als sie strukturell der extremen Nachlassnotiz nahekommt:

In mir überwindet sich das Christentum.

Damit macht er seinen Kampf gegen das Christentum zu seinem Lebensinhalt, wenn nicht gar zu seiner Identitätsfrage. Formell bezieht er mit diesem Satz die dramatische Gegenposition zu Jesus, der von sich sagen könnte: Aus mir und durch mich entsteht das Christentum. Da sich Nietzsche auf dem Höhepunkt seiner Polemik jedoch als den „Gegensatz eines neinsagenden Geistes“ bezeichnet,[21] ist mit dem Satz von der in und mit ihm vollzogenen Überwindung des Christentums keineswegs das letzte Wort gesprochen. Tatsächlich wünscht er nicht nur, wie Jaspers bemerkte, dessen Fortdauer; vielmehr bekennt er sich auch in aller Form dazu, wenn er, sogar im ‚Antichrist', betont:

> *Das echte, das ursprüngliche Christentum wird zu allen Zeiten möglich sein.*[22]

Das setzt freilich einen grundlegenden Wandel in seinem Verhältnis zu Jesus voraus. Bezeichnete er sich zuvor in aller Form als „Antichrist" und damit als seinen erklärten Widersacher, der mit seiner „ewigen Anklage" sogar die Position Satans, des unablässigen „Anklägers" der Brüder (Offb 12,10) übernimmt, so spielt er sich in der Folge, wie erstmals *Franz Brentano* erkannte, zunehmend in die Rolle des „Nachahmers" hinein, um sich schließlich nach Art eines „Doppelgängers" im Sinne gnostischer Vorstellungen geradezu mit ihm zu identifizieren. Wie Jesus zum Glauben an seine Frohbotschaft aufruft (Mk 1,14), nennt er sich zuletzt einen „*frohen Botschafter*, wie es keinen gab"; und wie Jesus im Kolosserbrief die Hoffnung genannt wird (Kol 1,27), versichert er nun: „erst von mir an gibt es wieder Hoffnungen".[23] Das aber lässt in der mit zunehmender Gehässigkeit geführten Attacke auf das Christentum in diesem wie in einem Palimpsest einen Gegensinn aufscheinen, der die Frage nach seinen letzten Absichten aufwirft.

Die Rekonstruktion

Nietzsches literarische Produktion endet in einem Doppelgipfel von hintergründiger Bedeutung. Zunächst in seinem ‚Antichrist', der einem folgenschweren Eingeständnis gleichkommt. Im selben Maß, wie er in diesem abschließenden Urteilsspruch seinem Hass die Zügel schießen lässt, gibt er seinen Rang als einer der „ersten Artisten der deutschen Sprache" auf. Und nicht nur dies! Indem er in einer Korrektur letzter Hand den ursprünglich vorgesehenen Untertitel „Versuch einer Kritik des Christentums. Erstes Buch der Umwertung aller Werte" durchstrich und durch „Fluch auf das Christentum" ersetzte, gab er zudem den auf vier Bände veranschlagten Plan eines systematischen Hauptwerks auf, zumal dieser letzten Konzeption zufolge das gesamte Vorhaben der Umwertung mit dem ‚Antichrist' abgeleistet war.

Erst vor diesem Hintergrund wird der zweite Gipfel, der als „Autohagiographie" (*Sommer*) konzipierte Lebensrückblick ‚Ecce homo', voll verständlich. Wie zur Bestätigung der These, dass Nietzsches wahre Autobiographie in seinen Schriften vorliegt, unterzieht das Werk in seinem Mittelstück die von Nietzsche bereits herausgebrachten Publikationen einer Neulektüre, die nicht zufällig an *Augustins* ‚Überprüfungen' (Retractationes), das „Bekenntniswerk seines Greisenalters" (*Perl*), erinnert. Im ersten Teil der Schrift betont er, wenngleich wider besseres Wissen, dass er niemals Personen angreife, sondern sich ihrer immer nur wie eines starken „Vergrößerungsglases" bediene, um einen „wenig greifbaren Notstand sichtbar" zu machen.[24] Da in ‚Ecce homo' nach einer Bemerkung *Giorgio Collis'* das Sachinteresse „in eine überreizte Betrachtung der eigenen Person" umschlägt, entsteht der Eindruck, dass er in dem mit „Warum ich so gute Bücher schreibe" betitelten Mittelstück genauso verfährt und sich selbst nach Art eines Prismas an die bereits veröffentlichten Schriften heranträgt, um ihnen tiefere Einsicht abzugewinnen und neue Glanzlichter aufzusetzen. Wie sein Bericht über die Entstehung des ‚Zarathustra' zeigt, den *Thomas Mann* zu seinen glänzendsten Textstücken zählt, spricht viel für diese Annahme.

Dann aber legt sich der Gedanke nahe, ihn als Lesehilfe auch an seine Christentumskritik heranzutragen, um sie nach ihren letzten Intentionen und Konsequenzen zu befragen. Was die Intentionen anlangt, so besteht kein Zweifel daran, dass er dem Christentum mit dem ‚Antichrist', wie *Andreas Urs Sommer* verdeutlichte, ein seine Aufhebung erzwingendes Gegen- und Zerrbild entgegenhalten wollte. Was aber die Konsequenzen betrifft, so wird man sich an die Stelle aus ‚Ecce homo' erinnern müssen, an der er sich zwar nicht als den Doppelgänger Jesu, wohl aber als den seiner selbst bezeichnet, der über ein „zweites Gesicht" und über den – synoptischen – Einblick in scheinbar „getrennte Welten" verfüge.[25] Denn in der Sicht dieses „Prismas" kommt, palimpsestartig, der von Nietzsche immer nur angedeutete Gegensinn zu seinem „Todkrieg" gegen das Christentum zum Vorschein. Wenn auch nicht von dessen Wiederherstellung die Rede sein kann, so doch von seiner durch Nietzsche zwar nicht intendierten, aber doch ermöglichten Rekonstruktion. Es wäre, skizzenhaft angedeutet, ein Christentum ohne Gewalt und machtmäßig gestütztes Ordnungsgefüge, ohne Dogmen und Ämter, ohne die in einem jahrhundertelangen Verfremdungsprozess eingeschleusten Implikate jüdischer, platonischer und asketischer Provenienz und ohne die Zwangsideen von Sünde, Opfer und Entsühnung, das sich als solches um den aufbauen würde, der nun nicht als letzter und einziger, sondern als erster Christ gelten könnte: um einen Jesus jenseits aller Unterscheidungen und Gegensätze und darum der reinen mit dem Wort von der „Gotteskindschaft" gemeinten Innerlichkeit, um diesen Jesus, der für seinen Verkehr mit Gott keine Formeln und Riten benötigte, wohl aber die Praktik vorlebte, wie man sich göttlich, selig und jederzeit als „Kind Gottes" fühlen könne, und der gleichwohl, ungeachtet dieses vermeintlichen Quietismus, den großen, die Dinge von ihren Wurzeln her angreifenden Umbruch aller Verhältnisse dadurch bewirkt, dass er ebenso wie in den Seinen so auch in seinen Gegnern und Feinden – der Gegner Friedrich Nietzsche durchaus eingeschlossen – betete, litt und liebte. Das ist zweifellos ein extrem utopisches Bild des Christentums, jedoch ein Bild, das wie alle großen und gültigen Utopien dazu angetan ist, verhärtete Strukturen aufzubrechen und die bestehenden Verhältnisse ihrer größeren Zukunftsgestalt entgegenzuführen.

II. Umriss einer Nietzsche-Hermeneutik

Der Gang der Wirkungsgeschichte

Ohne Übertreibung kann man sagen, dass kein Philosoph eine auch nur annähernd so bewegte Wirkungsgeschichte aufweist wie Nietzsche. Schon seine Kennzeichnung als Philosoph ist kontrovers. Sie wurde von Gegnern wie *Podach*, die ihm diesen Ruhmeskranz missgönnten, ebenso heftig in Abrede gestellt wie von Befürwortern vom Range *Löwiths* verteidigt, die darin einen Akt banausischen Unverstands erblickten – ähnlich dem, mit dem das Zarathustra-Kapitel „Von den Gelehrten" abrechnet:

Als ich im Schlafe lag, da fraß ein Schaf am Efeukranze meines
Hauptes, –
fraß und sprach dazu: „Zarathustra ist kein Gelehrter mehr."
Sprach's und ging stotzig davon und stolz. Ein Kind erzählte mir's.[1]

Freilich kann in einem so extremen Fall, wie er durch Nietzsche gegeben ist, kein noch so großer Unsinn behauptet werden, der nicht auch eine Spur von Sinn enthielte. So kommt es, dass sich gerade in seiner Einschätzung als Philosoph die Extreme berühren. Denn der zweifellos entschiedenste Befürworter der Zugehörigkeit Nietzsches zur Philosophiegeschichte, *Heidegger*, erklärt ihn zu deren Endgestalt, in der die philosophische Denkweise, die in der abendländischen Metaphysik ihren reinsten Ausdruck fand, an ihr eigenes Ende gelangt und in eine neue, den Weg des „Seinsdenkens" einschlagende Denkform aufgehoben wird. Das ist typisch, auch für alle andern Versuche, Nietzsche auf den Nenner eines monosemantischen Begriffs zu bringen. Wie die Widersprüchlichkeit seiner eigenen Aussagen vermuten lässt, ist er stets eine schwer zu fassende Einheit von Position und Gegenposition. Immer ist er beides zugleich: Philosoph und Antiphilosoph, Politiker und Verneiner der politischen Lebensform, Bewunderer des Judentums und Antisemit, heimlicher Verehrer Jesu und wütender Antichrist. Stets entzieht sich das Phänomen Nietzsche dem Zugriff einer eindeutigen Bestimmung, indem es in deren Gegenteil zurücktritt.

Verunsichert und unschlüssig reagierte die Interpretation auf diese Ambivalenz mit wiederholtem Perspektivenwechsel. Auf die Nietzsche-Philosophie der ersten Stunde, repräsentiert vor allem durch die hervorragende

Würdigung *Lou Salomés*[2], folgte, vermutlich unter dem Eindruck von Nietzsches Anspruch, der Urheber der „Psychologie im großen Stile" zu sein[3], die Nietzsche-Psychologie der zweiten und, veranlasst durch das Problem der Sichtung, Edition und Einschätzung des Nachlasses, die Nietzsche-Philologie der dritten Stunde. Dabei konnte sich die Betonung des Philologischen, wiewohl sie von der Nachlass-Problematik ausgelöst war, auf Nietzsches eigene Anfänge, insbesondere auf seine philologische Kritik des im Winckelmann'schen Sinne „geschönten" Griechenbilds seiner Umwelt, stützen, während die Nietzsche-Psychologie vornehmlich durch die Krankheitsgeschichte und den Streit um die Ursache des Zusammenbruchs Auftrieb erhielt. Demgegenüber befand sich das philosophische Nietzsche-Verständnis von vornherein in der Defensive; dies aber nicht nur angesichts der schon früh einsetzenden Gegenstimmen, sondern mehr noch in Abwehr der immer unverhohlener unternommenen Versuche, Nietzsche als prophetischen Visionär, sei es eines neuen Menschentums (*Simmel*), einer neuen Sozialutopie (*Hildebrand*) oder gar einer Gegenreligion (*Bertram*) auszugeben.[4]

Wie wenn diese überaus komplexe Sachlage, die sich gleicherweise aus Nietzsches innerer Widersprüchlichkeit wie aus den sein Bild komplizierenden Wechselwirkungen erklärt, nicht schon labyrinthisch genug gewesen wäre, kamen zwei Umstände hinzu, die den Gang der Rezeption auf Jahrzehnte hinaus ungewöhnlich belasteten. Der erste bestand in der despotischen Regie der Schwester, die ohne Rücksicht auf Texte, Positionen und Personen ihr legendarisch geglättetes Nietzsche-Bild zur verpflichtenden Norm der von ihr kontrollierten Editionen und Interpretationen erhob.[5] Mit welcher Skrupellosigkeit sie dabei zu Werk ging, zeigen die zahlreichen Brieffälschungen mit dem Ziel, sich als die einzig authentische Verwalterin des geistigen Erbes ihres Bruders und insbesondere des Nachlasses zu erweisen[6], aber auch die vor keiner Diffamierung zurückschreckende Animosität, die sie gegen vermeintliche oder wirkliche Zerstörer der von ihr gewobenen Legende entwickelte, vor allem gegen *Lou Salomé* und das Ehepaar *Overbeck*.[7] Der zweite Faktor, der die Rezeption Nietzsches verhängnisvoll belastete, bestand in der Reklamierung seines Gedankenguts durch den Nationalsozialismus. Nachdem *Rosenbergs* ‚Mythus des XX. Jahrhunderts' von *Hitler* mit einer wegwerfenden Bemerkung beiseite geschoben worden war und *Heideggers* verwegene Hoffnung auf offizielle Anerkennung seiner Philosophie, die womöglich sogar mit dem Hintergedanken eines domestizierenden Einflusses auf die „Bewegung" einherging, sich als illusorisch erwiesen hatte[8], fiel Nietzsche immer unverhohlener die makabre Rolle eines ideologischen „Hoflieferanten" zu. Die handgeschriebene Prachtausgabe des ‚Zarathustra' auf Pergament mit eisenbeschlagenem Einband, die *Hitler* dem Bundesgenossen *Mussoli-*

ni zu dessen 50. Geburtstag schenkte, setzte dafür ein nicht nur durch unfreiwillige Komik gekennzeichnetes Signal. Welcher Stellenwert dabei dem immer noch von der inzwischen fast neunzigjährigen Schwester geleiteten Nietzsche-Archiv beigemessen wurde, lässt sich der Tatsache entnehmen, dass sich höchste Parteifunktionäre, *Hitler* an der Spitze, dort einfanden und dass für die Leiterin, die 1935 starb, ein Staatsbegräbnis angeordnet wurde.

Die Folgen waren unabsehbar: nicht nur dass sich die gesamte parteihörige Philosophie mit serviler Beflissenheit auf Nietzsche stürzte und dass im Zug ihrer „terrible simplification" die Nietzsche-Worte von der „Rechtwinkligkeit an Leib und Seele", der „blonden Bestie" und den „zukünftigen Herren der Erde" eine üble, das Nietzscheverständnis „gleichschaltende" Publizität erlangten, die sich wie eine grimassierende Maske über Nietzsches wahre Physiognomie legte; weit abträglicher wirkte sich noch die Tatsache aus, dass sich die nicht in den politischen Sog geratene Philosophie, als deren profiliertester Vertreter *Karl Jaspers* gelten konnte, weltweit von Nietzsche zurückzog.[9]

Zur vollen Katastrophe kam es jedoch erst aufgrund des blutigen Kommentars, den *Hitlers* Vernichtungsmaschinerie zu den durch die Parteiideologen aufgegriffenen Passagen des Spätwerks (und des als „Wille zur Macht" herausgegebenen Nachlasses) lieferte. Auch wenn Nietzsche fraglos mit allen Zeichen des Entsetzens vor der fürchterlichen Wirklichkeit der Konzentrations- und Todeslager zurückgeschreckt wäre, steht doch ebenso unzweifelhaft fest, dass er dafür den verbalen Vorwand bot. Dementsprechend tief und umfassend war das Entsetzen, das ihm gegenüber um sich griff. Wenn je einmal, schien in seinem Fall die Geschichte den Stab über eine Philosophie gebrochen zu haben, die sich selbst lautstark als epochales Verhängnis ausgegeben hatte und die in den Folgen, die sich – zu Recht oder Unrecht – mit ihr verbanden, die von ihr selbst vorausgesagten Schrecken noch bei weitem überbot. Tiefer als irgendeinen seiner Wegbereiter schien das Dritte Reich ihn unter seinen Trümmern begraben zu haben.

Daran gemessen muss es als das sensationellste Vorkommnis der Wirkungsgeschichte gelten, dass sich Nietzsche aus diesem „zweiten Zusammenbruch" fast unbeschädigt erhob. Während „Zulieferer" von weit geringerer Gefährlichkeit – wie *Carlyle* oder *Gobineau*, von *Houston Stewart Chamberlain* ganz zu schweigen – bis auf den heutigen Tag gezeichnet und die Vertreter der durch den Slogan „Blut und Boden" abgestempelten Heimatliteratur geradezu verfemt sind, war er unter den ersten „Schwerbelasteten", die wieder zu vollen wissenschaftlichen Ehren kamen. Das war fast ausschließlich das Verdienst der jüdischen Philosophie, die sich im Grunde auch allein auf das Wagnis einer Nietzsche-Rehabilitierung einlassen konnte, ohne dabei Gefahr zu laufen, selbst in Verruf zu geraten. Nachdem der jüdische Kulturphilosoph *Georg Brandes* – zu Nietzsches größter Genugtuung – als erster Vorlesungen über Nietzsches Werke gehalten hatte[10], nahmen jetzt aus der Emigration zurückgekehrte Denker wie *Karl Löwith* und *Jean Wahl*, aber auch im Ausland verbliebene wie *Walter Kaufmann* das Thema Nietzsche unerschrocken wieder auf. Dabei ergab sich bei *Löwith* die überraschende Konstellation, dass ihm gerade Nietzsches Weltbegriff die Basis dafür bot, das Heideggersche Geschichtsdenken aus den Angeln zu heben.[11]

Seitdem ist die Wieder- und Neuentdeckung Nietzsches im vollen Gang. Das wachsende Interesse bekundet sich nicht nur in einer lawinenhaft anwachsenden Menge von Publikationen, sondern auch von Tagungen und Kongressen, die eine Betroffenheit durch Nietzsches Denkwelt erkennen lassen, die weit über das hinausgeht, was Nietzsche sich in seinen kühnsten Träumen zu erhoffen wagte.[12] Dabei erneuerte sich der Prioritätsstreit zwischen seiner psychologischen und seiner philosophischen Interpretation. Doch erhielt auch die Nietzsche-Philologie einen ungeahnten Auftrieb, seitdem das den „nationalen Forschungs- und Gedenkstätten" in Weimar eingegliederte Nietzsche-Archiv wieder zugänglich und die längst überfällig gewordene Gesamtausgabe durch *Colli* und *Montinari* in Angriff genommen und zügig vorangetrieben wurde.[13] Da die philosophische – und psychologische – Deutung vom Textbestand der alten, in Einzelheiten retuschierten, die Paralipomena nur unvollständig enthaltenden und durch die Willküredition des Nachlasses als „Wille zur Macht" belasteten Ausgaben ausging, befindet sie sich gegenüber der philologischen Präsentation sogar eindeutig im Rückstand, zumal sich der entschiedenste Verfechter der Nietzsche-Philosophie, *Heidegger*, ausdrücklich gegen die philologische Erschließung wandte, die ihm als typische Ausgeburt eines überholten, historistisch verengten Wissenschaftsverständnisses erschien.[14]

Dennoch bildete die philosophische Würdigung Nietzsches eindeutig die Konstante in der ebenso wechselhaften wie perspektivenreichen Auseinandersetzung mit ihm. Auch gehen von ihr zweifellos die entscheidenden Impulse und immer neue Anstöße zur Erforschung seiner Denkwelt aus. Demgegenüber ist sowohl die Aufgabe, vor die sich die Psychologie durch Nietzsche gestellt sieht, als vor allem auch die der philologischen Erschließung seines Werkes befristeter Natur. Die philologische Aufgabe, weil die kritische Ausgabe alle lesbaren Texte erfasste und die noch verbleibende einer sprach- und stilkritischen Analyse durchaus überblickbare Ausmaße aufweist. Aber auch die psychologische Aufgabe, weil sie aufgrund der für Nietzsche typischen Verknüpfung von Leben und Werk, wie schon diesem Einheitsverhältnis zu entnehmen ist, dort, wo sie nicht nur als „Fallstudie" betrieben wird, sondern die literarische Selbstdarstellung mit berücksichtigt, in die philosophische zurückmündet. Dazu kommt das umgekehrte Phänomen, dass Nietzsche wie kaum eine Gestalt der Geistesgeschichte zum Vergleich herausfordert und in seiner psychologischen Physiognomie daher erst auf der Basis eines philosophisch ansetzenden Strukturvergleichs voll erfasst zu werden vermag.[15] Insofern steht in seinem Fall die psychologische Perspektive von vornherein in engem Bezug zu seiner philosophiegeschichtlichen Position. Erst im Horizont seiner philosophischen Bedeutung kann darum der psychologische „Fall Nietzsche" zureichend verhandelt werden.

Wie sich Nietzsche selbst durch die Einsicht in die unterschwellige Kongruenz seiner disparaten Gedankenmasse überrascht sah[16], zeigt sich hier eine nicht minder überraschende Konvergenz der auf ihn angesetzten Betrachtungsweisen. Doch brachen durch die Rückführung der Perspektiven auf die philosophische Grund- und Gesamtschau die Gegensätze erst recht in ihrer vollen Schärfe auf. Wie Heidegger mit einem geringschätzigen Seitenblick auf die deutsche Lehrstuhlphilosophie bemerkt, galt Nietzsche dort im Blick auf die Bildhaftigkeit und Dynamik seines sprachlichen Ausdrucks als „Dichterphilosoph", allenfalls noch als „Lebensphilosoph", nicht jedoch als Vertreter eines strengen, zum vollen Abstraktionsniveau gelangten Philosophierens.[17] Daran hat sich bis heute nicht allzu viel geändert. Seitdem sich im Gegenzug zu der phänomenologisch und metaphysisch orientierten Philosophie der Vorkriegszeit von England und Amerika her die positivistische und analytische Denkweise durchzusetzen begann, wurde Nietzsche trotz seiner kritischen Grundhaltung unbesehen den Vertretern eines metaphorischen, sich in unverbindlichen Bildern und halbprophetischen Vermutungen ergehenden Denkstils zugerechnet.[18] Daran ist so viel richtig, dass Nietzsche bei allem Misstrauen gegen nachwirkende religiöse Implikationen doch im vollen Vertrauen auf die Leistungskraft der (gehobenen) Normalsprache philosophierte, die er durch *Luther* begründet, durch *Goethe* auf ihre Höhe geführt und durch sich selbst vollendet sah. Tatsächlich steckt hier, in dieser Gleichzeitigkeit eines kritischen und affirmativen Verhältnisses zur Sprache, das Problem, das kein Rekurs auf eine (etwa durch Nietzsche selbst bezeichnete) vorgängige oder (durch die geistesgeschichtliche Konstellation gebildete) übergeordnete Position zu beheben vermag. Vielmehr spricht alles dafür, dass Nietzsche sich tatsächlich bewusst zwischen einem kritisch-analytischen und einem divinatorisch-entwerfenden Denkstil bewegte. Und das besagt, einfacher ausgedrückt, dass er sich gleichzeitig als Kritiker und Interpret verstand.

Wenn diese Kennzeichnungen genügen sollen, müssen sie freilich in einem „emphatischen" Sinn aufgefasst werden. Danach ist das Werk des Kritikers nicht schon dann abgeschlossen, wenn er in analytischer Arbeit auf den Grund der Probleme gelangte, sondern erst dann, wenn sich ihm daraus auch „therapeutische“ Konsequenzen ergaben. Und ebenso wenig ist die interpretatorische Aufgabe bereits mit der Aufklärung der Sinnzusammenhänge zu Ende gebracht. Zur Sinnerschließung gehört bei Nietzsche vielmehr immer auch die Sinn-Setzung. So gesehen gehört die Gedankendichtung seines ‚Zarathustra‘ intergrierend zum Vollzug seiner Daseins-Interpretation. Das muss hinzugenommen werden, wenn das philosophische Profil Nietzsches mit seiner Kennzeichnung als Kritiker und Interpret getroffen werden soll. Und damit ist auch schon angedeutet, dass bei der Würdigung des Interpreten ebenso die kritische Komponente mitzubedenken ist, wie die Leistung des Kritikers als Vorarbeit zur Interpretation gewertet werden muss. Nur unter dieser Voraussetzung ist es möglich, Nietzsche bei aller Unterschiedlichkeit seiner Intentionen als eine einheitliche Denkergestalt zu begreifen und seiner Vielgesichtigkeit mit dem Konzept einer Nietzsche-Hermeneutik zu begegnen.

Das Defizit der Rezeptionsgeschichte

Die Gestalt Nietzsches ist durch zwei Momente gekennzeichnet, die über seine Aussage hinausgehen und mehr als diese selbst seine geistesgeschichtliche Sonderstellung begründen dürften: Nietzsche wirkt herausfordernd und überwältigend. Vermutlich ist in der von ihm ausgehenden Herausforderung der tiefste Anlass dafür zu suchen, dass er ungeachtet seiner politischen Diskriminierung nicht, wie es vielfach befürwortet wurde, übergangen werden konnte, sondern erst recht zum Gegenstand eindringlicher Erörterungen und heftiger Auseinandersetzungen wurde. An Nietzsche, so scheint es, führt kein Weg vorbei; man muss sich ihm stellen, wenn man in Übereinkunft mit dem Zeitgeist denken und sich keines erkenntnisgeschichtlichen Versäumnisses schuldig machen will. Nach „unten“ hin besehen, bringt das Nietzsche in den Anschein des Modischen, das in seiner Faszination von dem Anspruch lebt, dass es bei Strafe der „Unzeitgemäßheit“ nicht verabsäumt werden darf. Und tatsächlich ist Nietzsche, der zeitlebens unter seiner Nichtbeachtung litt, wie kein anderer zum Modephilosophen seiner Nachwelt geworden. Daraus erklärt es sich, dass sich mit dem Begriff des „Nietzscheaners“ eine ganz andere, modisch-flüchtigere Vorstellung verbindet als mit dem des „Kantianers“ oder „Hegelianers“. Die von Nietzsche ausgehende Herausforderung kann aber auch nach „oben“ hin besehen werden; und dann tritt sie in eine – wenn auch noch so gebrochene – Beziehung zum Heiligen, zu dessen Selbstdarstellung es gehört, dass es den sich ihm Zuwendenden in seinen Bann schlägt und an sich zieht. Wenn man die anhaltende Tendenz des

George-Kreises, Nietzsche mit der Gloriole des Propheten, des Menschheitserneuerers und Religionsstifters zu umgeben, nicht als skurrile Marotte abtun will, wird man sie mit diesem oberen Grenzwert und der ihm eigenen Anziehungskraft in Zusammenhang bringen müssen. Das käme einem Hinweis darauf gleich, dass Nietzsche letztlich als ein Ereignis der Religionskritik und damit der Religionsgeschichte zu verstehen ist: wenn schon nicht als einer ihrer „Heiligen", so doch als ihr „Hanswurst", um es mit seinem eigenen Wort aus ‚Ecce homo' zu sagen.[19]

Zu den elementaren Manifestationen des Heiligen gehört aber auch das Moment des „tremendum". Indem es in seinen Bann schlägt, überwältigt es und dies bis zu dem Grad, dass es sich zum Inbegriff des Angst- und Schreckenerregenden verdüstert. Auch davon haftet der Gestalt Nietzsches etwas an. An ihm führt nicht nur kein Weg vorbei; von ihm führt auch keiner weg. Wer sich mit ihm befasst, fühlt sich von ihm nicht selten bis an den Rand des Identitätsverlustes indoktriniert und in Anspruch genommen, sodass die Auseinandersetzung mit ihm in einem Überwältigtsein durch ihn endet. Nur so sind jene Formen der Absage an ihn zu erklären, die sich als Aufkündigung der Gefolgschaft, als Auflehnung und Abfall darstellen. Als Beispiel aus der Zeit vor dem Ersten Weltkrieg kann das ‚Gericht über Zarathustra' des jungen *Reinhard Johannes Sorge* (von 1912) gelten, als Beispiel aus der Zeit unmittelbar nach dem Zweiten Weltkrieg der vernichtende ‚Rückblick', den *Otto Flake* (1946) auf die Philosophie Nietzsches warf.[20] Bei aller richterlichen Attitüde sind Kampfschriften dieser Art zuletzt doch nur die hartnäckigen Versuche von Überwältigten, die an Nietzsche verlorene Selbständigkeit in Akten verzweifelter Gegenwehr zurückzugewinnen.[21]

In beiden Reaktionsweisen bekundet sich die Schwierigkeit, zu Nietzsche ein sachliches Verhältnis zu gewinnen, wie es im Interesse einer sachgerechten Rezeption erforderlich wäre. Ihren Grund hat diese Schwierigkeit freilich nicht nur in der Ambivalenz der von Nietzsche ausgehenden Herausforderung, die gleichzeitig als Faszination und Horror empfunden wird und als solche Gegenstand einer auf ihn anzusetzenden Rezeptionstheorie sein müsste, sondern mehr noch in dem bis zur Widersprüchlichkeit komplexen Charakter seiner Gedankenwelt und nicht zuletzt in den gegensätzlichen Formen seiner Selbsteinschätzung und Selbstdarstellung.[22] So verstand sich Nietzsche mindestens ebenso zentral als Künstler wie als Philosoph, ebenso sehr als Dichter wie als Kritiker, ebenso als Analytiker wie als Prophet, sodass es schließlich nicht verwundern kann, dass er seine Gedanken immer noch zu buntgewürfelten Aphorismen aufbrach, als er längst schon dem Plan eines groß angelegten Systemgebäudes nachhing.

Und nicht minder zwiespältig ist die zwischen schonungsloser Entlarvung und rettender Therapie schwankende Rolle, die er sich im Verhältnis zur abendländischen Kultur und des über ihren Niedergang hinwegzurettenden Erbes zumaß. Wie er auf der einen Seite den Auftrag empfindet, alles im Verfall Begriffene vollends niederzustoßen, um so auf den von den Scheingestalten verdeckten Grund der Dinge zu kommen, sieht er sich auf der anderen Seite dazu berufen, dem auf die schiefe Bahn geratenen Leben wieder auf „den Weg aufwärts“ zu verhelfen.[23] So sieht er sich als „Stern-Zertrümmerer“ und „Froher Botschafter“ in einem, als lebenschaffender Zerstörer, ohne dass er die Einheitsformel angeben könnte, durch die der Gegensatz dieser Perspektiven überbrückt würde.

Diesem Kaleidoskop der Selbsteinschätzungen entspricht die kontrastreiche Vielfalt der Selbstdarstellungen. Wie schon der Lebensrückblick des Gymnasiasten zeigt, fand Nietzsche als Prosaist nahezu mühelos einen eigenen, unverwechselbaren Ton, der bereits beim Erscheinen der Erstlingsschriften aufhorchen ließ. Diesen Ruf bestätigte er vor allem dadurch, dass er die Prosaform des Aphorismus auf eine selbst von Montaigne und Lichtenberg nicht erreichte Höhe führte. Denn seine Kunst des Aphorismus ist, wie *Beda Allemann* dazu bemerkte, „eine Kunst des Wider-Spruchs, des Protest-Spruchs gegen die geltenden Wertschätzungen und Konventionen, brillant formuliert und darauf angelegt, den Leser zu konsternieren, ihn dem Schock der Erkenntnis auszusetzen.[24] Doch fügt es sich seltsam, dass Nietzsche sowohl seine genaueste Selbstanalyse wie auch seine zutreffendste Situationsbeschreibung nicht in einem seiner Prosastücke, sondern in zwei dichterischen Texten gab.[25] Das eine geschieht in dem mit dem vorausweisenden Titel „Ecce homo“ überschriebenen Kurzgedicht, das (als Nr. 62) dem ‚Vorspiel in deutschen Reimen‘ zur ‚Fröhlichen Wissenschaft‘ eingefügt ist:

Ja! Ich weiß, woher ich stamme!
Ungesättigt gleich der Flamme
Glühe und verzehr ich mich.
Licht wird alles, was ich fasse,
Kohle alles, was ich lasse:
Flamme bin ich sicherlich.

Das andere betrifft das Venedig-Gedicht, das Nietzsche im Zusammenhang seiner Reflexion „Warum ich so klug bin“ aus ‚Ecce homo‘ mitteilte, am Ende eines Abschnitts, der wohl nicht zufällig mit dem Satz beginnt: „Ich sage noch ein Wort für die ausgesuchtesten Ohren …“ Nachdem die Eingangsstrophe in fast impressionistischer Manier den Eindruck einer von sanfter Trunkenheit erfüllten, in der zitternden Wasserfläche sich spiegelnden, ins Ungefähre forttreibenden Nacht vermittelte, heißt es in der abschließenden Gegenstrophe:

Meine Seele, ein Saitenspiel,
sang sich, unsichtbar berührt,
heimlich ein Gondellied dazu,
zitternd vor bunter Seligkeit.
– Hörte jemand ihr zu?

Mit dieser Schlussfrage rührt das Gedicht tatsächlich, mit Allemann gesprochen, „behutsam an ein gedankliches Leitmotiv Nietzsches, die Einsamkeit", man könnte sogar sagen, an das Grundproblem seines Denkens und Lebens.[26] Denn dieses Denken war, soweit es sich in den Werken ausdrückte, der fortwährende „Angelwurf" nach Lesern und Jüngern, jedoch verschattet von dem Zweifel, dabei jemals erfolgreicher zu sein als Zarathustra, dem der erste Fischzug „einen Leichnam" einbringt.[27] Gerade auch angesichts der ungeheuerlichen Selbst-Apotheose, in die Nietzsches Werk mit seinem ‚Ecce homo' ausklingt, drängt sich die Vermutung auf, dass diese Frustration eines im Grund dialogisch gestimmten Denkens näher an dessen letzte Antriebe heranführt, als es der Thematik zufolge den Anschein hat. Freilich wird diese Aufwertung des Dichters Nietzsche durch den „Komplex" der Zarathustra-Dichtung in Frage gestellt, für die sich eine expressionistisch empfindende Nachwelt begeisterte, während sie im weiteren Verlauf der Wirkungsgeschichte rascher als jedes andere Werk verblasste und heute die uneingestandene „Crux" der Nietzsche-Rezeption bildet.

Nach Allemann „eine Art von Lehrgedicht in rhythmischer Prosa" und dem „Sprachstil nach eine durchgängige Parodie", leidet der ‚Zarathustra' von innen her daran, dass er die Heilsbotschaft Jesu gleichzeitig zu parodieren und imitatorisch zu überbieten sucht. [28] Dabei muss seinem Autor bereits fühlbar gewesen sein, dass er gerade in diesem Werk Anspruch und Ausdruck nicht zum vollen Ausgleich zu führen vermochte, sodass er sich in ‚Ecce homo' – ähnlich wie dies *Theodor W. Adorno* vom Komponisten der Missa Solemnis behauptet – veranlasst sah, mit der ganzen Autorität seines literarischen Schöpfertums dafür einzustehen.[29] In einer literarischen Rhapsodie, die nicht zuletzt die Bewunderung *Thomas Manns* erregte, berichtet er von dem mit der Zarathustra-Dichtung verknüpften Inspirationserlebnis, zweifellos in der Absicht, diese durch die Freilegung ihrer Wurzeln jeder möglichen Kritik zu überheben.[30]

Nicht weniger schwer zu koordinieren ist die Tatsache, dass Nietzsche in der Vorbemerkung zu ‚Ecco homo' die „Lieder Zarathustras" zusammen mit der ‚Götzen-Dämmerung' als das „Erste Buch der Umwertung aller Werte" ausgibt und seine Dichtung damit auf das – nur in der Trümmermasse der Nachlassaufzeichnungen erhalten gebliebene – systematische Hauptwerk bezieht, dem gegen Ende seiner Schaffenszeit zunehmend das literarische Interesse galt. Denn damit erhebt sich hinter dem Essayisten und Lyriker der zunächst verheimlichte Systematiker Nietzsche, der nunmehr im Begriff steht, die Frage der literarischen Identität an sich zu reißen.

Um die Verwirrung zu vervollständigen, treten in der neueren Nietzsche-Rezeption immer mehr auch jene Äußerungen in den Vordergrund, in denen sich Nietzsche als ein vom „Dämon der Musik" Umgetriebener vorstellt, der als der „letzte Jünger des Philosophen Dionysos" sein Bestes in seinen Kompositionen, insbesondere in seinem mit einem Text von *Lou Salomé* unterlegten „Hymnus an das Leben", gegeben habe, so wie er umgekehrt den ‚Zarathustra' wiederholt – und jetzt im kompletten Widerspruch zu der zunächst behaupteten Zugehörigkeit zum „Umwertungs-Komplex" – der Gattung der „Symphonien" zurechnet. Einzig bleibendes Moment in diesem Wechselspiel der Selbsteinschätzungen ist, so scheint es hier tatsächlich, nur der fortgesetzte Wandel, der unablässige Übergang von einer Darstellungsrolle in die andere.

Wie nicht anders zu erwarten, hat dieses Rollenspiel ein spiegeltreues Gegenstück in der Instabilität der von Nietzsche diskutierten Themen und insbesondere in der Widersprüchlichkeit seiner Urteile. Wenn man sich vergegenwärtigt, dass seine Bewertung philosophischer Positionen und Systeme, vor allem aber seine Antworten auf die thematischen Fragen, die sich ihm stellten, im Lauf der relativ kurzen Zeitspanne, die zwischen der Veröffentlichung der ‚Unzeitgemäßen Betrachtungen' und der Entstehung des Druckmanuskripts zu ‚Ecce homo' liegt, vielfach in ihr radikales Gegenteil umschlugen, scheint es fast aussichtslos, in diesem fortwährenden „Umsturz der Wertungen" nach einer wie immer gearteten Kontinuität zu fahnden. Tatsächlich empfand Nietzsche das „Gemeinsame" in seinen Werken von Anfang an auch selbst als ein Problem, dem er sich im Interesse seiner Glaubwürdigkeit zu stellen hatte.

Umso mehr muss die Tatsache überraschen, dass er, unberührt von dem tatsächlich durchlaufenen Wandel, sich dieser Gemeinsamkeit versichert glaubte, wobei freilich mit Betonung von einem „Glauben" gesprochen werden muss. Der Vorrede zu ‚Menschliches, Allzumenschliches' zufolge verwundert es ihn nicht, wenn ihm „oft genug und immer mit großem Befremden" ausgedrückt wird, dass es in seinen Schriften eine ganz unvermutete Gemeinsamkeit gebe, auch wenn diese nur in der beständigen „Aufforderung zur Umkehrung gewohnter Wertschätzungen und geschätzter Gewohnheiten" bestehe. Darüber könne er sich deshalb nicht wundern, weil er zu seiner „Kur und Selbst-Wiederherstellung" am nötigsten den Glauben brauche, den er in der Folge als einen „zauberhaften Argwohn von Verwandtschaft und Gleichheit in Auge und Begierde" beschreibt.[31] Ungleich gewichtiger als diese eher spielerisch geäußerte

Bemerkung ist, damit verglichen, eine Nachlassaufzeichnung (von 1883), die von der „durchgehenden unbewussten, ungewollten Gedanken-Kongruenz und -Zusammengehörigkeit in der buntgeschichteten Masse" gerade seiner neueren Bücher spricht und die sich in einem Briefwort an *Georg Brandes* (vom 4. Mai 1888) fortsetzt, in welchem Nietzsche gesteht, er erreiche täglich für ein, zwei Stunden jene Energie, die es ihm erlaube, seine „Gesamtkonzeption von oben nach unten sehen zu können", sodass die ungeheuere Vielheit der von ihm behandelten Probleme klar ausgezogen „wie ein Relief" vor ihm ausgebreitet liege. Und der schon vom Schatten des Wahnsinns Berührte schreibt *Peter Gast* (am 9. und 22. Dezember 1888), er fühle sich endlich seinen Werken, die er jetzt erst zu verstehen beginne, voll gewachsen: „Jetzt habe ich die absolute Überzeugung, dass alles wohlgeraten ist, von Anfang an – alles eins ist und eins will."[32]

Zweifellos könnte man sich bei diesen Selbstzeugnissen beruhigen, wenn sie nicht insgeheim von einer Umpolung des Problems in Frage gestellt wären. Was Nietzsche mit wachsender Verwunderung konstatiert, ist gerade nicht die Divergenz seiner Aussagen und Sageweisen, die ihn nicht zu beunruhigen, sondern in seinem schriftstellerischen Selbstgefühl eher zu bestätigen scheint; was ihn überrascht, ist vielmehr die in dieser Diskrepanz doch noch aufzuspürende Einheit, und bestünde dies auch nur in einer Gesamt-Konzeption oder, wie die Vorrede zu ‚Menschliches Allzumenschliches' sagt, in einem Argwohn von Geistesfreundschaft und gleichgerichteter Sehweise. Das macht den Rekurs auf die Selbstzeugnisse, so beruhigend sie beim ersten Anhören wirken, zuletzt doch problematisch. Eine Tür scheint zuzuschlagen, bevor sie sich richtig öffnete. Liegt der Grund dafür in Nietzsche oder aber im Umgang mit ihm und seinem Werk?

Allemann antwortete auf diese Frage mit der vorsichtig gehaltenen Behauptung, dass sich die Nietzsche-Rezeption eines bedenklichen Versäumnisses schuldig gemacht habe. Denn sie schlage ausgerechnet um die letzte abgeschlossene Schrift aus seiner Feder, in der er „eine nicht zu verachtende Verständnishilfe" vorgelegt habe, also um ‚Ecce homo', lieber einen Bogen, als dass sie sich mit der gebotenen Sorgfalt „auf die in ihr enthaltenen ausführlichen Selbstkommentare" einlasse.[33] Darin unterscheide sie sich zu ihrem Nachteil von dem Echo, das sie bei Literaten vom Rang *Gides* oder *Benns* gefunden habe. Denn *Gide* habe sich beim Wiederlesen des Werks (im Jahre 1931) zu der Ansicht bekannt, dass darüber hinaus nichts mehr zu sagen bleibe, sodass es genüge, es zu zitieren, während *Benn* zwanzig Jahre später (1950) mit fast gleich lautenden Worten versicherte, dass alles, was von seiner Generation diskutiert und erlitten worden sei, bei Nietzsche seine „definitive Formulierung gefunden" habe und alles weitere bloße „Exegese“ sei.[34] Damit wird unter ausdrücklicher Berufung auf *Gide* und wenigstens unausdrücklicher Bezugnahme auf *Benn* die exorbitante Selbstdarstellung, mit welcher sich Nietzsche von der literarischen Bühne verabschiedete, zu dem von ihm selbst dargebotenen „Schlüssel“ zu seinem Werk erklärt, der nur zum Schaden des Verständnisses beiseite geschoben werden könne. Eben dies aber habe sich gerade „die seriös um die Analyse von Nietzsches Gedankenwelt bemühte Forschung“ der letzten Zeit zuschulden kommen lassen. Hier also liege das entscheidende Defizit der neueren Nietzsche-Rezeption. Wie verhält es sich mit diesem Vorwurf?

Zweifellos schuf Nietzsche in ‚Ecce homo‘ nicht nur ein in der Tendenz zur Selbstüberhöhung einzigartig dastehendes Selbstporträt; vielmehr hinterließ er damit auch eine Schrift, die sich dadurch auszeichnet, dass sie in ihrem Mittelteil, „Warum ich so gute Bücher schreibe“ betitelt, unmittelbar an *Augustins* ‚Retractationes‘ (von 426/27) erinnert. Freilich liegt Nietzsche nichts ferner als der Gedanke an „Zurücknahmen“ oder auch nur „Berichtigungen“ irgendwelcher Art. Mit seinen ‚Retraktationen‘ verfolgt er, mit *Augustinus* verglichen, geradezu das entgegengesetzte Ziel einer letzten Bestätigung und, soweit nur angängig, Überhöhung des in seinem Leben und Werk Geleisteten. Der dabei zutage tretende Narzissmus äußert sich sogar derart fulminant, dass die mit ihm verbundene Peinlichkeit alsbald in Verblüffung umschlägt. Selbst die unglaublichen Stellen, die sich wie eine Buchführung über seine Diät-Gewohnheiten lesen, werden durch die Ausbrüche eines exorbitanten Selbstbewusstseins fast vollkommen neutralisiert.[35] Aber kann, um nochmals die Formulierung *Allemanns* aufzugreifen, eine derart „unkritische Selbstkritik“, die vor allem in den erst von *Montinari* zutage geförderten Partien[36] bereits deutliche Züge paranoider Bewusstseinsveränderung aufweist, als echte „Verständnishilfe“ gelten? Ist hier nicht schon alles so sehr ins Maßlose übersteigert, dass keinerlei Aussicht besteht, daraus einen Maßstab für Nietzsche selbst zu gewinnen? Ist hier nicht bereits alles schon viel zu sehr vom Willen zur Wirkung um jeden Preis bestimmt, der Lehrgehalt schon viel zu stark ins intendiert Operationale verschoben, als dass noch mit einem „Theoriegewinn“ gerechnet werden kann?

So schwer diese Bedenken wiegen, lässt sich doch die Tatsache nicht bestreiten, dass Nietzsche in ‚Ecce homo‘ mit dem Aufgebot seiner ganzen intellektuellen und künstlerischen Kraft auf den Einheitssinn seines Lebens und Werks reflektierte, gleichviel, wieweit er sich bei diesem Versuch „vergriff“. Zweifellos mahnen einige unübersehbare Symptome zur Skepsis gegenüber dem „Erfolg“ seiner Bemühungen. Mehr noch als der einzeilige Schlussparagraph des Werks – „Hat man mich verstanden? – *Dionysos gegen den Gekreuzigten* …“[37] – zählt dazu der Schluss des Vorworts, in dem sich Nietzsche, an seine imaginären „Gläubigen" gewendet, definitiv in die Zarathustra-Rolle hineinspielt, indem er aus dem Abschnitt „Von der schenkenden Tugend" die Worte zitiert:

> *Ihr hattet euch noch nicht gesucht: da fandet ihr mich. So tun alle Gläubigen; darum ist es so wenig mit allem Glauben.*
> *Nun heiße ich euch, mich verlieren und euch finden; und erst, wenn ihr mich alle verleugnet habt, will ich euch wiederkehren.*[38]

Denn damit nimmt Nietzsche, wie *Karl Löwith* richtig beobachtete, zusammen mit seiner eigenen Lehre von der Ewigen Wiederkunft des Gleichen auch die „christliche Erwartung der Wiederkunft des Herrn" für sich in Anspruch – ein Vorgang, der in der nachchristlichen Literatur nicht seinesgleichen hat.[39] Diese warnenden Indizien sind indessen nicht dazu angetan, den Stellenwert von ‚Ecce homo' herabzusetzen; allenfalls sind sie als Anweisung zu einer differenzierten Bewertung anzusehen. Und diese besagt, dass im Fall von Nietzsches abschließender Selbstbesinnung der Wille mehr gilt als das Erreichte, die Intuition als Akt ernster zu nehmen ist als das, was sie inhaltlich hergibt. Denn in ‚Ecce homo' schloss sich Nietzsches Denken, das sonst eher den Eindruck einer permanenten Fluchtbewegung erweckt, tatsächlich zum Ring. Nicht zuletzt ergibt sich das aus einem Vergleich des Eingangskapitels mit dem Lebensrückblick des Gymnasiasten, der freilich auch die ungeheuere Verfeinerung der bis zum Raffinement gesteigerten stilistischen Möglichkeiten unter Beweis stellt. In seiner autobiographischen Rückbesinnung ‚Mein Leben' skizziert sich der Neunzehnjährige mit den Sätzen:

> *Ich bin als Pflanze nahe dem Gottesacker, als Mensch in einem Pfarrhaus geboren. […] Das erste Ereignis, was bei wachsendem Bewußtsein mich traf, war die Krankheit meines Vaters. Es war eine Gehirnerweichung. […] Mein Vater starb. Ich war noch nicht vier Jahre alt. […] Wir mußten also unsre Heimat verlassen; am Abend des letzten Tages spielte ich noch mit mehreren Kindern und nahm dann von ihnen, wie von allen lieben Orten Abschied. […] So kann ich auf fast alles, was mich getroffen, sei es Freude, sei es Leid, dankbar zurückschauen, und die Ereignisse haben mich bis jetzt wie ein Kind geleitet. Vielleicht wird es Zeit, selbst die Zügel der Ereignisse zu ergreifen und in das Leben hinauszutreten. Und so entwächst der Mensch allem, was ihn einst umschlang; er braucht nicht die Fesseln zu sprengen, sondern unvermutet, wenn ein Gott es gebeut, fallen sie ab; und wo ist der Ring, der ihn endlich noch umfasst? Ist es die Welt? Ist es Gott ?*[40]

Demgegenüber lauten die Eingangssätze von ‚Ecce homo':

Das Glück meines Daseins, seine Einzigkeit vielleicht, liegt in seinem Verhängnis: ich bin, um es in Rätselform auszudrücken, als mein Vater bereits gestorben, als meine Mutter lebe ich noch und werde alt. [...] Mein Vater starb mit sechsunddreißig Jahren: er war zart, liebenswürdig und morbid, wie ein nur zum Vorübergehn bestimmtes Wesen, – eher eine gütige Erinnerung an das Leben, als das Leben selbst. Im gleichen Jahre, wo sein Leben abwärts ging, ging auch das meine abwärts: im sechsunddreißigsten Lebensjahre kam ich auf den niedrigsten Punkt meiner Vitalität. [...] Brauche ich, nach alledem, zu sagen, dass ich in Fragen der decadence erfahren bin? Ich habe sie nach vorwärts und rückwärts buchstabiert. [...] Von der Kranken-Optik aus nach gesünderen Begriffen und Werten, und wiederum umgekehrt aus der Fülle und Selbstgewissheit des reichen Lebens hinuntersehen in die heimliche Arbeit des Decadence-Instinkts – das war meine längste Übung, meine eigentliche Erfahrung, wenn irgendworin wurde ich darin Meister. Ich habe es jetzt in der Hand, ich habe die Hand dafür, Perspektiven umzustellen: erster Grund, weshalb für mich allein vielleicht eine „Umwertung der Werte" überhaupt möglich ist.[41]

Und selbst aus dem Schluss von ‚Ecce homo' kann man, ohne interpretatorische Gewaltanwendung, einen rekapitulierenden Anklang an die Schlussfragen des frühen Lebensrückblicks heraushören, nur mit dem Unterschied, dass sich das, was dort offene Alternative blieb – „Ist es die Welt? Ist es Gott?" –, inzwischen zur schroffen Antithese verschärfte: „Hat man mich verstanden? – *Dionysos gegen den Gekreuzigten ...*" Das aber darf als Anzeichen dafür gewertet werden, dass Nietzsche im ‚Ecce homo' jene Übereinkunft mit sich selbst, verbunden mit einem synoptischen Blick für sein Werk, erlangte, die eine einheitliche Deutung – auch von seinem Selbstverständnis her – rechtfertigt. Das heißt keineswegs, dass eine derartige Deutung nicht auch unabhängig davon, allein auf Textanalysen gestützt, möglich wäre. Im Fall einer so disparaten Gesamtaussage, wie sie bei Nietzsche vorliegt, käme das aber nahezu einer Überforderung der hermeneutischen Möglichkeiten gleich. Angesichts dieser Sachlage ist die mit Nietzsches Selbstdarstellung gebotene Verständnishilfe von einer kaum zu überschätzenden Bedeutung. Steht durch sie doch der Autor mit seiner ganzen „Autorität" dafür ein, dass es einen sich in der Unterschiedlichkeit seiner Arbeiten durchhaltenden Einheitssinn tatsächlich gibt, und bestünde er nur in der Möglichkeit, das Ende auf den Anfang zurückzubeziehen und diesen im Ende wieder zu erkennen. Deshalb spricht alles dafür, dass das Defizit, das sich die Rezeptionsgeschichte durch die Umgehung des ‚Ecce homo' zuschulden kommen ließ, durch dessen konsequente Berücksichtigung ausgeglichen wird.

Der Widerstreit der Interpretationen

Wenn das Defizit der Nietzsche-Rezeption tatsächlich darin bestand, dass sie es verabsäumte, in der Diskussion um das, was Nietzsche letztlich wollte, auf seine eigene Stimme zu hören, obwohl er diese so lautstark wie nur möglich erhoben hatte, müssen eindeutige Folgen dieser Unterlassung nachzuweisen sein. Und diese müssen, wie es in der Natur eines derartigen Versäumnisses liegt, in einer besonders hochgradigen Desorientierung bestehen. Diese Vermutung wird durch das desolate Bild, das die Nietzsche-Deutung seit Beginn der interpretatorischen Bemühung um sein Werk bietet, aufs Nachhaltigste bestätigt. Sieht man von der kommunistischen Parteiideologie ab, so gibt es in der Tat kaum eine Position, auf die Nietzsche nicht festgelegt worden wäre, aber auch kaum eine weltanschauliche Strömung, die nicht wenigstens vorübergehend mit dem Gedanken gespielt hätte, ihn für sich in Anspruch zu nehmen. Das gilt sogar für die Anthroposophie *Rudolf Steiners*, der zweifellos nicht nur an eine editorische Rolle dachte, als er sich, wenn freilich auch nur für eine kurze, dafür aber mit einem lautstarken Eklat endende Zeitspanne zur Mitarbeit am Nietzsche-Archiv bewegen ließ.[42] Notorisch ist Nietzsches Beanspruchung für die hochgespannte Zielvorstellung des George-Kreises, tragisch-fatal seine Rolle als ‚Philosoph', zumindest aber als ideeller ‚Zubringer' des Faschismus[43].

Im Übergang zu den ernsthaften Interpretationsversuchen, vor allem philosophischer Art, sei die exzentrische Nietzsche-Rezeption des sich um die Jahrhundertwende konstituierenden Expressionismus vermerkt, die zwischen gegensätzlichen Bewertungsextremen schwankt, wenngleich die positiven, meist sogar enthusiastischen Urteile überwiegen.[44] Hier gilt Nietzsche nicht nur als der Bahnbrecher eines emanzipatorischen Denkens großen Stils, bei dem man das sprachliche Rüstzeug für die eigene Absage an das in seiner Langeweile verfaulende Spätbürgertum in Fülle vorfand; vielmehr avancierte er in den sich überschlagenden Werturteilen zum größten Geist „aus den beiden letzten Jahrtausenden", dem seit *Echnaton* (*Kurt Hiller*), zumindest aber seit *Platon* (*Georg Kaiser*) kein gleichrangiger an die Seite gestellt werden könne. So wird Nietzsche für *Georg Heym* zu einem seiner „liebsten Heiligen", während *Paul Boldt* in seinem Gedicht ‚Lyrik' sich sogar zu dem Ratschlag versteigt: „Betet zu Nietzsche!" Typisch für diesen ausufernden Nietzsche-Enthusiasmus ist eine Stelle aus *Reinhard Johannes Sorges* Szene „Der Jüngling", die sich mittelbar auf die Diskussion um Nietzsches Krankheit bezieht und ihrem Autor dabei, wie *Gunter Martens* mit Recht bemerkt, bis an den Rand einer unfreiwilligen Zarathustra-Parodie gerät:

> *Ich sage dir, er war der seltenen Gesunden einer. Er starb im Schauen der großen Feuer, er starb in Sehnsucht nach den funkelnden Feuern, weil er ganz Feuer war. Allzuviel Leben war in ihm, und gehäufte schwere Glut; so zerbrach er an Glut und Leben in sich, an gehäuftem Sonnesein in sich. Er war ein Held, und Glanz war alles an ihm, sehnsüchtiger Sang war alles in ihm nach reicheren Feuern. Er trug sein Schwert gegen sich, weil er über sich selbst wollte, des Überlebens Zeichen starb er hin.*[45]

Angesichts dieser exzessiven Wertschätzung konnte es nicht ausbleiben, dass Nietzsche auch zum Thema literarischer Entwürfe und lyrischer Ergüsse wurde. So hinterließ *Gustav Sack* ein Romanfragment mit dem Titel ‚Paralyse', das nach Sprache, Inhalt und Anlage auf Nietzsche verweist. Während sich die Sprache – nach *Martens* – „oftmals wie eine Zitatenkollage aus dem ‚Zarathustra'" ausnimmt, bewegt sich die Handlung des Stücks um das Schicksal eines jungen Menschen, der im Spannungsfeld von Einsamkeit und Wirkungswillen zerbricht und schließlich, wie der Titel andeutet, im Wahnsinn endet. Mit dieser Grundkonzeption beweist Sack zugleich ein erstaunliches Einfühlungsvermögen, da er seinem Fragment eben jene Spannung zugrunde legt, die sich als eine der großen Konstanten in Nietzsches Biographie darstellt. Auch das Gedicht ‚Nietzsche' von *Arthur Drey* hat die Einsamkeit des von seinem Volk verstoßenen „Gott-Menschen" zum Thema. Wie ein Epilog zu diesen Würdigungen wirkt schließlich das von *Georg Kaiser* in den dreißiger Jahren geplante Nietzsche-Drama mit dem Titel ‚Ariadne'.

Im Bereich dieser literarischen Vergegenwärtigung Nietzsches meldete sich mit *Wladimir Solojew* dann aber auch die extreme Gegenposition zu Wort, die trotz der großen Distanz des russischen Religionsphilosophen zur expressionistischen Bewegung in diesem Zusammenhang schon deshalb angesprochen werden darf, weil er in ihrem Organ, der ‚Aktion', mit seinem Beitrag „Der Übermensch Friedrich Nietzsche" (von 1915) selbst zu Wort kam. Nachdem *Solojew* von Nietzsche schon fünf Jahre nach dessen Zusammenbruch Kenntnis genommen, ihn zunächst aber mit einer leichten Handbewegung abgetan hatte[46], muss er ihn zunehmend, vor allem im Blick auf die Verführungskraft seiner Idee vom Übermenschen, als seine ureigene Herausforderung empfunden haben. Nach allen Anzeichen zu schließen, kam dabei aber auch die Konkurrenz mit ins Spiel, in der sich der Visionär der himmlischen Sophia dem Dichter des Zarathustra gegenüber erblickte; denn nur so ist die Entwicklung hinreichend zu erklären, die *Solojew* zunächst in den „Übungen des Philologen von Basel" den „kraftlosen Ausdruck eines wirklichen Vorgefühls" vermuten ließ[47] und ihn schließlich dazu führte, Züge des „unglücklichen Nietzsche" in sein Bild des endzeitlichen Widersachers Gottes, des Antichrist, einzutragen. Und es ist schwerlich ein Zufall, dass die stärksten Anleihen aus dem Lebensbild Nietzsches dessen Auskünfte über das große Inspirationserlebnis und die Entstehung des ‚Zarathustra' betreffen. Tatsächlich nimmt es sich wie eine persiflierende Nachgestaltung des Berichts aus ‚Ecce homo' aus, wenn die „Kurze Erzählung vom Antichrist" (von 1900) die von dem „unerträglich scharfen Blick" zweier Augen begleitete Satansstimme zu ihm sagen lässt:

Nimm hin meinen Geist! Wie mein Geist dich früher in Schönheit gezeugt hat, so zeugt er dich jetzt in Kraft! Bei diesen Worten des Unbekannten öffnete sich der Mund des Übermenschen ohne dessen Willen, die zwei durchdringenden Augen kamen seinem Gesicht ganz nah, und er fühlte, wie ein scharfer, eisiger Strom in ihn einging und sein ganzes Wesen erfüllte. Und gleichzeitig empfand er eine unerhörte Kraft, Munterkeit, Leichtigkeit und Wonne. Im gleichen Augenblick verschwanden plötzlich das leuchtende Antlitz und die zwei Augen, eine geheimnisvolle Kraft erhob den Übermenschen über die Erde und ließ ihn dann schnell in seinem Garten nieder, an der Tür seines Hauses. Am andern Tag waren nicht nur die Besucher des großen Menschen, sondern sogar seine Diener erstaunt über sein besonderes, gleichsam inspiriertes Aussehen. Ihr Staunen wäre aber noch größer gewesen, wenn sie hätten sehen können, mit welch übernatürlicher Schnelligkeit und Leichtigkeit er, eingeschlossen in sein Kabinett, sein berühmtes Werk „Der offene Weg zu Frieden und Wohlfahrt der Welt" niederschrieb ... Dies Buch, geschrieben nach dem Erlebnis am Abgrund, wird ihn im Besitz einer bis dahin unerhörten Kraft der Genialität zeigen. Es wird etwas Allumfassendes sein, wo alle Widersprüche versöhnt sind ... Und der wunderbare Schriftsteller wird nicht nur alle hinreißen, sondern er wird einem jeden auch angenehm sein, sodaß sich das Wort Christi erfüllen wird: „Ich bin gekommen in meines Vaters Namen, und ihr nehmt mich nicht an. Doch wenn ein anderer in seinem eigenen Namen kommt, den werdet ihr annehmen." Denn um angenommen zu werden, muß man angenehm sein.[48]

So weit holte der genuine Expressionismus freilich zum Gegenschlag nicht aus. Doch urteilte einer seiner Protagonisten, *Johannes R. Becher*, wenngleich auch erst nach seiner Wende zum Kommunismus, Nietzsche habe nach seinem Ende „fast alle deutschen Geisteserscheinungen aufs tiefste und erschreckendste beeinflußt, ungeachtet ihrer literarischen, philosophischen und politischen Orientierung", und sein zersetzender Einfluss habe noch nicht einmal „vor der so genannten linken Intelligenz" Halt gemacht.[49] Trotz der ideologischen Einfärbung dieser These wird mit ihr nur das Urteil bestätigt, zu dem sich der früh vollendete *Sorge* am Ende seines dramatisch-leidvollen Ablösungsprozesses durchgerungen hatte. Das aber kommt bereits einer weitgehenden Rechtfertigung der Annahme gleich, dass das Versäumnis, Nietzsche nicht selbst in eine Wertung einzubeziehen, keine einheitliche Einschätzung zulässt. Nur muss im Fall der expressionistischen Rezeption berücksichtigt werden, dass sich die Kenntnis der meisten Literaten zumindest anfänglich auf den übermächtigen Eindruck des ‚Zarathustra' beschränkte und dass einer umfänglicheren Rezeption der Werke Nietzsches vor allem die Weigerung der Schwester entgegenstand, größere Texte des Werkes für die Wiedergabe in den Publikationsorganen der Bewegung freizugeben.[50]

Denselben Eindruck hinterlässt aber auch das Ergebnis der mit vollständiger Kenntnis des edierten Werks, mit Sachverstand und Ernsthaftigkeit betriebenen Nietzsche-Forschung. Als einen „ersten Versuch, den Wandel des Nietzsche-Bildes, soweit er Deutschland betrifft, zu erfassen", wertet *Karl Löwith* die gleichnamige Arbeit von *Gisela Deesz* (von 1933), während er selbst die Aufgabe übernahm, die „Geschichte der Nietzsche-Deutung" (von 1894–1954) im Anhang seiner Monographie ‚Nietzsches Philosophie der ewigen Wiederkehr des Gleichen' (von 1956) aufzuarbeiten. Nach *Löwiths* Eindruck erbrachte die von *Deesz* vorgelegte Untersuchung freilich nur das „Resultat, dass es zunächst niemand eingefallen sei, Nietzsche auf seine philosophische Position hin zu betrachten", und dass er stattdessen „im ersten Jahrzehnt seiner Wirksamkeit" lediglich als Moralist und dann, „unter dem Eindruck von Stefan George, als Prophet des kommenden und als Kritiker des vergangenen Jahrhunderts" gegolten habe.[51] Demgegenüber wertet er selbst die von ihm überblickte Wirkungsgeschichte unter dem Gesichtspunkt der Idee der ewigen Wiederkehr, mit der er unter Berufung auf seine eigene Arbeit die „Orientierung an ihm (Nietzsche) selbst" gefunden zu haben glaubt.[52]

Darin kommt freilich auch schon die Fragwürdigkeit des Löwith'schen Ansatzes zum Vorschein. Denn mit der Berufung darauf, dass „er [Nietzsche] uns sagt, er sei der Lehrer der ewigen Wiederkehr", und der Tatsache, dass sich sein Werk weitgehend mit diesem Gedanken zur Deckung bringen lässt, wird schon deshalb ein problematisches Bewertungskriterium eingeführt, weil *Löwith* die Frage offen lässt, welcher Stellenwert dieser Selbstaussage zukommt. Abgesehen davon, dass der Ausdruck „Lehrer der ewigen Wiederkunft", streng genommen, nur als Zuspruch der Tiere an Zarathustra, nicht aber als dezidierte Selbstaussage Nietzsches vorkommt[53], steht ihr eine ganze Reihe gleichrangiger Alternativen gegenüber, in denen sich Nietzsche als Künder des Übermenschen, als Initiator der Psychologie und Politik großen Stils, als Vollender des Nihilismus und als „Antichrist" ausgibt, sodass sich der Eindruck aufdrängt, als werde damit dezisionistisch vorweggenommen, was erst das Resultat einer die Einzelpositionen vergleichenden Nietzsche-Hermeneutik sein könnte.[54] Dass sich Löwith dieses „Verfahrensfehlers" schuldig macht, wird bei näherem Zusehen dann freilich durch den Umstand erklärt, dass er selbst in einem nur funktionalen Verhältnis zu Nietzsche steht, in dessen – auf den Gedanken der ewigen Wiederkunft gegründeten – Weltbegriff er den Ansatzpunkt dafür gefunden zu haben glaubt, die ihm zutiefst verdächtige Konzeption der Heils- und Seinsgeschichte aus den Angeln zu heben.[55]

Ungeachtet der Vorbehalte, die gegen *Löwiths* Bewertungskriterium anzumelden sind, zeigt sein Durchblick durch die Deutungsgeschichte dann aber nur allzu deutlich, wie wenig sich aus dieser auch nur die Umrisse eines Gesamtbildes von Nietzsches Intentionen und Leistung erheben lassen. Dabei ergibt sich bei der Analyse der beiden ersten von *Löwith* behandelten Werke – es handelt sich um diejenigen von *Lou Andreas-Salomé*, ‚Nietzsche in seinen Werken' (von 1894), und von *Oskar Ewald*, ‚Nietzsches Lehre in ihren Grundbegriffen' (von 1903) –, dass die Interpretationen insofern kollaborieren, als sie die widerstreitenden Grundideen Nietzsches gegenseitig aus sich herzuleiten suchen, und dies, obwohl es *Andreas-Salomé* darum zu tun war, Nietzsche als Gestalt in seinen Werken zu verdeutlichen. Denn wie sich bei *Andreas-Salomé* der Wiederkunft-Gedanke in Wirklichkeit aus religiös-ethischen Motivationen herleitet, während er sich als deren Antithese ausgibt (226), ist für *Ewald* „die ewige Wiederkunft ... das Symbol des Übermenschen", so wie dieser umgekehrt „zum Organ der Idee einer ewigen Wiederkunft" wird (77). Das erklärt sich in seinem Fall aus seiner Vorentscheidung, sich „zwischen Nietzsche und seine Ideen" zu stellen (67ff.), während bei *Andreas-Salomé* eher von einem entstehungsgeschichtlichen Missgeschick gesprochen werden muss, da ihr Werk „noch vor der Veröffentlichung von Nietzsches Selbstdarstellung in Ecce homo" erschien.[56] Dennoch registriert *Löwith* bei *Andreas-Salomé* einen Grad der Einfühlung, der von kaum einem der späteren Interpreten je wieder erreicht wurde. So schreibt sie im Blick auf den Antagonismus der bei Nietzsche zu beobachtenden Grundtendenzen, diesen fortwährenden Umschlag des Integrationswillens in neue Selbstentzweiung:

> *So erreichte er das gerade Gegenteil des Angestrebten, nicht eine höhere Einheit seines Wesens, sondern dessen innerste Zweiteilung, nicht den Zusammenschluss aller Regungen ... zu einem einheitlichen Individuum, sondern ihre Spaltung zum „Dividuum". Es war immerhin eine Gesund-*

heit erreicht, doch mit den Mitteln der Krankheit; eine wirkliche Anbetung, doch mit den Mitteln der Täuschung; eine wirkliche Selbstbehauptung und Selbsterhebung; doch mit den Mitteln der Selbstverwundung (35).

Daran gemessen fällt bei der Durchmusterung der späteren Deutungsversuche nicht nur ein Nachlassen des Gespürs für die Dialektik der Gedankenführung Nietzsches auf; sie sind auch durch eine zunehmende Einseitigkeit der Beurteilung gekennzeichnet, sodass sie untereinander zu unversöhnlichen Gegensätzen auseinander treten. Die durch verunklärende Wortverbindungen überdeckte Dialektik registriert *Löwith* vor allem an dem Buch *Ernst Bertrams* ‚Nietzsche. Versuch einer Mythologie' (von 1918), das den Gegensätzen, in denen sich Nietzsches Denken bewegt, mit Formulierungen wie „gläubiger Zweifler", „gottsuchender Lästerer" und „Doppelseelenhaftigkeit" zu begegnen sucht.[57] Typisch für diesen „mythisierenden" Umgang mit Nietzsche ist die Tendenz des Buches, den Wahnsinn, in welchem Nietzsche endete, als eine „Entrückung" in eine höhere, göttliche Lebenssphäre auszugeben.

Die das Panorama der Interpretationen insgesamt beherrschende Neigung zur Einseitigkeit verdeutlicht Löwith demgegenüber an einem grundlegenden Werk der Nietzsche-Psychologie, der Untersuchung über ‚Die psychologischen Errungenschaften Nietzsches' von *Ludwig Klages* (von 1926). Da für *Klages* nichts „widersinniger und unmöglicher" ist, als „in einem Atem Ja und Nein zu sagen", vermag er so wenig die Einheit von „Abgrund und Gipfel" wie die „Hochzeit von Licht und Finsternis" zu denken, die in ihrem Zugleich von Verneinung und Für-Sprache doch gerade den „Grundcharakter von Nietzsches ganzer Philosophie" ausmachen.[58]

So besteht zwischen *Bertram* und *Klages* ein für die Deutungsgeschichte durchaus signifikantes Gefälle, das von der Zerredung der Gegensätze zu deren Beseitigung führt und den Weg zu jenen einschichtigen Interpretationen freigibt, die vor allem das Bild der nationalsozialistischen Nietzsche-Rezeption bestimmen. Als Paradigma nennt *Löwith* die (1931 erschienene) Schrift von *Alfred Baeumler* ‚Nietzsche. Der Philosoph und Politiker', die den verschütteten Grundriss von Nietzsches Gedankenbau freizulegen und im Zug dieses Vorhabens einige seiner „Säulentrommeln" wieder „aufeinander zu wälzen" sucht, dies jedoch aufgrund einer durchgängigen Vereinfachung, die – im Sinn des obligatorischen „Heroismus" der Zeit – Nietzsches Weg zur Weisheit als einen „Willensweg" ausgibt.[59]

Aus *Löwiths* Darstellung ergibt sich jedoch überdies, dass auch die ideologisch nicht infizierten Interpretationen großen Rangs wie die von

Jaspers und *Heidegger* der Gefahr der Einseitigkeit nicht entgehen. Bei *Heidegger* (dessen zweibändiges Werk über Nietzsche erst sieben Jahre nach *Löwiths* Durchblick erschien) erblickt er diese Einseitigkeit in der negativen Art, wie er die beiden Grundgedanken Nietzsches, die Wiederkunft des Gleichen und den Willen zur Macht, zusammendenkt. Bestimmend ist für ihn das Programm der „Umwertung", das dadurch, dass es die alten Werte zugunsten neuer Wertsetzungen entthront, dem metaphysischen Ansatz verhaftet bleibt und deshalb nicht zu einer echten Überwindung von dessen nihilistischen Konsequenzen verhilft.[60] Ihm gegenüber verfehlt das Nietzsche-Buch von *Karl Jaspers* (von 1936) die volle Spannungsfülle der analysierten Gedankenwelt vor allem dadurch, dass es ihre Zielsetzungen in Frage stellt, sodass von Nietzsches Lehre „nur der Weg als solcher, sein beständiges Auf-dem-Wege-sein" bleibt. Gleichzeitig erfolgt bei *Jaspers* eine eigentümliche „Auslaugung" der von Nietzsche vertretenen Positionen zu einem „kunstvollen Netz von farblosen Begriffen", die dort, wo von strengen Rangordnungen die Rede ist, nur „Möglichkeiten der Existenz" feststellt, während sich umgekehrt der Gedanke der ewigen Wiederkehr zu einer bloßen „Chiffre" der Transzendenz verflüchtigt.[61]

Dem ist im Blick auf die neuere Nietzsche-Deutung lediglich die Bemerkung hinzuzufügen, dass sich die von *Löwith* verzeichnete Einseitigkeit eher verstärkte, als dass sie einer umfassenden, die Gegensätze in ihrer Spannung aushaltenden Interpretation wich. War Nietzsches Weg zur Weisheit für *Baeumler* ein ausgesprochener „Willensweg", so gibt *Hans M. Wolff* seinem Nietzsche-Buch (von 1956) den Untertitel „Der Weg zum Nichts". Bezeichnend für seine Darstellung vermerkt er abschließend das „naive Wohlgefallen", das der bereits von den Schatten der Umnachtung Berührte bei der Durchmusterung seiner Werke – „Zeugnisse schweren Leidens" – empfindet und das sich schließlich zu dem Satz „Die Welt ist verklärt und alle Himmel freuen sich" steigert, mit dem der Wahnsinnige in ein Reich entschwinde, „zu dem sein alter Feind, der Geist, keinen Zugang hat".[62] Einen ganz ähnlichen Kurs steuert auch die (1958 erschienene) religionsphilosophische Nietzsche-Studie *Gerd-Günther Graus* mit dem Titel ‚Christlicher Glaube und intellektuelle Redlichkeit', nur mit dem Unterschied, dass sie, im Sinn des Programmworts von der „Selbstauflösung des christlichen Glaubens", das Christentum auf seinem – angeblichen – „Weg zum Nichts" begriffen sieht.

Ein statisches Grundmodell bevorzugt demgegenüber *Eckhard Heftrichs* Darstellung von ‚Nietzsches Philosophie' (von 1962), die sich nach Ausweis des Untertitels auf die Idee der „Identität von Welt und Nichts" stützt. Zentrale Metapher des Werks ist demgemäß das „Labyrinth", auf die sich Welt und Existenz gleicherweise reduzieren lassen.[63] Denn weil von der Welt – nach dem Schlussaphorismus des ‚Wille zur Macht' – gilt, dass nichts „außer ihr" ist, bleibt sie auch als Inhalt leer: das im Kreislauf der ewigen Wiederkehr unablässig um sich selber kreisende Nichts.[64] Auch meine gleichzeitig erschienene Untersuchung der von Nietzsche betriebenen ‚Destruktion des christlichen Bewußtseins' bewegt sich, zumal in ihrem Schlussteil, auf derselben Linie. Zwar verweist sie mit dem abschließend wiedergegebenen *Ecce-homo*-Gedicht auf die ausschlaggebende Entscheidungsinstanz; doch verfällt sie dadurch einer unterschwelligen Tautologie, dass sie Nietzsches Konzept eines „Wegs zur Weisheit" in unabgeklärter Identifizierung als „Weisheitsweg" glaubhaft zu machen sucht.[65]

Die herausragende Ausnahme von dieser Regel der Tendenz zu vorschneller Abrundung bildet die Nietzsches ‚Philosophie der Gegensätze' gewidmete Studie von *Wolfgang Müller-Lauter* (von 1971*)*, die es unternimmt, die Gegensätzlichkeit der von ihm verarbeiteten – vorwiegend deutschen – Nietzsche-Rezeption auf die unaufgehobene Dialektik in Nietzsches Denkbewegung zurückzuführen.[66] Optimistischer als *Heftrich* und *Kremer-Marietti*, die ebenfalls nach dem aus Nietzsches „Labyrinth" herausführenden Ariadnefaden suchen, und zugleich elastischer als *Jaspers* und *Heidegger*, in deren Deutungen allenthalben das eigene Vorverständnis – unkorrigiert durch den Gegenstand – durchschlägt, begreift er Nietzsche als einen erklärten Gegensatzdenker, der sich gleicherweise des nihilistischen Charakters seines Grundkonzepts wie der damit gedeuteten Kulturentwicklung bewusst ist und seine Aufgabe primär darin erblickt, den von ihm aufgedeckten „unvollständigen" Nihilismus in den „vollkommenen" eines die äußersten Möglichkeiten freisetzenden Weltkonzepts zu überführen, zumindest aber eine aus der Radikalisierung der nihilistischen Tendenzen hergeleitete „Gegenbewegung" in Gang zu setzen. *Müller-Lauter* ist schon die logische Möglichkeit dieses von einer „immanenten Widersprüchlichkeit" belasteten Konzepts problematisch. Erst recht erscheint es ihm fraglich, ob die von Nietzsche entwickelten Modelle einer Synthesis gegen die Sprengkraft der aufgerissenen Gegensätze aufkommen, da die Konstrukte seines Denkens immer wieder in jene Antinomien aufbrechen, die sie zu überwinden suchen.

Im Unterschied zu *Löwith*, der Nietzsche als zyklischen Weltdenker in einem unaufhebbaren Widerspruch zu seinen anthropologischen Zielsetzungen sieht[67], plädiert *Müller-Lauter* abschließend für den inneren Zusammenhang der Lehre von der „Ewigen Wiederkunft" mit der vom „Übermenschen". Was den vollen Ausgleich verhindert, ist die Differenz in Nietzsches Auffassung vom ‚Willen zur Macht', der in seiner widersprüchlichen Zwiegestalt zur Ausformung zweier Typen des „Übermenschen" führt: eines ersten, der sich im Sinn der Vorstellung, der Mensch sei nur „ein Weg, ein Zwischenfall, eine Brücke, ein großes Versprechen", funktional auf den Weltwillen einstimmt, während der andere Herrschaft zu gewinnen, zu fixieren und zu verewigen sucht. So unzweifelhaft damit Grundstrukturen der Denkweise Nietzsches getroffen sind, bleibt zuletzt doch der Eindruck eines bloßen Querschnitts, der bei aller analytischen Ergiebigkeit kein volles Bild von der Komplexität, Dynamik und Perspektivenfülle des untersuchten Gegenstands vermittelt.

Was die deutsche Nietzsche-Rezeption als die ausgesprochene Schwierigkeit mit Nietzsche empfindet, gilt der neueren Diskussion in Frankreich als der besondere Vorzug seines sich konsequent vom Kontradiktionsprinzip ablösenden und auf den logischen Zirkel – gespiegelt in seinem „abgründlichsten Gedanken" der Ewigen Wiederkunft – begründenden Denkens.[68] Insofern hat der französische Nietzsche-Disput seine geheime Achse in der Darstellung *Pierre Klossowskis* ‚Nietzsche et le cercle vicieux' (von 1965), die Nietzsche auf ein zirkulär-anarchisches Grundkonzept festzulegen sucht. Dieser Achse erscheinen gleicherweise die geistvolle Untersuchung von *Bernard Pautrat* ‚Versions du soleil. Figures et systeme de Nietzsche' (von 1971) wie die eindringliche Studie von *Gilles Deleuze* ‚Nietzsche et la philosophie' (von 1962) zugeordnet.[69] Dabei fühlen sich die beiden Interpreten auf je andere Weise durch die These *Heideggers* herausgefordert, derzufolge sich Nietzsches Versuch einer Destruktion der metaphysischen Denkweise, wie er sich vor allem in seinem Programm eines „umgedrehten Platonismus" bekundet, immer noch im Horizont dieser Denkweise bewegt, sodass er allenfalls als Exponent der bisherigen Philosophiegeschichte gelten kann, die er durch Freisetzung ihrer Konfliktstoffe einer äußersten Zerreißprobe zu unterwerfen und dadurch ihrem unausweichlichen Ende entgegenzuführen sucht.

In seinem Bemühen, aus dem Bannkreis dieses Theorems auszubrechen, greift *Pautrat* auf das Bilddenken Nietzsches zurück, das er als den schon in der ‚Geburt der Tragödie' einsetzenden und im ‚Zarathustra' kulminierenden Versuch wertet, die Tyrannei des Begriffs (logos), der das Melos der Sprache zunehmend verfiel, zu brechen. Dem versucht er durch eine neue Würdigung der „Textlichkeit" der Aussagen Nietzsches auf die Spur zu kommen. Sie besteht, vereinfachend gesprochen, in einer Rekonstruktion der Entstehungsgeschichte der Texte, die aber gerade nicht auf die lebens- und motivgeschichtlichen Entstehungsbedingungen eingeht, sondern lediglich ihre Grundstruktur freizulegen sucht. Demgemäß entdeckte *Gianni Vattimo* in seiner Würdigung der französischen Nietzsche-Rezeption auch hier Tendenzen jener Einseitigkeit, die er bereits bei Heideggers betont einseitigem Vorgehen registriert hatte. Es ist die Einseitigkeit der strukturalistischen Denkweise, die durch die Bevorzugung des synchronen Elements gegenüber dem diachronen, also durch die bewusste Ausklammerung der geschichtlichen Dimension zugunsten einer möglichst perfekten Ausleuchtung der strukturalen Gegebenheiten, gekennzeichnet ist.[70]

Demgegenüber besteht die Einseitigkeit bei *Deleuze* darin, dass er das artistische Element bei Nietzsche zugunsten seiner „energetischen" Einstellung vernachlässigt. Insofern greift *Deleuze* unverkennbar auf Nietzsches frühe Klassifizierung als „Lebensphilosoph" zurück. Nur geschieht dies in zweifacher Frontstellung sowohl gegen die in Frankreich vielfach obligatorisch gewordene Zuordnung Nietzsches zu *Freud* als inbesondere auch gegen das überhand nehmende Verfahren einer dialektischen Nietzsche-Interpretation.[71] Die Opposition, in der sich *Deleuze* gegenüber dem „introvertierten" Nietzsche-Bild der tiefenpsychologischen Interpretationsversuche befindet, ergibt sich unmittelbar aus seinem „energetischen" Ansatz, der ihn aus innerer Konsequenz zur ausschließlichen Betonung des Macht- und Herrschaftsmoments in Nietzsches Denken führt. Zur Verwerfung der Dialektik als des angeblichen Generalschlüssels zur Ambivalenz der Nietzsche'schen Position gelangt er dagegen durch die Würdigung der von Nietzsche entwickelten „eigenen Methode", die seiner Auffassung zufolge „eine wesentlich dramatische, typologische und differentielle" ist.[72] Dabei führt er allerdings, bei allem Hohn auf den dialektischen Zaubertrick, die Bejahung aus der „berühmt-berüchtigten Negation der Negation" hervorgehen zu lassen[73], mit der – als Dispositionsschema verstandenen – Differenz selbst ein im Grunde negatives Prinzip ein, aus dem das von ihm präsentierte Resultat – „die Aktion als einzige Qualität der Kraft und das Aktiv-werden als schöpferische Identität der Macht des Willens[74] – keineswegs überzeugend hervorgeht. So kann es nicht verwundern, dass *Deleuze* in einer an die moderne „Pragmalinguistik" erinnernden Verfahrensweise außersprachliche Kräfte, wie er sie in den intellektuellen Randgruppen der Gesellschaft und der sich dort zunehmend ausbreitenden Schizophrenie vorfindet, zu mobilisieren sucht, um dem von Nietzsche inszenierten Komplott zur vollen Schlagkraft zu verhelfen.[75]

Das Zielbild der Integration

Es heißt lediglich, eine allgemeine Entwicklung der neueren Philosophie (*Heidegger*), Theologie (*Bultmann*) und Wissenschaft (*Betti*) auf den „Fall" Nietzsche anwenden, wenn man versucht, dem Dilemma seiner bisherigen Deutungsgeschichte mit dem Konzept einer Nietzsche-Hermeneutik zu begegnen. Denn wenn die Konkurrenz der Interpretationen und das Fehlen einer Schlichtungsinstanz etwas beweisen, dann die Tatsache, dass weder mit Ausklammerungen noch mit Reduzierungsversuchen etwas getan ist, wie sie neuerdings auf dem Weg der Ausgrenzung einzelner Grundgedanken, sei es der von Nietzsche geübten „Wahrheitskritik“ oder seines energetischen „Emanzipationsprogramms“, gestartet werden. Ebenso deutlich tritt freilich auch die Einschichtigkeit jener Deutungsversuche zutage, die Nietzsches differenzierte Gedankenwelt mit Hilfe eines ihm selbst entnommenen oder aber von außen her an ihn herangetragenen Modellgedankens zu erklären suchen.[76] Denn offensichtlich gehört zur Vollständigkeit der Beobachtung, mit der das Nietzsche-Buch *Kaufmanns* schließt, auch die, dass dieser eminent dynamische Denker sich so wenig auf eine „Idee“ oder „Formel“ festlegen lässt, wie er irgendeiner „Richtung“ oder gar „Bewegung“ zugeordnet werden kann. Und was von der – vergeblichen – Suche nach einem zentralen Einheitsgedanken zu sagen war, gilt allem Anschein nach auch von den Versuchen, wenigstens einen Generalschlüssel in Form einer „Einheitsmethode“ ausfindig zu machen. Dass davon auch die von *Deleuze* herausgestellte „Eigenmethode“ Nietzsches keine Ausnahme macht, zeigt dessen Bedürfnis, auf außersprachliche, also außerhalb des Komplexes „Nietzsche“ liegende Instanzen zurückzugreifen, um den in seinen Schriften deponierten Sprengstoff zur Detonation zu bringen. Indessen: So enttäuschend diese Durchmusterung der Interpretationsangebote verläuft, spricht sie in ihrer Negativität doch nur mit besonderer Dringlichkeit für die Entwicklung eines Deutungskonzepts, das die bisherigen Fehler vermeidet und trotz des Verzichts auf deren „Positivitäten“ zu einem Gesamtverständnis der Denkwelt Nietzsches verhilft. Wie aber ist ein derartiges Konzept zu denken?

Für die Beantwortung dieser Frage gibt die französische Nietzsche-Rezeption zwei wichtige Hinweise. Der erste ergibt sich aus dem programmatischen Gedanken *Bernard Pautrats*, in die Hintergründe der von Nietzsche vorgelegten Textgestalten vorzudringen – bis dorthin, wo sich das Apollinische ins Dionysische auflöst, wo sich also die sprachliche Grundfassung der Motive von der Herrschaft der Begriffe befreit und Nietzsches Arbeit an der Syntax zum Vorschein kommt. Mit seinem zentralen Interesse bezieht sich dieser Gedanke auf den bei aller Rationalität zu beobachtenden spielerisch-artistischen Umgang Nietzsches mit seinen Motiven, der ihn immer wieder dazu veranlasst, diese, anstatt auf argumentative, auf dramatische Weise in Szene zu setzen, um damit ausgesprochene Verblüffungs- und Überwältigungseffekte zu erzielen. Als Beleg dafür kann die Selbstinterpretation der ‚Genealogie der Moral‘ in Nietzsches letztem „Lebensrückblick“ gelten. Hier, in ‚Ecce homo‘, bemerkt er zur Strategie seiner Streitschrift:

> *Jedes Mal ein Anfang, der irreführen soll, kühl, wissenschaftlich, ironisch selbst, absichtlich Vordergrund, absichtlich hinhaltend. Allmählich mehr*

Unruhe; vereinzeltes Wetterleuchten; sehr unangenehme Wahrheiten aus der Ferne her mit dumpfem Gebrumm laut werdend – bis endlich ein tempo feroce erreicht ist, wo alles mit ungeheurer Spannung vorwärts treibt. Am Schluss jedes Mal, unter vollkommen schauerlichen Detonationen, eine neue Wahrheit zwischen dicken Wolken sichtbar.[77]

Unverkennbar legt Nietzsche hier seiner Schrift ein musikalisches Kompositionsgesetz zugrunde; denn dieses kennt das Kunstmittel des Trugschlusses ebenso wie das der Spannung erzeugenden Verzögerung oder das des mitreißenden Accelerando. Hier ist somit, mit *Pautrat* gesprochen, der Logos auf das Melos reduziert. Doch zeigt der faktische Eindruck, den die Streitschrift vermittelt, dass Nietzsche bei dieser Selbstinterpretation nur halb über den Weg zu trauen ist. Von dem schon fast paranoiden Willen zur Wirkung um jeden Preis ergriffen, unterschlägt er mit seiner „Erklärung" die analytisch-argumentative Komponente, die gerade in der ‚Genealogie der Moral' besonders brillant zum Vorschein kommt. In dieser Verzeichnung legt er dann aber doch das von der geschliffenen Oberfläche überdeckte tiefere Strukturgesetz frei. Im Blick auf diese aufschlussreiche Stelle muss bei ihm fortwährend mit einer „Doppelbödigkeit" von Stil und Argumentation gerechnet werden, also mit der von *Deleuze* herausgestellten „Differenz", nur dass diese hermeneutisch und nicht, wie ihr Befürworter meint, als Charakteristikum der Gedanken-Konsekution in Rechnung gestellt werden muss. Zur vollen Berücksichtigung dieser Differenz gehört auch der Unterschied, auf den *Kaufmann* aufmerksam machte.[78] Er betrifft die Tatsache, dass Nietzsche mit den von ihm „exoterisch" vorgetragenen Thesen nicht selten einen „esoterischen" Hintersinn verbindet. Mit derartigen Sinndivergenzen ist vor allem im Spätwerk zu rechnen, da hier die vom Wirkungswillen gespeiste Tendenz zu plakativen Äußerungen und zur Neigung, sich selbst zu überschreien, immer stärker überhand nimmt, sodass im Interesse der Klärung des tatsächlich Gemeinten immer wieder nach einem möglichen Bedeutungs-Substrat esoterischer Art zurückgefragt werden muss. Auf einem andern Blatt steht freilich die Frage der Verantwortlichkeit, da auch die Qual der von Nietzsche beklagten „absurden Einsamkeit" sein Sprachempfinden niemals so tief verstörte, dass er sich über die Wirkung der herausgeschrieenen Parolen und in schockierender Absicht formulierten Sentenzen im Unklaren bleiben konnte.[79]

Der durch *Pautrat* nahgelegte Rückgang in die „Vorgeschichte" der Texte kann aber auch, anders als der im Sinn des französischen Strukturalismus gemachte Vorschlag es will, „genealogisch" aufgefasst und als Aufforderung zu Text-Rekonstruktionen verstanden werden, wo immer diese von der Textlage her möglich und im Interesse einer besseren Aufhellung der „Tiefen-Syntax" wünschbar sind. Von derartigen Rekonstruktionen wäre zunächst ein gegen Nietzsches Selbstinszenierung gerichteter Desillusionierungseffekt zu erwarten. Denn mit kaum einer seiner Suggestionen schlug er die Nachwelt so sehr in Bann wie mit den in ‚Ecce homo' ausgesprochenen Behauptungen, dass die vier Teile seines ‚Zarathustra' in je zehn Tagen entstanden seien[80] und dass die ‚Götzendämmerung' „das Werk von so wenig Tagen" sei, dass er Anstand nehme, „ihre Zahl zu nennen"[81]. Indessen zeigt die Rekonstruktion der gerade auch für den Zarathustra-Komplex bestimmten Texte, dass sie im Gefolge eines langwierigen Ausformungs- und Umschichtungsprozesses entstanden, sodass das Bewundernswerte an ihnen nicht so sehr in ihrer „schlagartigen" Niederschrift als vielmehr in ihrem sprachlichen Duktus besteht, der ebenso wenig wie ihre stilistische Glätte etwas von der Dramatik der tatsächlichen Entstehungsverhältnisse ahnen lässt.[82] Wichtiger als dieser Desillusionierungseffekt ist jedoch der Einblick in die geistes- und motivgeschichtliche Verflechtung, in welcher Nietzsches Gedankenwelt hier, in der „genealogischen" Tiefenschicht seiner Texte, erscheint. Denn zu dem von ihm selbst geschaffenen Mythos gehört auch der Anspruch, seine Leitgedanken als Erster, womöglich sogar aufgrund einer inspirationsartigen „Eingebung", gefunden und ausgearbeitet zu haben. So gehört es zu den seltenen Ausnahmen, wenn sich Nietzsche im Einzelfall schließlich doch zum Eingeständnis einer „Anleihe" bequemt. Und auch dann geschieht es, wie im Fall des „Übermenschen", nur beiläufig, wenn er etwa von diesem im ‚Zarathustra' bemerkt, dass er ihn „vom Wege" aufgelesen habe.[83] Demgegenüber erscheint Nietzsche jetzt, im Prozess seiner Ideenbildung, in engster Verbindung mit Strömungen, Tendenzen und Gestalten, auch wenn das Gespräch mit diesen oft genug, um seinen eigenen Ausdruck zu gebrauchen, die Form von „Hadesgesprächen" annimmt.[84] Gleichzeitig wirkt seine Ideenbildung, in diesem Kontext gesehen, eher reaktiv als, wie er selbst behauptet, kreativ, wobei sich die Form seines „Reagierens" in der Regel so darstellt, dass er einen vorgegebenen Gedanken aufgreift, um ihm in einem freilich höchst spontan verlaufenden Umschmelzungsprozess eine „überbietende" Neufassung zu geben. Insofern ist mit dieser Feststellung nichts gegen die Kreativität des Nietzsche'schen Denkens ausgesagt; sie ist damit lediglich auf jene Form zurückgeführt, in der geistige Überlieferungen auch sonst verarbeitet werden. Auch wenn Nietzsche demzufolge eher in der Rolle des „Umformers" als in der des „Neugestalters" erscheint, ist ihm damit nichts von jenem „Efeukranz" genommen, gegen dessen Beschädigung er im Zarathustra-Kapitel „Von den Gelehrten" so gereizt reagierte.[85]

Demgegenüber sieht sich der Modellgedanke einer Nietzsche-Hermeneutik durch die „pragmalinguistische" Interpretation *Deleuzes* auf eine ganz andere Bahn gewiesen. Wenn dessen Idee, das von Nietzsche inszenierte Komplott mit Hilfe „außenstehender" Komplizen zum Zug zu bringen, auch als absurd erscheint – wenn freilich auch nicht so absurd, dass sie nicht an die makabre „Praktizierung" Nietzsche'scher Schlagworte durch die Todesmaschinerien des Dritten Reiches erinnern würde –, muss doch in der damit angegebenen Richtung weitergefragt werden. Sie aber führt, in ihre letzte Konsequenz verfolgt, nicht etwa zu anarchistischen Randgruppen, sondern zu dem, der von der Aufgabe der Nietzsche-Interpretation am unmittelbarsten betroffen ist, zum Rezipienten. Insofern verweist die von *Deleuze* vorgenommene Wendung des Problems auf die Notwendigkeit einer rezeptionstheoretischen Ergänzung des bisherigen Verfahrens. Hatte dieses trotz allen Aufwands an interpretatorischem Geschick schließlich doch nur zu einem heillosen Dissens geführt, so ist nunmehr, in freier Übernahme des von *Deleuze* gegebenen Fingerzeigs, zu fragen, ob daran nicht auch die Tatsache Schuld trug, dass neben anderen Komplexen der am Gang der Auslegung maßgeblich beteiligte Rezipient unberücksichtigt blieb.

Wenn man dabei nicht auf neue Weise dem alten Fehler verfallen will, müsste der Rezipient nicht etwa nur in der Gestalt des Lesers gesucht werden, sondern in erster Linie dort, wo die Rezeption am entschiedensten betrieben wird, also in der Person des Interpreten. Die Rückfrage nach ihm und seinem aktiven Beitrag zur Deutung der Texte ist schon deshalb erforderlich, weil sich offensichtlich keine sachliche „Einheitsformel" ausfindig machen lässt, die imstand wäre, Nietzsches komplexe Gedankenwelt auf einen einfachen hermeneutischen Nenner zu bringen. Wenn die Fehlschläge der bisherigen Deutungsgeschichte nicht einfach als unkalkulierbares Missgeschick abgetan, sondern als Fingerzeig für ein künftiges Verfahren verstanden werden sollen, kann das nur besagen, dass der Ansatz beim Text auch dort, wo er bewusst die Gesamtheit des verfügbaren Materials einbezog, zu kurz bemessen war. Was jenseits der Objektivität der textlich dokumentierten Aussagen aber überhaupt noch in den hermeneutischen Prozess einbezogen werden kann, ist lediglich die Subjektivität des rezipierenden Interpreten und interpretierenden Rezipienten. Damit müsste ein neuer Anfang gemacht werden. Voraussetzung dessen wäre lediglich, dass die Rolle des Rezipienten entschiedener bedacht würde, als das aufgrund der bisherigen Hermeneutik-Konzepte möglich war. Denn auch mit ihrer grandiosen Fortentwicklung, welche die Hermeneutik durch *Heidegger*, *Bultmann* und ihre Schulen zu verzeichnen hatte, hat sie noch immer nicht jene Maxime ganz eingeholt, die ihr durch einen ihrer wichtigsten Initiatoren, den schwäbischen Exegeten *Johann Albrecht Bengel*, mit seinem Leitwort gegeben wurde:

Te totum applica ad textum;
rem totam applica ad te[86].

Um es differenzierter – und zutreffender – zu sagen, so wurde von dieser Maxime bisher nur die zweite Satzhälfte, die auf möglichst sorgfältige Textauslegung drängt, in ihrem vollen Gewicht genommen. Demgegenüber trat die Beachtung der nicht minder wichtigen ersten Satzhälfte, zweifellos aufgrund eines theoretischen Defizits, auffällig zurück. Denn so überzeugend es erschien, dass dem Text bis hinein in seine semantischen Verzweigungen und seine entstehungsgeschichtlichen Hintergründe nachgegangen werden müsse, so schwer wollte der Gedanke einleuchten, dass es zur vollen Interpretation auch der persönlichen Selbstzuwendung des Interpreten bedürfe. Zwar hatte *Bultmann* schon in der Einleitung zu seinem Jesusbuch (von 1926) betont, dass im Umgang mit der Geschichte eine Vergegenständlichung, wie sie der naturwissenschaftlichen Forschung selbstverständlich ist, nicht in Frage komme, da das betrachtende Subjekt mit in den Geschichtsgang hineingehöre. Was es mit der Geschichte auf sich habe, könne darum immer nur in der „Begegnung" mit ihren Vorkommnissen und Ereignungen, also im „Dialog" mit ihr, ans Licht gebracht werden.[87] Doch blieben diese weitsichtigen Bemerkungen, die in *Carl Friedrich von Weizsäckers* philosophischer Deutung der mikrophysikalischen Gegebenheiten ein bemerkenswertes Gegenstück haben[88], zunächst ohne erkennbare Resonanz. Denn es fehlte eine Modellvorstellung, die es erlaubte, den Anteil des Rezipienten an einer „verstandenen Aussage" in das Bild des hermeneutischen Ablaufs zu integrieren. Tatsächlich stellt sich dieser Anteil reziprok zu demjenigen des Sprechers dar. Wie sich dieser, um verstanden zu werden, nicht mit der Formulierung seiner Aussage begnügen darf, sondern mit ihr zusammen eine Vorleistung zum Ziel der gelingenden Rezeption erbringen muss, kann sich auch der Rezipient nicht auf die Rolle eines passiven Empfängers zurückziehen. Wenn man sich an die von der Bengel'schen Maxime vorgenommene Gewichtung hält, stellt sich das Verhältnis vielmehr so dar, dass der Rezipient ebenso im Vorgriff auf die zu erwartende Aussage „verstehen" lernt, wie der Sprecher bei der Gestaltung seiner Aussage bereits auf das für sie erhoffte Verständnis hinarbeiten muss.

Noch stärker ausgeleuchtet, ergibt diese Konstellation schließlich das Modell einer geradezu spiegelbildlichen Wechselbeziehung. Im Sprechakt des Redenden ist dann der intendierte Empfänger bereits mitgesetzt, sodass zum konkreten Sprecher der „antizipierte Rezipient" hinzugehört. Andrerseits geht der konkrete Rezipient immer schon mit einer gezielten Erwartungshaltung auf den Sprecher zu, und wäre es auch nur in der Form, dass er sich von diesem „ansprechen" lässt. „Gezielt" ist seine Erwartungshaltung deshalb, weil sie sich nicht, wie die philosophische Hermeneutik will, in einem unbestimmten „Vorverständnis" ergeht, sondern das Schema einer „intendierten Aussage" mitbringt. Da die Vorleistungen auf beiden Seiten aus dem „Stoff“ der jeweiligen Subjektivität genommen sind, kommt es in der konkreten Begegnung von Sprecher und Empfänger zu nachhaltigen Korrekturen, durch die sowohl das Bild, das sich der Sprecher vom Rezipienten macht, durch dessen Realität berichtigt wird, wie auf der andern Seite die von diesem erwartete Aussage mit der ihm tatsächlich gegebenen ausgetauscht werden muss. Es liegt auf der Hand, dass es bei diesem Austausch nicht ohne Enttäuschungen und Konflikte abgeht. Aber gerade darin besteht die geheime Dramatik des Verstehensprozesses, der nur zu einem Teil in jener verständnisvollen Übereinkunft besteht, die seine Bezeichnung erwarten lässt, zum anderen Teil aber in Auseinandersetzung und Kampf. Doch macht es das Glück des Verstehens aus, dass dieser Kampf nicht dazu bestimmt ist, in Sieg und Niederlage zu enden, sondern in jener friedvollen Übereinkunft, von der das Wort „Verständigung“ spricht.

Die Vervollständigung des Fragments

Trägt man das Ergebnis dieses rezeptionstheoretischen Modells an das Problem der Nietzsche-Hermeneutik heran, so wird vollends klar, dass die mit ihr gestellte Aufgabe nur unter konsequenter Berücksichtigung des Rezipienten zu lösen ist. Auf ihn muss sich die Aufmerksamkeit um so mehr konzentrieren, als erst seine Leistung das erbringen kann, was nach Ausweis der bisherigen Deutungsgeschichte auf der Textseite allein nicht zu finden ist. Das hätte eine intensivere Berücksichtigung von ‚Ecce homo‘ tatsächlich schon längst deutlich machen können. Denn in dieser „Retrospektive“ erhebt Nietzsche bei näherem Zusehen keineswegs den Anspruch, den Einheitssinn seiner Werke ausfindig gemacht zu haben; wohl aber redet er aus jener „Gipfelschau“, in der er die bunt gewürfelte Gedankenmasse seiner Schriften, plastisch ausgezogen „wie ein Relief“, vor sich liegen sieht. Insofern nimmt sich ‚Ecce homo‘ wie eine literarische Fixierung jenes luziden Durchblicks durch seine Gedankenwelt aus, zu dem er sich nach dem an *Brandes* gerichteten Briefwort (vom 4. Mai 1888) immer nur für kurze Stunden „erhoben“ fühlte. Offensichtlich liegt hier, in dieser transitorischen Erreichung des „Gipfels der Betrachtung“, von welchem Nietzsche in anderem Zusammenhang sprach[89], der gesuchte „Schlüssel“ zum Grundkonzept seiner Gedanken und Werke. Da sich jede Rekonstruktion dieses Gipfelbewusstseins verbietet, bleibt nur der Rekurs auf den Rezipienten, dessen Beitrag jedoch – seiner Rolle als „recipiens“ gemäß – streng als nachgestaltend-kompensatorisch zu denken ist. Demgemäß muss er dort, wo Nietzsche verstummt, auf den Nachhall dieses Schweigens horchen; dort, wo Nietzsche schreit, das im Schrei

Überschrieene zu erfassen suchen; dort, wo Nietzsche bewusst plakativ und aggressiv spricht, den in diesen exoterischen Aussagen verheimlichten esoterischen „Hintersinn" ausfindig zu machen suchen. Auf diesem Weg kommt dann ebenfalls etwas nach Art einer Integration zustande, doch nicht im Sinn eines ekstatischen Aufschwungs, sondern einer kompensatorischen Ergänzung dessen, was bei Nietzsche aus Not oder Wille Fragment geblieben war. Insofern bewegt sich dieses rezeptionstheoretische Modell weitgehend auf der Linie eines romantischen „Erkenntnisprinzips", das sich gerade durch das Unvollendete des Fragmentarischen zu fortführenden, das Ungesagte ergänzenden Gedanken inspirieren lässt.[90] Nur verführt es im Unterschied zu diesem romantischen „Prinzip" sachbezogen, sodass es ihm primär darum zu tun ist, das in Nietzsches Gedankenwelt Offengelassene zu der von ihrer Grundintention bezeichneten Ganzheit zu integrieren.

Da es sich nicht darum handeln kann, es Nietzsche in dem von ihm selbst nur selten erreichten „Gipfelblick" gleichzutun, kommt nur ein indirekter Lösungsweg in Betracht. Dabei geht es um die Gewinnung jenes zentralen Gesichtspunkts, von dem aus sich die zerklüftete Ideenlandschaft, ungeachtet ihrer Spannungen und Brüche, zu einem Gesamtbild ordnet. In diesem Bestreben braucht man sich nur an die Eindrücke zu erinnern, die der wiedergelesene Nietzsche bei *Gide* und *Benn* hinterließ. Beide bekannten sich spontan zu der – vor allem von der ‚Ecce homo'-Lektüre stimulierten – Überzeugung, dass Nietzsche bereits alles, was ihre Generation bewegte, erschöpfend ausgesprochen und definitiv formuliert habe, sodass „alles weitere", mit seiner Aussage verglichen, bloße Exegese gewesen sei.[91] Zwar finden sich Entsprechungen dazu nur beim frühen Nietzsche, der in der ‚Geburt der Tragödie' versichert, „daß der Genius nicht der Menschheit wegen da ist", sondern als deren „Spitze und letztes Ziel" zu gelten habe.[92] Dagegen lebt schon der mittlere Nietzsche, fernab von diesem romantischen Genieverständnis, in dem Bewusstsein, die Leiter weggestoßen zu haben, auf der er über alles bisher Gedachte und Erstrebte hinausgestiegen war, während der letzte Nietzsche zu stark im Bann des Umgestaltungs-Willens steht, als dass er sich noch als Exponent und Spiegelung seiner Zeit begreifen könnte. Diese zweifache „Voreingenommenheit" schließt jedoch keineswegs aus, dass es sich mit ihm tatsächlich so verhielt, wie *Gide* und *Benn* empfanden. Und damit eröffnet sich der Rezeption die Möglichkeit, den aus dem Zeugnis der Texte nicht zu erhebenden Einheitssinn dort wahrzunehmen, wo dieser nach Art einer Widerspiegelung sowohl aus Nietzsches Kampf als auch aus seinen letzten Sehnsüchten hervorleuchtet.

Dazu bedarf es nur noch der – durch die Fakten leicht zu erhärtenden – Hilfsvorstellung, dass Nietzsches Aggressionen und Utopien vielfach mehr

„Logik“ innewohnte als seinen Deduktionen und Thesen. Um es mit einem Bild auszudrücken, ging er mit seinem Widerspruch in der Regel so sehr auf den jeweils attackierten Gegenstand ein, dass sich dieser in seiner Negation wie in einer Hohlform abbildete. Ähnliches gilt von seinen höchsten Zielsetzungen, die im Unterschied zu seinen politischen Programmen durch ausgesprochene Hellsichtigkeit und plastische Ideenfülle gekennzeichnet sind. Insofern hat *Thomas Mann* etwas durchaus Richtiges beobachtet, wenn er Nietzsche das Normalmaß eines Einzelschicksals signifikant übersteigen sah und die Vermutung aussprach, dass in ihm etwas „Allgemeineres“ in Erscheinung trat, wenn man sich auch nicht deutlich genug von seinem Zusatzgedanken distanzieren kann, wonach Nietzsche in einer Art Stellvertretung für alle „es sich schwer gemacht“ habe, „schwer bis zur Heiligkeit“, schließlich den „Martertod am Kreuz des Gedankens“ gestorben sei.[93] Mit seinem Grundgedanken führt er jedoch auf eine aussichtsreiche Spur. Es muss im Einzelfall nur überprüft werden, wo sich in Nietzsches Gedankenwelt die Konturen übergeordneter Sinnzusammenhänge abzeichnen und wie sie sich untereinander zu größeren Einheiten verketten. So weit dieser Nachweis gelingt, erscheint er bei all seinen Widersprüchen zuletzt doch als ein „indirekter Wahrheitszeuge“, indirekt deshalb, weil diese Wahrheit weniger in dem besteht, was er selbst an Erkenntnissen zutage gefördert zu haben glaubte, als vielmehr in der Rückhaltlosigkeit, mit der er allem widersprach, was ihm, um es mit zwei Grundbegriffen seiner Polemik zu sagen, dekadent und lebensfeindlich zu sein schien, und nicht zuletzt in der Wahrhaftigkeit, zu der er verpflichtet.

So zeichnen sich zwei rezeptionstheoretische Wege ab, auf denen das, was bei Nietzsche Fragment blieb, zu einem wenn auch noch so gebrochenen Ganzen vervollständigt werden kann. Der eine ist kompensatorischer, der zweite rekonstruktiver Art. Zielt der eine darauf ab, die Einseitigkeiten Nietzsches auszugleichen oder doch wenigstens in ihrem Funktions- und Stellenwert zu bestimmen, so der andere darauf, die „Logik“ seiner Widersprüche und Zielsetzungen auszumachen. Doch gerade so entspricht es der von Nietzsche mit wachsender Bewusstheit übernommenen Doppelrolle: zugleich Kritiker und Interpret, Zerstörer und Bewahrer und in beidem, mit dem Zarathustra-Schluss gesprochen, das grelleuchtende „Feuer-Zeichen“ der europäischen Philosophie zu sein.[94]

III. Der Mythenzerstörer und Mythenschöpfer

In einem Wort hellsichtiger Selbsteinschätzung versichert Nietzsche in seiner Selbstdarstellung ‚Ecce homo':

Ich widerspreche, wie nie widersprochen worden ist, und bin trotzdem der Gegensatz eines neinsagenden Geistes.[1]

Damit charakterisierte Nietzsche nicht nur sein gesamtes Lebenswerk, in dem er folgerichtig eine „jasagende" Hälfte von einer „neinsagenden, neintuenden" unterschied; vielmehr charakterisierte er damit auch den Stil seines kritischen Denkens, der, wie am deutlichsten *Karl Jaspers* beobachtete, immer wieder durch den Umschlag der Negationen in ein unerwartet affirmatives Verhältnis gekennzeichnet ist.[2] Die von Jaspers gemachte Beobachtung galt der Religionskritik Nietzsches. Sosehr ihn diese jedoch sein ganzes Leben hindurch in Atem hielt, darf sie doch keineswegs isoliert gesehen werden. Sie steht vielmehr im Zusammenhang seiner Moralkritik, die ihrerseits in seine Kultur- und Bildungskritik eingebunden ist. Diese aber ist ihrerseits religiös unterbaut durch Nietzsches kritisches Verhältnis zum Mythos, das seiner Religionskritik somit spiegelbildlich entgegensteht. Demgemäß gilt insbesondere auch hier, dass er wie kaum einer zuvor widersprach und sich dabei doch als das Gegenteil eines neinsagenden Geistes erwies.

Zum Ausgangspunkt von Nietzsches Mythos-Verständnis, wie es sich in seiner Frühschrift ‚Die Geburt der Tragödie aus dem Geiste der Musik' (von 1872) abzeichnet, bemerkt *Walter F. Otto*:

Friedrich Nietzsche war der Meinung, dass die Schönheit von den Griechen aus dem unendlichen Schmerz erkämpft worden sei. Nur weil sie so namenlos am Elend des Daseins gelitten, sei das Wunder der Schönheit über ihnen aufgegangen. Allzu naiv erschien ihm das heitere Griechenbild, das seit Winckelmann den Freunden der Antike vorgeschwebt. Glaubte er doch, mit dem berühmten Spruch des Silens, daß es für den Menschen das Beste wäre, nie geboren zu sein, tiefer in die Seele des griechischen Menschen geblickt zu haben als alle vor ihm.[3]

Auf dem Rücken eines Tigers

Nietzsche selbst drückt sich noch entschiedener aus: Um überhaupt leben zu können, mussten sich die um die Schrecken und Entsetzlichkeiten des Daseins wissenden Griechen „die glänzende Traumgeburt der Olympischen" vor Augen halten.[4] Das ungeheure Misstrauen gegenüber den titanischen Mächten der Natur, das sich ebenso in der Gestalt der „über allen Erkenntnissen erbarmungslos thronenden Moira" wie im „Geier des großen Menschenfreundes Prometheus" und im „Schreckenslos des weisen Ödipus" bekundet, musste stets „von neuem überwunden, jedenfalls verhüllt und dem Anblick entzogen" werden; und das geschah im Entwurf jener olympischen Göttergestalten, die ihren reinsten Ausdruck in Apollo finden und insofern als die Konfiguration einer „apollinischen Kultur" zu gelten haben.[5] Der Mythos ist somit eine bildhafte Kompensation des Schrecklichen. Wem sich der olympische Zauberberg öffnet und wem er seine „Wurzeln" sichtbar werden lässt, der erblickt in seiner Tiefe die „Schrecken und Entsetzlichkeiten des Daseins". In der olympischen Welt hält sich der „hellenische ‚Wille' einen verklärenden Spiegel" vor. Die Götter rechtfertigen das Menschenleben, indem sie es selbst leben; sie sind die dem von ihm ausgehenden Sinndruck „allein genügende Theodizee"[6]. So ist der Mythos das „Exempel einer ins Unendliche hinein starrenden [...] Wahrheit"[7]. Ihm liegt nicht etwa ein Gedanke zugrunde; vielmehr ist er selbst ein Denken, wenn freilich auch kein logisch reglementiertes Denken, sondern ein solches, von dem man mit einer von Nietzsche selbst gebrauchten Wendung sagen kann, dass es das „Ohr gleichsam an die Herzkammer des Weltwillens gelegt" habe.[8] Was es dort vernimmt, ist die Stimme des grauenhaften Weltengrunds, die immerfort zur Vernichtung ruft und deshalb nur auf zwei Wegen ausgehalten werden kann: auf dem apollinischen der phantastischen Selbsttäuschung und auf dem dionysischen der orgiastischen Selbstpreisgabe. Dem ersten verdankt die „glänzende Traumgeburt der Olympischen" ihre Entstehung; auf dem zweiten gelangt „das Subjektive zu völliger Selbstvergessenheit", indem es, der Weisung Schopenhauers folgend, das „principium individuationis" überwindet und die „mystische Einheitsempfindung" mit dem Weltgrund anstrebt. Über das Menschenbild, zu dem er sich damit bekennt, gibt sich Nietzsche vollends in seinem Essay ‚Über Wahrheit und Lüge im außermoralischen Sinne' (1873) Rechenschaft, wo von der Natur, die dem zur Erkenntnis verurteilten Menschen „das Allermeiste" verschwieg, gesagt wird:

Sie warf den Schlüssel weg: und wehe der verhängnisvollen Neubegier, die durch eine Spalte einmal aus dem Bewußtseinszimmer heraus und hinabzusehen vermöchte, und die jetzt ahnte, daß auf dem Erbarmungslosen, dem Gierigen, dem Unersättlichen, dem Mörderischen der Mensch ruht, in der Gleichgültigkeit seines Nichtwissens und gleichsam auf dem Rücken eines Tigers in Träumen hängend.

Und Nietzsche fügt dem die sich nun geradezu aufzwingende Frage hinzu: „Woher, in aller Welt, bei dieser Konstellation der Trieb zur Wahrheit!" Der spätere Nietzsche wusste die Antwort: Die Wahrheit ist, zusammen mit dem Trieb zu ihr, ein Mittel des menschlichen Überlebens; jene „Art von Irrtum, ohne welche eine bestimmte Art von lebendigen Wesen nicht leben könnte" und damit so funktional in den Zweck des Lebens hineingebunden, dass sie für sich selbst nichts bedeutet, sondern von ihrem Gegensatz, dem Irrtum her, definiert werden kann; oder nun schließlich mit einer fast spiegelbildlich zur Ausgangsfrage wirkenden Wendung gesagt „nur eine Stellung verschiedener Irrtümer zueinander"[9]. Damit aber fällt der „Trieb zur Wahrheit" fast ununterscheidbar mit dem mythenschaffenden Ingenium des Menschengeistes zusammen. Hier wie dort geht es, aus der Perspektive des frühen Nietzsche gesagt, um die Frage des Überlebens im Ganzen einer dem Nichts entgegentreibenden Welt, nur mit dem Unterschied, dass diese Frage einmal mit den Mitteln der logischen Vernunft und zum andern, im Fall des Mythos, mit Hilfe prälogischer Denkvorstellungen gelöst wird.

„Dem Mythus liegt nicht ein Gedanke zugrunde, [...] sondern er selber ist ein Denken; er teilt eine Vorstellung von der Welt mit, aber in der Abfolge von Vorgängen, Handlungen und Leiden", hatte Nietzsche in der vierten seiner ‚Unzeitgemäßen Betrachtungen' gesagt (§ 9). Zu dieser Erkenntnis gelangt er aber nicht durch das Studium der antiken Mythen, sondern, wie schon der Titel ‚Richard Wagner in Bayreuth' zu verstehen gibt, durch das Erlebnis der Wagner'schen Musikdramen. In ihnen war ihm, mit dem Wortlaut der Vorstudie gesprochen, ein „Denken in sichtbaren und fühlbaren Vorgängen, nicht in Gedanken" entgegengetreten und damit, wie er im selben Satz hinzufügt, „das eigentlich Dichterische"[10]. Die spezifische Denkform des Mythos ist ihm somit erst in dessen von ihm enthusiastisch begrüßter Aktualisierung durch Richard Wagner deutlich geworden, vor allem aber, wie der Fortgang der ihm gewidmeten ‚Betrachtung' ausführt, im „Systemgedanken" der Ring-Tetralogie, von der es heißt:

Der Ring des Nibelungen ist ein ungeheures Gedankensystem ohne die begriffliche Form des Gedankens. Vielleicht könnte ein Philosoph etwas ganz Entsprechendes ihm zur Seite stellen, das ganz ohne Bild und Handlung wäre und bloß in Begriffen zu uns spräche: dann hätte man das gleiche in zwei disparaten Sphären dargestellt: einmal für das Volk und einmal für den Gegensatz des Volkes, den theoretischen Menschen. An diesen wendet sich also Wagner nicht; denn der theoretische Mensch versteht von dem eigentlich Dichterischen, dem Mythus, gerade soviel als ein Tauber von der Musik, das heißt: beide sehen eine ihnen sinnlos scheinende Bewegung. Aus der einen von jenen disparaten Sphären kann man in die andere nicht hineinblicken: solange man im Banne des Dichters ist, denkt man mit ihm, als sei man nur ein fühlendes, sehendes und hörendes Wesen, die Schlüsse, die man macht, sind die Verknüpfungen der Vorgänge, die man sieht, also tatsächliche Kausalitäten, keine logischen.[11]

Das Gedankenexperiment

Nietzsches Äußerungen vermitteln wiederholt das Gefühl, dass ihr Autor über Abgründe hinwegschreitet, von denen er angelockt wurde und die ihm doch verborgen bleiben. Schon sein Gedankenexperiment von einem philosophischen System, das dem Wagner'schen Mythos gleichwertig gegenüberstehen könnte, überrascht durch die Ausklammerung des Namens von *Hegel*, durch den diese Gegenüberstellung längst schon vollzogen war, sodass nun, durch dieses Verschweigen, die Gedankenfolge in eine verblüffende Rückbezüglichkeit gerät. Denn es ist nun kein Anlass mehr, auf den Philosophen zu warten, der das Gegenstück zur Ring-Mythologie schaffen würde; vielmehr war Wagner der – mit der Abwandlung eines theologischen Ehrentitels gesprochen – „neue Mythologe", der dem Hegel'schen System ein Gedankengebäude „in sichtbaren und fühlbaren Vorgängen" gegenüberstellte.[12] Noch tiefer ist der Abgrund, den Nietzsche – man kann nur sagen: mit tödlicher Sicherheit – sodann zwischen sich und Wagner aufreißt, wenn er den beiden Sphären einmal das Volk und dann den „theoretischen Menschen" zuordnet und von diesem ausdrücklich bemerkt, dass sich Wagner durchaus nicht an ihn wende, weil er vom „eigentlichen Dichterischen, dem Mythus" nichts verstehe. Darin kommt bereits, so klar wie nur möglich, jener typologische Unterschied zwischen dem musikalischen Demagogen Wagner und dem elitären Esoteriker Nietzsche zum Vorschein, in welchem der Wagner-Biograph *Martin Gregor-Dellin* den Bruch von vornherein angelegt sieht.[13] Noch bedenklicher steht es mit dem Fortgang der Stelle, die auch für die Beurteilung des Sprachtheoretikers Nietzsche von größter Bedeutung ist. Denn hier erblickt er in der Versprachlichung der Musik, die den Musik-Dramen Wagners ihr innerstes Gepräge gibt, die Gefahr,

daß diese Wortsprache in uns den theoretischen Menschen aufweckt und dadurch uns in eine andre, unmythische Sphäre hinüberhebt: sodaß wir zuletzt durch das Wort nicht etwa deutlicher verstanden hätten, was vor uns vorging, sondern gar nichts verstanden hätten[14].

Zwar fügt er unverzüglich hinzu, dass sich Wagner gegen diese Gefahr dadurch immunisiert habe, dass er die Sprache in einen Urzustand zurückzwang, „wo sie fast noch nicht in Begriffen denkt, wo sie noch selber Dichtung, Bild und Gefühl ist“. Doch abgesehen von dem sprachtheoretischen Glanzlicht, das er damit seiner Analyse aufsetzt, ist doch zu fragen, ob er mit der Nennung der Gefahr nicht sich selbst mit ins Spiel brachte. Nachdem das Legendengewebe, mit welchem Nietzsche den Bruch umhüllte, längst schon zerrissen ist oder doch zu zerreißen beginnt, muss die Ursache des Bruchs irgendwo anders als an den von ihm bezeichneten Stellen gesucht werden: also weder in seiner Behauptung, dass er durch den mit dem „Parsifal zu Kreuze kriechenden“ Wagner unheilbar enttäuscht worden sei, noch mit seinem Hinweis auf die ihm von Wagner zugefügte „tödliche Beleidigung“, was immer sich hinter dieser Redewendung verbergen mag.[15] Musste es nicht vielmehr schon deshalb zum Bruch kommen, weil durch Wagners „Wortsprache“ in Nietzsche selbst der theoretische Mensch freigesetzt wurde, der sich nur noch als Antipode Wagners begreifen konnte, so wie sich dieser Nietzsches eigener Deutung zufolge als Antipode des – ungenannten – Hegel empfunden hatte?

Sosehr für diese Erklärung des Bruchs der Umstand spricht, dass sie von den biographischen Motiven auf Strukturunterschiede zurückgreift, ist mit ihr doch der Problemkern noch nicht erreicht. In diesem geht es vielmehr um Wagners mythologischen Zentralgedanken, der nach Nietzsche – und darin besteht noch völlige Übereinkunft – zu einem Zeitpunkt konzipiert wurde, „wo alle Religion aller früheren Zeiten in ihrer dogmatischen Götzen- und Fetischwirkung wankt“ und der vereinfachend ausgedrückt – und hierin scheiden sich die Wege – in einer einzigen Überredung zum Tod besteht.[16] „In welchem Lichte sieht er nun alles Gewordene und Vergangene?“, fragt Nietzsche im Blick auf Wagners dionysische Aktualisierung des antiken Mythos, und er antwortet:

Die wunderbare Bedeutung des Todes ist hier voranzustellen: der Tod ist das Gericht, aber das frei gewählte, das ersehnte Gericht, voll schauerlichen Liebreizes, als ob es mehr sei als eine Pforte zum Nichts. […] Der Tod ist das Siegel auf jede große Leidenschaft und Heldenschaft, ohne ihn ist das Dasein nichts werth. Für ihn reif sein ist das Höchste, was erreicht werden kann, aber auch das Schwierigste und durch heroisches Kämpfen und Leiden Erworbene. Jeder solche Tod ist ein Evangelium der Liebe; und die ganze Musik ist eine Art Metaphysik der Liebe; sie ist ein Streben und Wollen in einem Reich, welches dem gewöhnlichen Blick wie das Reich des Nichtwollens erscheint, ein sich Baden im Meere der Vergessenheit, ein rührendes Schattenspiel vergangener Leidenschaft.[17]

Seitdem sich Nietzsche aus der Einflusssphäre *Schopenhauers* befreit hatte, war es nur noch eine Frage der Zeit, bis er eben diesen noch ganz dem Geist Schopenhauers verpflichteten Mythenentwurf als den erklärten Gegensatz dessen empfand, was mehr und mehr ins Zentrum seines philosophischen Wollens trat; das dionysische Ja zu einer in ihrer Nichtigkeit angenommenen, dadurch aber zugleich über sie hinausgetragenen Welt, zu einer Welt des unablässigen Werdens und Vergehens, einer in unabsehbaren Gezeiten in sich kreisenden, einer sich ewig zerstörenden und wieder aufbauenden und im tiefsten Selbstwiderspruch sich doch zugleich selbst bestätigenden Welt, einer Welt, in welcher der Wille zum Nichts unablässig umschlug in den „Willen zur Macht". Mit dem Entwurf dieser dionysischen Welt ist die definitive Gegenposition zu Wagner bezogen. Und doch gehört es zur geheimen Logik dieses Wider-Spruchs, dass der Text, der dieses dionysische Weltbild am gültigsten beschreibt und nach *Thomas Mann* schon von der sprachlichen Gestaltung her als ein Höhepunkt von Nietzsches Prosakunst zu gelten hat, sein volles Profil erst vor dem Hintergrund der Deutung gewinnt, die Nietzsche in seinem Essay ‚Richard Wagner in Bayreuth' der Ring-Mythologie widmet.

Im Ring des Nibelungen, so führt Nietzsche aus, sei der tragische Held ein von Machtdurst besessener Gott, der sich in seinem Machtstreben durch Verträge bindet und dabei nicht nur seine Freiheit verliert, sondern auch dem auf der Macht liegenden Fluch verfällt. So überkommt ihn nicht nur die Furcht vor dem Ende und der Dämmerung aller Götter, sondern mit ihr zusammen auch „die Verzweiflung darüber, diesem Ende nur entgegensehen, nicht entgegenwirken zu können". Hoffnung besteht deshalb nur in der Erscheinung des freien, furchtlosen Menschen, der ohne Rat und Beistand von oben, „ja im Kampfe wider die göttliche Ordnung, von sich aus die dem Gotte versagte Tat vollbringt". Von ihm, Siegfried, heißt es dann wörtlich:

Im Anblick seines herrlichen Werdens und Aufblühens weicht der Ekel aus der Seele Wotans, er geht dem Geschicke des Helden mit dem Auge der väterlichsten Liebe und Angst nach. Wie er das Schwert sich schmiedet, den Drachen tötet, den Ring gewinnt, dem listigsten Truge entgeht, Brünnhilde erweckt, wie der Fluch, der auf dem Ringe ruht, auch ihn nicht verschont […], wie er, treu in Untreue, das Liebste aus Liebe verwundend, von den Schatten und Nebeln der Schuld umhüllt wird, aber zuletzt lauter wie die Sonne heraustaucht und untergeht, den ganzen Himmel mit seinem Feuerglanze entzündend und die Welt vom Fluche reinigend, das alles schaut der Gott, dem der waltende Speer im Kampfe mit dem Freiesten zerbrochen ist und der seine Macht an ihn verloren hat, voller Wonne am eignen Unterliegen, voller Mitfreude und Mitleiden mit seinem Überwinder: sein Auge liegt mit dem Leuchten einer schmerzlichen Seligkeit auf den letzten Vorgängen, er ist frei geworden in Liebe, frei von sich selbst.

Hingerissen von diesem Drama, und nicht zuletzt wohl auch von seiner eigenen Nacherzählung, fügt Nietzsche dem hinzu:

Und nun fragt euch selber, ihr Geschlechter jetzt lebender Menschen! Ward dies für euch gedichtet? Habt ihr den Mut, mit eurer Hand auf die Sterne dieses ganzen Himmelsgewölbes von Schönheit und Güte zu zeigen und zu sagen: es ist unser Leben, das Wagner unter die Sterne versetzt hat?

Die Affirmation

Auf dem Höhepunkt der Lobeserhebung wird hier der Wagner'sche Mythos unter dem Vorwand, er sei für die „Geschlechter jetzt lebender Menschen" zu hoch gegriffen, dem Volk tatsächlich abgesprochen. Und durch die Wahl des Bildes von dem bestirnten Himmelsgewölbe erhebt Nietzsche gegen Wagner zudem den heimlichen Vorwurf, er sei mit seinem Mythos der selben Lebensfeindlichkeit verfallen, die er in der platonischen Ideenlehre und in der davon infizierten christlichen Dogmatik, diesem „Platonismus fürs Volk", wie er sie in der Vorrede zu ‚Jenseits von Gut und Böse' nennt, ausgedrückt fand. Wenn aber gesagt werden soll, worauf die in identifizierender Absicht ausgestreckte Hand der „jetzt lebenden Menschen" tatsächlich zeigen soll, dann nach Nietzsches Überzeugung gerade nicht auf eine wie immer geartete Überwelt, sondern auf deren dionysisches Gegenstück, von der es in dem bereits erwähnten Aphorismus heißt:

diese meine dionysische Welt des Ewig-sich-selber-Schaffens, des Ewig-sich-selber-Zerstörens, diese Geheimnis-Welt der doppelten Wollüste, dies mein „Jenseits von Gut und Böse", ohne Ziel, wenn nicht im Glück des Kreises ein Ziel liegt, ohne Willen, wenn nicht ein Ring zu sich selber guten Willen hat – wollt ihr einen Namen für diese Welt? Eine Lösung für alle ihre Rätsel? Ein Licht auch für euch, ihr Verborgensten, Stärksten, Unerschrockensten, Mitternächtlichsten? – Diese Welt ist der Wille zur Macht – und nichts außerdem! Und auch ihr selber seid dieser Wille zur Macht – und nichts außerdem![18]

Wenn irgendwo, bewahrheitet sich hier der Anspruch Nietzsches, in seinem Widerspruch das Gegenteil eines neinsagenden Geistes zu sein. In diesem Text ist zwar einerseits die „Überwelt" der olympischen Traumgeburten auf die Eindimensionalität der dionysischen Welt zurückgenommen; andrerseits hat diese Zurücknahme aber selbst zumindest halbmythischen Charakter. Denn dem offensichtlich aus der Zarathustra-Zeit stammenden Text liegt unverkennbar die Lehre von der ewigen Wiederkunft zugrunde.[19] In seinem Lebensrückblick ‚Ecce homo' gibt Nietzsche mit großem Nachdruck zu Protokoll, dass ihm die Lehre von der ewigen Wiederkunft, die er hier als die „Grundkonzeption" seines ‚Zarathustra' bezeichnet, nach Art einer inspiratorischen Eingebung aufgegangen sei. Zunächst hält sich sein Bericht noch im Rahmen einer literarischen Reminiszenz:

> *Ich erzähle nunmehr die Geschichte des Zarathustra. Die Grundkonzeption des Werks, der Ewige-Wiederkunfts-Gedanke, diese höchste Formel der Bejahung, die überhaupt erreicht werden kann, gehört in den August des Jahres 1881: er ist auf ein Blatt hingeworfen, mit der Unterschrift: „6000 Fuß jenseits von Mensch und Zeit". Ich ging an jenem Tage am See von Silvaplana durch die Wälder; bei einem mächtigen pyramidal aufgetürmten Block unweit Surlei machte ich Halt. Da kam mir dieser Gedanke.*[20]

Aber schon in der Schlusswendung, dass ihm auf diesen Wegen der ganze erste Zarathustra eingefallen sei, richtiger gesagt, dass er ihn als Typus überfallen habe, kündet sich eine „höhere Interpretation" des Entstehungsprozesses an. Davon spricht er im Anschluss daran in jenem Stück, das Thomas Mann im Blick auf seinen stilistischen Glanz dem Aphorismus über die dionysische Welt an die Seite stellt.[21] Was nach der Eingangsschilderung die Frucht einer literarischen Eingebung war, wird jetzt zum Ergebnis eines Vorgangs, der sich in einem noch vom alten Aberglauben behafteten Gemüt unabweislich mit der Vorstellung verbinden würde, „bloß Mundstück, bloß Medium übermächtiger Gewalten zu sein". Als könne er sich einer dieser Vorstellung noch nachhängenden Leserschaft am besten verständlich machen, wendet sich Nietzsche, widersprüchlich genug, an sie mit der Frage:

> *– Hat jemand, Ende des neunzehnten Jahrhunderts, einen deutlichen Begriff davon, was Dichter starker Zeitalter Inspiration nannten? Im andern Falle will ich's beschreiben. [...] Der Begriff Offenbarung, in dem Sinn, dass plötzlich, mit unsäglicher Sicherheit und Feinheit, etwas sichtbar, hörbar wird, etwas, das einen im Tiefsten erschüttert und umwirft, be-*

schreibt einfach den Tatbestand. Man hört, man sucht nicht; man nimmt, man fragt nicht, wer da gibt; wie ein Blitz leuchtet ein Gedanke auf, mit Notwendigkeit, in der Form ohne Zögern – ich habe nie eine Wahl gehabt. [...] Dies ist meine Erfahrung von Inspiration; ich zweifle nicht, dass man Jahrtausende zurückgehn muss, um jemanden zu finden, der mir sagen darf, es ist auch die meine'.[22]

Fragt man sich nach den Gründen, die Nietzsche dazu veranlasst haben mochten, die Entstehung des ‚Zarathustra' und seines Grundgedankens in diese numinose Beleuchtung zu rücken, so wird man in erster Linie an den Einfall denken, sich mit der ganzen persönlichen Autorität hinter ein Werk zu stellen, den *Theodor W. Adorno* auch in Beethovens Verhältnis zu seiner ‚Missa solemnis' zu beobachten glaubte.[23] Danach würde der dem ‚Zarathustra' gewidmete Abschnitt den Grenzfall dessen bilden, was einer von *Giorgio Colli* gegebenen Anregung zufolge vom ‚Ecce homo' insgesamt zu gelten hat.[24] Danach trug Nietzsche im Mittelstück dieses Werks die eigene Person als eine Art ‚existentielles Interpretament' an seine literarische Produktion heran, um dadurch zu einer neuen Lesart seiner früheren Gedanken zu gelangen. Nur käme im Fall des ‚Zarathustra' als zusätzliches Motiv die Tendenz hinzu, sich mit der ganzen menschlichen und literarischen Autorität gerade hinter dieses Werk zu stellen, dessen Problematik Nietzsche selbst so sehr bewusst war, dass er sich schon während der Entstehung von einem wachsenden Widerwillen gegenüber dem „gesamten Zarathustra-Gebilde" ergriffen fühlte.[25]

Soviel für diese Erklärung spricht, wird man aber auch damit rechnen müssen, dass gerade hier Nietzsches Verhältnis zu Wagner mit ins Spiel kommt. Denn von Wagner dürfte ihm bekannt gewesen sein, dass er den Anstoß zur Komposition seiner Musikdramen wiederholt, so insbesondere im Fall der Rheingold-Ouvertüre oder der ‚Meistersinger', auf tranceartige oder intuitive Zustände zurückführte.[26] Wenn mit dem Entwurf der dionysischen Welt und ihrem „Grundgedanken", der Idee der ewigen Wiederkunft, mehr als nur eine Gegenposition zu Wagners pessimistisch-nihilistischer Mythologie bezogen war, lag es für Nietzsche nur zu nahe, dieses „Mehr" auch in der Form zu unterstreichen, dass er für die Zarathustra-Konzeption ähnliche Bedingungen wie für die Entstehung der Wagner'schen Werke in Anspruch nahm. Dann aber besteht zwischen dem Aphorismus von der dionysischen Welt und dem ‚Zarathustra' insofern ein Fortschritt, als nun auch im Sinne Nietzsches von einem „Gegen-Mythos" gesprochen werden kann. Der Mythen-Kritiker und Mythen-Zerstörer hat sich, fast unter der Hand, in einen Mythen-Schöpfer verwandelt.

Doch ist diese These mehr als eine Vermutung? Lässt sie sich argumentativ erhärten, obwohl Nietzsche ein reflexes Bewusstsein dieses Rücksturzes ins mythenschaffende Denken begreiflicherweise abgeht? Dieser Frage hat sich *Jean-Paul Sartre* in seinem Essay ‚Die ewige Wiederkunft des Gleichen: Nietzsches List' (1952) gestellt.[27] Für ihre Bejahung kann er schon die Tatsache geltend machen, dass der visionäre Augenblick von Surlei, in welchem Nietzsche die Wiederkunft-Idee konzipierte, keineswegs unvorbereitet kam, sondern sich von langer Hand angebahnt hatte. Sartre erinnert in diesem Zusammenhang an die auch in anderer Hinsicht, etwa für den Vergleich Nietzsches mit Kierkegaard, bedeutsame Briefstelle, in welcher der von Todesahnungen Befallene erklärt:

> *Ich bin am Ende des fünfunddreißigsten Lebensjahres; die „Mitte des Lebens" sagte man anderthalb Jahrtausende lang von dieser Zeit; Dante hatte da seine Vision und spricht in den ersten Worten seines Gedichts davon. Nun bin ich in der Mitte des Lebens so „vom Tod umgeben", dass er mich stündlich fassen kann; [...] Insofern fühle ich mich jetzt dem ältesten Manne gleich; aber auch darin, dass ich mein Lebenswerk getan habe.*[28]

Schon das lässt darauf schließen, dass die ewige Wiederkunft des Gleichen als welthaftes Gegenstück zu Dantes Jenseitsreise gelesen werden kann, zumal auch diese insofern eine zyklische Struktur aufweist, als sie den Pilger der jenseitigen Reiche zwar nicht zu ihrem Ausgangspunkt, wohl aber zu sich selbst zurückführt. Für die mythische Qualität der Wiederkunft-Idee spricht nach Sartre dann aber auch ihre auffällige Nähe zu einem Glauben. Nicht nur, dass „im gegenwärtigen Zustand des Systems kein Zeichen, kein Schimmer eines Beweises, ja nicht einmal ein Ansatz für eine spätere Wiederkehr zu finden ist"; vielmehr ließ Nietzsche, wie Sartre vermerkt, den Gedanken einer naturwissenschaftlichen Verifizierung, kaum dass er ihn gefasst hatte, auch schon wieder fallen. Und nicht nur dies: In einem Nachlassfragment (von 1881/82) bezeichnet er den Wiederkunft-Gedanken sogar in aller Form als die säkulare Alternative zum theozentrischen Geschichtsbild; denn:

> *Wer nicht an einen Kreisprozess des Alls glaubt, muss an den willkürlichen Gott glauben.*[29]

Vor allem aber zeigt sich die mythische Qualität der Idee in dem, was sie leistet und will. Sie ist nicht nur, wie Nietzsche wiederholt unterstreicht, der „abgründlichste" und „schwerste" Gedanke, sondern auch der „Hammer in der Hand des mächtigsten Menschen". Mit ihm gelingt es, die Seinsverhältnisse so zu zerschlagen, dass sich, wie es Sartre ausdrückt, „die Ganzheit des Seienden in Möglichkeit" auflöst; denn:

Die Lehre von der Ewigen Wiederkunft verschafft ihm das Recht, das Wirkliche als einen Sonderfall des Möglichen aufzufassen, so wie man vom Kreis sagt, er sei ein Sonderfall der Ellipse, die Gegenwart als den infinitesimalen Augenblick, in dem die Erinnerung an die Vergangenheit sich mit der Vorahnung der Zukunft vermischt, und die gegenwärtige Gestalt des Seins als das endliche Bild des unendlichen Nichtseins.[30]

In der visionären Optik der Wiederkunft-Idee geraten die Dinge wie Holz, Quelle und Fels „in einen Zustand der Zerstreuung", sodass sie ihre konkreten Konturen verlieren: aufblitzende Erscheinungen im Mahlstrom eines unendlichen Kreisgangs, der seine Hervorbringungen immer wieder zurückschlingt in das uferlose Meer des Möglichen. Das aber ist, wie Sartre betont, die genaue Umkehrung der natürlichen Praxis, die „das Mögliche in Wirkliches" verwandelt. Und an dieser Stelle kommt für ihn die innerste Motivation der Wiederkunft-Lehre zum Vorschein. Denn Nietzsche denke in ihr nicht nur gegen die natürliche Logik des menschlichen Handelns, sondern wesentlicher noch – gegen sich selbst: „gegen die flehentlichen Wünsche seines Körpers, der ein Ende seines Leidens ersehnt"[31]. So sei die Lehre von der ewigen Wiederkunft der Mythos eines Leidenden, der sich über seine Not erhebt, um sie in dieser Distanz bestehen zu können.

Zweifellos ist damit nur eine Sinnkomponente der Wiederkunft-Lehre Nietzsches getroffen, vermutlich aber eine gerade auch in biographischer Hinsicht zentrale. Wenn es mit ihr seine Richtigkeit hat, ergibt sich eine erstaunliche Konstellation. Dann verfiel Nietzsche bei seinem Versuch, den nihilistischen Mythos Wagners zu widerlegen, nicht nur seinerseits auf mythische Positionen; vielmehr gilt auch von seinem Mythos, was er gegen Wagners Erneuerung der antiken Tragödie und ihre mythische Grundidee kritisch eingewendet hatte. Sie war für ihn, wie erinnerlich, nur eine illusionäre Vorkehrung des mythenschaffenden Geistes, der sich mit Hilfe seiner „Traumgeburt" über die Schrecknisse des Daseins und den „schrecklichen Grundtext homo natura" hinwegzusetzen suchte.[32] Jetzt fällt diese Kritik mit voller Wucht auf Nietzsches mythischen Gegenentwurf zurück. Fernab von jedem Beweis für die Richtigkeit seiner Konzeption bezweckte er mit ihr nichts anderes, als was die Wagner'schen Mythen, angefangen vom ‚Lohengrin' und dem ‚Ring des Nibelungen' bis hin zum ‚Parsifal', anstrebten und was seinem Urteil zufolge dem antiken Mythos als letzte Zweckbestimmung zugrunde lag: die Verklärung einer als unerträglich empfundenen, ihrer eigenen Vernichtung entgegentreibenden Welt. Auch wenn bei Nietzsche das resignative Moment in ein affirmatives eingeschmolzen ist, bleibt es – wie Sartre zugestanden werden muss – doch insofern dominant, als der Schöpfer dieses Gegenmythos immer nur mit mystagogischer Gebärde, ja mit allen Zeichen des Entsetzens davon zu sprechen wagte. Erinnert sei in diesem Zusammenhang lediglich an den Aphorismus ‚Das größte Schwergewicht' aus der ‚Fröhlichen Wissenschaft', der schon wegen seiner Nähe zum Initiationserlebnis besonders beweiskräftig ist:

Wie, wenn dir eines Tages oder Nachts ein Dämon in deine einsamste Einsamkeit nachschliche und dir sagte: „Dieses Leben, wie du es jetzt lebst und gelebt hast, wirst du noch einmal und noch unzählige Male leben müssen; […] Die ewige Sanduhr des Daseins wird immer wieder umgedreht – und du mit ihr, Stäubchen vom Staube!" – Würdest du dich nicht niederwerfen und mit den Zähnen knirschen und den Dämon verfluchen, der so redete? Oder hast du einmal einen ungeheuren Augenblick erlebt, wo du ihm antworten würdest: „du bist ein Gott, und nie hörte ich Göttlicheres!" Wenn jener Gedanke über dich Gewalt bekäme, er würde dich, wie du bist, verwandeln und vielleicht zermalmen; die Frage bei Allem und Jedem „willst du dies noch einmal und noch unzählige Male?" würde als das größte Schwergewicht auf deinem Handeln liegen! Oder wie müßtest du dir selber und dem Leben gut werden, um nach nichts mehr zu verlangen als nach dieser letzten ewigen Bestätigung und Besiegelung?[33]

Das goldene Gleichgewicht

Es hat nicht den Anschein, als sei es Nietzsche jemals gelungen, die dionysische Welt, wie es in seinem Geist der junge *Reinhard Johannes Sorge* formulierte, auf seine Schultern zu nehmen und sie mit Lobgesang zur Sonne zu tragen; vielmehr spricht alles dafür, dass der „Geist der Schwere" erst in der Euphorie des einbrechenden Wahnsinns von ihm wich. In diesen Tagen des zugleich verfallenden und euphorisch überhöhten Bewusstseins kam es dann aber dazu, dass sich auch sein Verhältnis zu Wagner mythisch verklärte. Auf einigen von der Schwester vernichteten, aber wenigstens bruchstückhaft überlieferten Blättern ergeht sich der bereits Umnachtete in „seltsamen Phantasien, in denen sich die Sage des Dionysos-Zagreus mit der Leidensgeschichte der Evangelien und den ihm nächststehenden Persönlichkeiten der Gegenwart vermischte: der von seinen Feinden zerrissene Gott wandelt neu erstanden an den Ufern des Po und sieht nun alles, was er jemals geliebt hat, seine Ideale, die Ideale der Gegenwart überhaupt, weit unter sich. Seine Freunde und Nächsten sind ihm zu Feinden geworden, die ihn zerrissen haben"[34]. Unter den Namen der ihm zu Feinden gewordenen ehemaligen Freunde rangiert an erster Stelle derjenige von *Richard Wagner*. Gleichzeitig greift der Mythisierungsprozess auch auf dessen Frau *Cosima* über, von der Nietzsche, nachdem er sie zu seiner „Ariadne" stilisierte, in einer Wahnsinnsbotschaft an *Jacob Burckhardt* versichert, dass er mit ihr zusammen „das goldene Gleichgewicht aller Dinge zu sein" habe.[35] Aber begann dieser Prozess, genealogisch gesehen, nicht schon bei der Konzeption des ‚Zarathustra'? Hatte Nietzsche nicht längst schon dessen Programm entworfen, als er in seiner unzeitgemäßen Huldigung an Wagner von der Gefahr sprach, dass durch dessen Wortsprache der „theoretische Mensch" aufgeweckt und dadurch eine Übersetzung der mythischen Sphäre „in eine andre, unmythische" in Gang gebracht werden könne?[36] Hatte er sich in seinem kritischen Frühwerk, insbesondere in der ‚Fröhlichen Wissenschaft' mit dieser Gefahr so sehr identifiziert, dass sie zum Ausgangspunkt seines Schaffens wurde? Und hatte er sie schließlich in der Form überwunden, dass er in seinem ‚Zarathustra' den dionysischen Gegenmythos schuf, eine Überbietung der Wagner'schen Mythologie, die in diese doch ebenso zurückmündete, wie sie ihr vom Grundentwurf her verhaftet blieb? So jedenfalls bestätigt es die Werkaussage, die nicht in dem aufgesetzten Schluss, sondern in dem durch äußere und innere Bezüge als Höhepunkt ausgewiesenen Kapitel „Mittags" zu suchen ist, wenn Zarathustra im Augenblick des höchsten und zugleich schon entschwindenden Bewusstseins fragt:

> *O Himmel über mir, [...] wann trinkst du diese wunderliche Seele – wann, Brunnen der Ewigkeit! du heiterer schauerlicher Mittags-Abgrund! wann trinkst du meine Seele in dich zurück?*[37]

IV. Der abschüssige Denkweg

Der Irrtum

Nach dem Eindruck seiner Marburger und Freiburger Hörer war *Heidegger* der Schock, nach den Folgen zu schließen war *Bloch* die Versuchung und angesichts seiner Wirkung war *Wittgenstein* die Ernüchterung der Gegenwartsphilosophie. Damit verglichen ist Nietzsche, wie immer deutlicher wird, ihre immer noch nachwirkende Droge, auf die insbesondere die postmoderne Szene geradezu süchtig reagiert. Wie ist das zu erklären?

Er selbst meint, auch als Gottloser sein Feuer immer noch von dem Brande zu nehmen, den ein jahrtausendealter Glaube entzündet hat, „jener Christenglaube, der auch der Glaube Platons war, dass Gott die Wahrheit ist, dass die Wahrheit göttlich ist"[1].

Doch in diesem Satz vermischt er, höchst unzulässig, zwei unvereinbare Positionen, die dann unter den Stahlgewittern des Ersten Weltkriegs von *Franz Rosenzweig* definitiv entflochten wurden. In seinem in den Schützengräben der Balkanfront verfassten ‚Stern der Erlösung' (von 1921) fragt er:

> *Was aber hat neben dem einen All der vollendeten Wirklichkeit noch Platz außer der Wahrheit? Denn die Wahrheit ist das Einzige, was mit der Wirklichkeit ganz eins ist und in ihr nicht mehr scheidend, sich gleichwohl noch von ihr als Ganzem scheidet. Die Wahrheit thront über der Wirklichkeit. Und so wäre denn die Wahrheit – Gott? Nein. Die Wahrheit ist nicht Gott. Gott ist die Wahrheit.* [2]

Wie sehr Nietzsche in seiner Verwechslung gefangen blieb, zeigt die Wiederholung der gleichsetzenden Stelle aus der ‚Fröhlichen Wissenschaft' in dem Essay ‚Zur Genealogie der Moral', aber deutlicher noch die Festlegung Platons auf den Schlüsselsatz des johanneischen Jesus, jenes „kindlichen Fürsprechers der kleinen Leute, der keinen kleinen Irrtum lehrte, als er lehrte „ich – bin die Wahrheit"[3].

Denn in der ‚Götzen-Dämmerung' lässt Nietzsche die „Geschichte eines Irrtums" mit der Behauptung beginnen: „ich Plato, bin die Wahrheit"[4]. Wenn irgendwo, liegt hier der Kern von Nietzsches geistiger Tragödie; denn ungeachtet seiner Radikalkritik am Christentum, das er als einen

„Platonismus für das Volk" ansah, spielte er sich in den Anspruch Jesu hinein, den er bereits von Platon erhoben sah, die Wahrheit nicht erstreben zu müssen, sondern die Wahrheit selbst zu sein. Freilich wusste er wie kaum einer vor ihm auch um das Wagnis der Wahrheitserkundung. Und er sprach davon in dem suggestiven Bild von der Argonautenfahrt, die den „ganzen Umfang der bisherigen Werte und Wünschbarkeiten" erkundete und alle Küsten des „idealischen Mittelmeers" umschiffte, stets unterwegs zu dem noch unentdeckten Land jenseits aller bisherigen Länder und Winkel des Ideals", angeführt von einem andern, ebenso wunderlichen wie gefahrenreichen Ideal, dem

Ideal eines Geistes, der naiv, das heißt ungewollt und aus überströmender Fülle und Mächtigkeit mit allem spielt, was bisher heilig, gut, unberührbar, göttlich hieß; und mit dem, trotz alledem, vielleicht der große Ernst erst anhebt, das eigentliche Fragezeichen erst gesetzt wird, das Schicksal der Seele sich wendet, der Zeiger rückt, die Tragödie beginnt …[5]

Es bleibt nur, den Weg dieser Tragödie nachzuzeichnen.

Die Exposition

In einem Lebensrückblick (von 1863) sagt der junge Nietzsche, er sei „als Pflanze nahe dem Gottesacker" geboren. Und er nennt als erstes Ereignis den frühen Tod des Vaters, der ihn an die pietistisch enge Frömmigkeit seiner weiblichen Umgebung auslieferte. Das versetzte ihn zunächst in eine übersteigerte Frömmigkeit, sodass der Konfirmand „Gott in seinem Glanz" gesehen zu haben meinte, bedingte jedoch zugleich sein Verlangen, aus dieser Enge auszubrechen. Bezeichnend dafür schließt der Rückblick mit den Worten:

Und so entwächst der Mensch allem, was ihn einst umschlang; er braucht nicht die Fesseln zu sprengen, sondern unvermutet, wenn ein Gott es gebeut, fallen sie ab; und wo ist der Ring, der ihn endlich noch umfasst? Ist es die Welt? Ist es Gott?

Von selbst fielen die Fesseln aber keineswegs ab, auch wenn zunächst nur wenig auf den gewaltsamen Ausbruchsversuch schließen ließ. Dazu gehört die spartanisch strenge Erziehung in Schulpforta, die Nietzsche hervorragend schulte, ihm aber auch den angestammten Glauben raubte, der glänzende Anfangserfolg als Philologe, der ihm noch vor Abschluss seiner Promotion die Ernennung zum Professor für Klassische Philologie an der Universität Basel eintrug, der krankheitsbedingte Abbruch dieser viel versprechenden Laufbahn, der ihn zum Leben eines „freischaffenden Schriftstellers" verurteilte, die gescheiterte Liebesbeziehung zu *Lou Salomé*, der rasch verebbende Einfluss *Schopenhauers* und nicht zuletzt die sich nach anfänglicher Bewunderung zerschlagende Beziehung zu *Richard Wagner*.

Ungeklärt bleibt in dieser Nachzeichnung, wie sich das aggressive Potential aufbauen konnte, das sich in Nietzsches Hauptwerken entlädt und ihnen ihre inhaltliche Stoßkraft und ihren literarischen Glanz verleiht. War das die drückende Einsamkeit des nur von seinem Schatten begleiteten „Wanderers", der eine Hadesfahrt antreten musste, um nach langer Suche wenigstens unter den Schatten Gesprächspartner zu finden? War es die Lust des in ein „ewiges Nirgendwo" und ein „ewiges Umsonst" Verirrten, „alle Wege tot und zu Schanden" zu treten? War es am Ende die unlängst von *Werner Roß* entdeckte und hervorgehobene „Wildheit" Nietzsches, die sich nach langer Zurückhaltung plötzlich in „Detonationen", wie er sich selber ausdrückte, entlud? Woher also die so plötzlich aufflammende Feindschaft gegen den „unbekannten Gott", den er nach dem frühen Abschied im titelgleichen Jugendgedicht mit allen seinen Martern zurückgerufen hatte? Oder kam ein äußerer, am Ende ein literarischer Anstoß hinzu?

Das Attentat

Alles spricht dafür, dass dies der Fall war. Denn in *Heines* geistvoll-sarkastischem Essay ‚Zur Geschichte der Religion und Philosophie in Deutschland' (von 1834) stieß Nietzsche auf eine Stelle, die er als eine große Herausforderung empfinden musste. Im Zug seines Versuchs, der französischen Leserschaft einen Eindruck von Kants Kritik der Gottesbeweise, seinem Angriff auf die himmlischen „Leibgarden Gottes", zu vermitteln, schrieb Heine:

> *Kant hat den Himmel gestürmt, er hat die ganze Besatzung über die Klinge springen lassen, der Oberherr der Welt liegt unbewiesen in seinem Blute, es gibt jetzt keine Allbarmherzigkeit mehr, keine Vatergüte, keine jenseitige Belohnung für diesseitige Enthaltsamkeit.*

Doch Heine fügte dem eine entscheidende Einschränkung hinzu. Kant, so dekretierte er, habe keine ganze Arbeit geleistet. Ein Beweis, der wichtigste von allen, den er mit Kant den ontologischen nennt und auf Anselm von Canterbury zurückführt, habe das von ihm angerichtete Massaker unbeschädigt überstanden. Nach wie vor könne Gott aus seinem Begriff bewiesen werden, wenn er nur als das unüberdenklich Größte gedacht werde. Um diesen letzten Pfeiler des Gottesglaubens zu Fall zu bringen, schrieb Nietzsche den berühmten Aphorismus ‚Der tolle Mensch', der in leicht durchschaubarer Maskierung von seinem Versuch berichtet, seinen ungläubigen Zeitgenossen zu einem zulänglichen Selbstbewusstsein und Verständnis ihrer Gottesleugnung zu verhelfen. Nach Ausweis der komplizierten Entstehungsgeschichte des Textes steht in seinem Zentrum wiederum, wie in der frühen Lebensskizze, die Frage nach dem alles umfassenden Ring, die der tolle Mensch seinen begriffsstutzigen Zuhörern mit den Worten ins Gesicht schreit: „Wer gab uns den Schwamm, um den ganzen Horizont wegzuwischen?" Weggewischt aber wird dieser allumgreifende „größte Gedanke des Menschen" (*Jean Paul*) durch das als Todesstoß gemeinte, wenngleich ebenfalls an Heine orientierte Wort „Gott ist tot", also durch die Macht der Sprache. Mit ihr führt der tolle Mensch zunächst in den Abgrund von Nacht und Kälte, der sich durch den Tod Gottes auftut, dann aber in jähem Umschwung auf die Höhe einer „höheren Geschichte", als alle Geschichte bisher war. Es ist die Höhe, die der Mensch erreicht, wenn er es sich versagt, „in einen Gott auszufließen", wenn er also die durch den Tod Gottes frei gewordenen Attribute an sich reißt. Doch wozu dieses Attentat auf das „Heiligste und Mächtigste, was die Welt bisher besaß"?

Die Destruktion

Nietzsches eigene Antwort lautet: Mit dem Gottesgedanken sollte der Zentralbegriff aus dem Christenglauben herausgebrochen und so der ganze Aufbau zum Einsturz gebracht werden. Das Attentat auf Gott zielte somit auf die Destruktion des Christentums. Doch wusste er, dass der Gottesgedanken die ganze Kultur, bis hinein in die Ordnung der Tonalität und der grammatischen Strukturen durchwirkt und durchtränkt. Typisch dafür ist sein Stoßseufzer:

> *Ich fürchte, wir werden Gott nicht los, weil wir noch an die Grammatik glauben.*[6]

Und so weitete sich sein Angriff auf die kulturelle, vom Geist des Christentums geprägte Szene insgesamt aus, angefangen von der Bildung, die ihre Adepten mit dem „untragischen Tod" bedroht, „von einer Bildsäule erschlagen zu werden", bis hin zur Moral, der sein scharfsinnigster, vorwiegend mit analytischen Mitteln vorgetragener Angriff gilt.[7]

Hauptziele des „neinsagenden Teils" seiner Lebensleistung ist jedoch die Destruktion des Christentums, das er in dem letzten wilden Ausbruch des ‚Antichrist' den „einen großen Fluch" und den „unsterblichen Schandfleck der Menschheit" nennt. Denn die christliche Kirche habe, so seine Begründung, „nichts mit ihrer Verderbnis unberührt" gelassen, „aus jedem Wert einen Unwert" und „aus jeder Wahrheit eine Lüge" gemacht (§ 62). Bei seinem Angriff beschränkt sich Nietzsche aber nicht auf den Versuch, den Zentralbegriff aus dem christlichen Lehrgebäude herauszubrechen; vielmehr geht es ihm auch darum, dem Christenglauben seine Basis als Offenbarungsreligion zu entziehen. Selbst wenn es zu einer Wiederkehr Gottes jenseits von Gut und Böse käme, bestünde immer noch der Einwand, dass er „undeutlich" geblieben sei:

Was hat er uns darob gezürnt, dieser Zornschnauber, dass wir ihn schlecht verstünden! Aber warum sprach er nicht reinlicher? Und lag es an unseren Ohren, warum gab er uns Ohren, die ihn schlecht hörten? War Schlamm in unseren Ohren? Wohlan! Wer legte ihn hinein?[8]

Es war nur eine Frage der Zeit, bis dieses von seiner Basis und seiner Mitte her erschütterte Gebäude in sich zusammenbrach. Doch dazu bedurfte es nicht der von Nietzsche betriebenen Demontage. Denn das Christentum ist in seiner genealogischen Sicht schon von sich aus in einem Akt der Selbstaufhebung begriffen; wie alle großen Dinge ist es dazu verurteilt, an seinen eigenen Hervorbringungen zugrunde zu gehen. Wie es sich einst als Dogma erledigte, so jetzt als Moral. Und wir

– wir stehen an der Schwelle dieses Ereignisses. Nachdem die christliche Wahrhaftigkeit einen Schluss nach dem andern gezogen hat, zieht sie am Ende ihren stärksten Schluss, ihren Schluss gegen sich selbst.[9]

Die Fürsprache

Grund genug für Nietzsche, sich dem „jasagenden Teil" seiner Aufgabe zuzuwenden. In einer an *Lessings* Entschluss, vom Kampfplatz der Auseinandersetzung mit seinen orthodoxen Gegnern auf seine alte Kanzel, das Theater, zurückzukehren, erinnernden Kehre wechselte er von der kritischen Tonart, die er im gesamten Frühwerk bis einschließlich der ‚Fröhlichen Wissenschaft' angeschlagen hatte, in die einer prophetischen Verkündigung über. Dazu wusste er sich durch ein Inspirationserlebnis bewogen, von dem er meint, dass man „Jahrtausende zurückgehen" müsse, um auf eine Entsprechung zu stoßen. Damals sei er vom „Blitz des Zarathustra-Gedankens" getroffen, ja er sei geradezu von Zarathustra „als

Typus" überfallen und zur Niederschrift des gleichnamigen Werkes gedrängt worden. Die Dinge seien förmlich an ihn herangekommen, um sich zum Gleichnis anzubieten. Allenthalben seien die Wort-Schreine aufgesprungen, weil alles Sein in ihm habe Wort werden wollen.[10]

Zwei Gedanken beherrschten die von *Karl Löwith* als „antichristliche Bergpredigt" bezeichnete Dichtung, die nach Nietzsches eigener Einschätzung noch am ehesten in die Rubrik der „Symphonien" gehört: das Bild vom Übermenschen und der „Ewige Wiederkunftsgedanke", dieser „höchsten Form der Bejahung", die überhaupt erreicht werden kann. Mit ihm beugt Nietzsche den nach jüdisch-christlichem Verständnis zielgerichteten Geschichtsgang nach antikem Vorbild, jetzt aber in betont antichristlicher Tendenz, auf seinen Ausgangspunkt zurück, sodass dadurch dem Christentum die Hoffnungsspitze abgebrochen wird. Nicht die von *Beethoven* so hinreißend besungene *vita venturi saeculi* ist fortan Ziel alles Hoffens, Wünschens und Strebens, sondern dieses in seinem Ewigkeitswert begriffene Dasein: *non alia, sed haec vita sempiterna.* Hier steigert sich Zarathustras Botschaft zum Appell:

> *Ich beschwöre euch, meine Brüder, bleibt der Erde treu und glaubt denen nicht, welche euch von überirdischen Hoffnungen reden! Giftmischer sind es, ob sie es wissen oder nicht.*[11]

Und er begründet seinen Aufruf mit der Versicherung: „das Herz der Erde ist von Gold"[12]. Die erhoffte Wirkung könnte er sich freilich nicht versprechen, wenn der Ewigen Wiederkehr nicht eine tiefere, in die Denkstruktur eindringende Bedeutung zukäme. Bei näherem Zusehen zielt sie tatsächlich darauf ab, dem Identitätsprinzip eine dynamische Wendung zu geben. Wenn eine Nachlassnotiz es als den „höchsten Willen zur Macht" bezeichnet, „dem Werden den Charakter des Seins zu geben", geschieht hier das diametral Entgegengesetzte. Mit der Idee der Ewigen Wiederkehr verbindet sich der Versuch, dem nach der klassischen Metaphysik in strenger Identität zu denkenden Sein den Charakter des sich ständig wiederholenden Werdens aufzuprägen. Nicht umsonst nennt sich Zarathustra auf dem Höhepunkt seiner Verkündigung den „Fürsprecher des Lebens", den „Fürsprecher des Leidens" und den „Fürsprecher des Kreises".

Während Nietzsche damit das Christentum von seiner Wurzel und seiner denkerischen Voraussetzung her angreift, nähert er sich ihm mit der Idee des Übermenschen aufs Engste an, sofern das Motiv nur aus seiner plakativen Deklarierung auf den gedanklichen Kern zurückgenommen wird, wie ihn die zu Beginn des ‚Zarathustra' entwickelte Lehre von den drei Verwandlungen beschreibt: der Verwandlung des Kamels in den Löwen und des Löwen in das Kind, verstanden als die Aufhebung des heteronomen Lebens in die autonome Selbstbestimmung und dieser in die Erfüllungsruhe der Gelassenheit.

Die Zielruhe

In dem dem Schluss von *Hölderlins* ‚Hyperion' nachgestalteten Kapitel „Mittags" aus dem Schlussteil des „Zarathustra" scheint es zu einem erfüllten Augenblick, dem „Augenblick des kürzesten Schattens", gekommen zu sein, in dem dieses Hochziel tatsächlich erreicht ist. Die Zeit steht still, die Welt rundet sich zum „goldenen Reif" der vollkommenen Zielruhe, der Himmel scheint sich dem von solcher Weltgunst Beglückten zuzuneigen:

> *O Himmel über mir, sprach er seufzend und setzte sich aufrecht. Du schaust mir zu? Du horchst meiner wunderlichen Seele zu? Wann trinkst du diesen Tropfen Tau's, der auf alle Erden-Dinge niederfiel – wann trinkst du diese wunderliche Seele – wann, Brunnen der Ewigkeit! du heiterer schauerlicher Mittagsabgrund! wann trinkst du meine Seele in dich zurück?*

Das ist der Augenblick des vollkommenen Seinsglücks, um nicht zu sagen, der Seinsmystik, der nicht von ungefähr an das Erlebnis christlicher Mystiker erinnert, am ehesten wohl an die Erfahrung, von der *Nikolaus von Kues* sagt:

> *Wie kann ich dich erstreben? Denn was ist sinnloser, als erstreben zu wollen, dass du dich mir schenkst, der du doch alles in allem bist? Und wie wirst du dich mir zu eigen geben, wenn du mir nicht gleichfalls Himmel und Erde, und alles, was sie umfangen, gibst? Ja, wie wirst du dich mir zu eigen geben, wenn du mir nicht auch mich selber gibst? Während ich so in schweigender Betrachtung verharre, antwortest du mir, Herr, in meinem Innern mit den Worten: Sei dein eigen, dann bin auch ich dein eigen.*[13]

Typisch für den Grad der Annäherung ist die Flüchtigkeit dieses Augenblicks, nicht weniger typisch für Nietzsches denkerisches Schicksal, dass er die kaum durchreflektierte Idee des Übermenschen wieder fallen ließ, um sich in ‚Jenseits von Gut und Böse' und der ‚Genealogie der Moral' erneut der Kritik und den als Doppelwerk konzipierten Schriften ‚Götzen-Dämmerung' und ‚Antichrist' einer exzessiven Polemik zuzuwenden.

Die Resignation

Trotz seiner Stringenz und schriftstellerischen Verve erscheint Nietzsches Lebenswerk wie abgebrochen, und das nicht nur aufgrund seiner Überwältigung durch die Jahrzehnte hindurch kompensierte Krankheit, sondern seiner inneren Fragmentarität. In dem Dunkel, das über diesem Komplex liegt, lassen sich wenigstens zwei Gründe ausmachen: einmal die sich ihm zunehmend aufdrängende Einsicht, dass mit einer „Umdrehung" der bekämpften Position keine wirkliche Affirmation zu erreichen war, gesteigert durch den Eindruck, dass sein Widerspruch, wie er in der hellsichtigen Bemerkung über das von *Platon* ausgehende „Feuer" gesagt hatte, insgeheim von der Kraft des Negierten lebte. Ja, es scheint sogar, als habe Nietzsche diesem Eindruck schließlich nachgegeben und, nach wiederholten Bemerkungen zu schließen, mit einer Wiederkehr des von ihm totgesagten Gottes und einem Fortleben des Christentums, wenngleich in undogmatischer Gestalt, gerechnet. In einer Nachlassnotiz versichert er:

Ihr nennt es die Selbstzersetzung Gottes: es ist aber nur seine Häutung: – er zieht seine moralische Haut aus! Und ihr sollt ihn bald wiedersehen, jenseits von Gut und Böse.

Was das Christentum anlangt, so überwiegen zwar die Äußerungen, dass er mit ihm ein Ende machen müsse, ja dass das Christentum sich sogar in ihm selbst „überwinde"; doch hält er ihm zugute, dass es die Heraufkunft des Maximal-Gottes, der bisher erreicht wurde, ermöglicht habe, ja, er gesteht ihm sogar zu, dass „eine Christenheit ohne die absurden Dogmen" noch immer möglich sei. Das lässt ebenso auf die unterschwellige Einsicht in die Vergeblichkeit des mit dem ganzen Lebenseinsatz geführten Kampfes schließen, wie es die wilden Ausbrüche am Schluss des ‚Antichrist' als Kompensation eines dunkel gefühlten Scheiterns erklärt.

Auf der Ebene der literarischen Produktion entspricht dem das Scheitern von Nietzsches Vorhaben, sein Lebenswerk, ungeachtet vielfach geäußerter Systemkritik, mit einem systematischen Hauptwerk, das, um nur die Haupttitel zu nennen, zunächst als ‚Wille zur Macht' und schließlich als ‚Umwertung aller Werte' herauskommen sollte, zu krönen. Wie *Pascal*, von dem er in ‚Ecce homo' sagt, dass er ihn nicht lese, „sondern liebe", blieb ihm die Verwirklichung dieses Vorhabens versagt, dies jedoch mit sehr unterschiedlichem Effekt. Während die unter dem Namen ‚Pensées' bekannte Fragmentensammlung *Pascals* zu den Schätzen der Weltliteratur zählt, erlangte die von *Mazzino Montinari* in einer editorischen Meisterleistung chronologisch geordnete Gedankenmasse Nietzsches nur in der tendenziösen Aufmachung als ‚Wille zur Macht' eine

– denkerisch irritierende und politisch verhängnisvolle – Wirkung. Dabei besteht die Ironie der Geschichte darin, dass sich in der politischen Nachwirkung des Machwerks das auf bizarre Weise spiegelt, was nach der subtilen Analyse *Montinaris* der Grund von Nietzsches Resignation gewesen war. Ihm zufolge gab er das jahrelang mit aller Energie verfolgte Vorhaben auf, weil die „Philosophie als theoretische Beschäftigung" für ihn ihre Existenzberechtigung verloren und weil die von ihm als Gesetzgeber zu lenkende Geschichte an ihre Stelle getreten war, man könnte auch sagen, weil er, der Antisozialist, mit *Marx* der Ansicht war, dass an die Stelle der bisherigen Interpretationen des Weltgeschehens dessen revolutionäre Veränderung treten müsse.

Das Feuerzeichen

Nietzsches literarische Produktion endete so, wie er es in der Szene mit dem Seiltänzer zu Beginn des ‚Zarathustra' beschrieben hatte: mit einem Absturz, der ihm freilich, seinem ganzen Lebensstil entsprechend, zu einem letzten Bravourstück geriet.[14] Schon in der plakativen ‚Götzen-Dämmerung' überwiegt die Gier nach dem lautstarken Effekt bei weitem die Dignität des – wiederholt blendend zur Sprache gebrachten – Gedankens. Vollends gibt er im ‚Antichrist' die vorher bei aller Polemik gewahrte Zurückhaltung auf, wenn er in einer von der Schwester „schamhaft" unterdrückten Wendung Jesus, sicher ohne jede Rückendeckung durch *Dostojewskij,* einen Idioten nennt und sich am Schluss zu dem zuletzt sogar als Untertitel eingesetzten „Fluch auf das Christentum" hinreißen lässt.

Dennoch dokumentiert gerade diese Schrift die Inversion einer Logik, die sich in der Überhitzung schließlich selbst in den Rücken fällt. Denn in der Mitte dieser von exzessiver Polemik beherrschten Schrift erhebt sich Nietzsche an einer wiederum von der Schwester – diesmal im Interesse biblischer Korrektheit – verstümmelten Stelle zu einer von keinem Theologen erreichten Innensicht des Gekreuzigten, von dem er sagt:

Und er bittet, er leidet, er liebt mit denen, in denen, die ihm Böses tun (§ 35).

Das Gesamtwerk endet mit einem letzten Lebensrückblick, den Nietzsche, erstaunlich, aber konsequent, mit dem Passionstitel ‚Ecce homo' überschreibt. Er, der das Individuum für einen „Irrtum" hielt, entwirft hier ein Selbstportrait, um doch ja nicht „verwechselt" zu werden. Freilich ist diese „Enthüllung", wie *Montinari* zutreffend bemerkt, nur eine neue Maske, die Maske des „Possenreißers der neuen Ewigkeit", wie sich der bereits Umnachtete vernehmen ließ.[15] Wenn sich Nietzsche von dieser

Hanswurstrolle freilich versprach, der Gefahr zu entgehen, eines Tages heilig gesprochen zu werden, hatte er sich in der Labilität seiner Anhängerschaft getäuscht. Schon bald nach seinem Tod ließ *Georg Kaiser* „nur zwei Unsterbliche" gelten: Platon und Nietzsche. Und der Lyriker *Paul Boldt* verstieg sich zu dem Ratschlag: „Betet zu Nietzsche". Dass dieser Wahn ein volles Jahrhundert überdauerte, bewies der Düsseldorfer Nietzsche-Kreis, der sich nicht entblödete, seine Veröffentlichungen nach der von Nietzsche vorgeschlagenen neuen Zeitrechnung, die nicht mehr mit dem Anfang, sondern mit dem von ihm dekretierten Ende des Christentums beginnen sollte, zu datieren.[16]

Der Glanz dieser letzten Schrift, an der Nietzsche bis in seine Umnachtung hinein weiterschrieb, liegt auf dem Mittelstück mit dem Zwischentitel „Warum ich so gute Bücher schreibe", einem späten Gegenstück zu Augustins Revision seiner Schriften in den ‚Retractationes'. Hier gelang Nietzsche die Kompensation des nicht zu Ende gebrachten Hauptwerks. Anstatt einen Systembau zu errichten, unterzog er seine publizierten Werke einer Neulektüre, wobei er sich, mit einer Wendung aus dem ersten Teil gesprochen, seiner eigenen Person „wie eines starken Vergrößerungsglases" bediente. Tatsächlich rückt er seine Werke hier in eine neue Optik, die eine Reihe unvermuteter Glanzlichter aufleuchten lässt.

Dagegen fallen im Schlussteil des Werkes die letzten Hemmungen von ihm ab. Gleichzeitig gewinnen die mit zunehmender Heftigkeit attackierten Gegenpositionen eine unwiderstehliche Macht über ihn. Kaum noch hält ihn etwas davon zurück, sich, wie es dann im Wahnsinnsbrief an *Jacob Burckhardt* geschieht, selbst in die Rolle des totgesagten Gottes hineinzuspielen.[17] Vor allem aber lockt ihn jetzt die christologische Attitüde. Wie Jesus den Anbruch des Gottesreichs verkündete, fühlt er sich als den großen Schicksalsträger der Menschheit, dem es gegeben ist, ihre Geschichte „in zwei Stücke" zu brechen. Wie Jesus „die Hoffnung auf die Herrlichkeit" heißt (Kol 1,27), weiß er: „erst von mir an gibt es wieder Hoffnungen". In alledem aber gewinnt der Satz über ihn Macht, den er Jesus als „keinen kleinen Irrtum" angelastet hatte. Denn allem, was er vor dem Verdämmern noch sagt, liegt der Anspruch zugrunde: Ich bin die Wahrheit und das Gesetz einer neuen Weltordnung. Nicht umsonst lautet das Schlusswort von ‚Ecce homo'

Hat man mich verstanden? Dionysos gegen den Gekreuzigten (111, § 9).

Bald aber wird er die Wahnsinnsbotschaften wechselweise mit „Dionysos" und „der Gekreuzigte" unterzeichnen. Insgesamt bestätigt sich damit der Eindruck *Franz Overbecks*, im Umgang mit dem Freund einem Akt der „Selbstverbrennung" beigewohnt zu haben.[18] Wie eine vorweggenommene Bestätigung dessen wirkt Nietzsches gleichfalls mit ‚Ecce homo' betiteltes Gedicht, das er mit einem Bündel anderer seiner ‚Fröhlichen Wissenschaft' präludierend vorangestellt hatte, und mit dem er sein Schicksal hellsichtig ansagte:

Ja! Ich weiß, woher ich stamme!
Ungesättigt gleich der Flamme
glühe und verzehr ich mich.
Licht wird alles, was ich fasse,
Kohle alles, was ich lasse:
Flamme bin ich sicherlich!

NIETZSCHES REKONSTRUKTION DES CHRISTENTUMS

In mir überwindet sich das Christentum
(Nachlassaufzeichnung)

Und er bittet, er leidet, er liebt mit denen, in denen, die ihm Böses tun
(Der Antichrist)

Das Christentum ist jeden Augenblick noch möglich
(Nachlassaufzeichnung)

I. Die Aggression

Der Unzeitgemässe

Haben wir recht gelesen? *Nietzsche*, der vehemente, sich bis zum „Fluch“ steigernde Kritiker des Christentums, soll dessen Rekonstruktion gewollt und ins Werk gesetzt haben? Wie lässt sich dieser Ansatz glaubhaft machen?

Letztlich nur durch den Rekurs auf seine Persönlichkeit. In seiner letzten Schrift behauptet er, Personen niemals angegriffen, sondern sie nur nach Art einer Lupe benützt zu haben, um verborgene Notstände sichtbar zu machen. Und in eben dieser mit „Ecce homo“ überschriebenen Selbstbetrachtung trägt er sich dann sogar selbst, nach Art eines Prismas, an seine Schriften heran, um sie einer „Neulektüre“ zu unterziehen und ihnen neue Glanzlichter aufzusetzen. Liegt es dann nicht nahe, dasselbe mit seiner Antitheologie zu tun und ihn selbst an seine Christentumskritik heranzutragen, um zu sehen, ob sich hinter ihrem destruktiven Hauptduktus nicht am Ende eine Gegenströmung verbirgt, die für den hinter dem Zerstörer verborgenen Erneuerer spricht?

Von sich selbst meint Nietzsche, dass „einige“ – wie er selbst – „erst posthum geboren“ werden, weil sie, die „Unzeitgemäßen“, erst dann wirklich zeitgemäß und Zeitgenossen sind. Und er meint, von einem „Wahrsagevogelgeist“ beseelt zu sein, der insoweit über die Gegenwart hinausträgt, dass er „zurückschauen muss, um sagen zu können“, was kommen wird. Und er hat damit nur allzu genau die nahezu komplette Resonanzlosigkeit seines Schaffens bei Lebzeiten angesprochen, die dann allerdings, nach seinem Verdämmern im Wahnsinn, fast schlagartig in ihr Gegenteil umschlug und zu seiner immer noch anhaltenden weltweiten Nachwirkung führte. Dabei war er gleichzeitig davon durchdrungen, dass es ihm aufgegeben sei, die Zivilisation, Moral und Religion seiner Zeit ihres nihilistischen Charakters überführen und dadurch ihre Überwindung ins Werk setzen zu müssen. So entspricht es aber auch seiner bei aller Kontaktsuche immer wieder bewiesenen Kontaktunfähigkeit, die zum baldigen Bruch mit dem vermeintlichen Engel führte, der ihm in Gestalt der *Lou Salomé* zugeschickt zu sein schien, zu dem nicht minder tragischen Bruch mit dem zuvor fast abgöttisch verehrten *Richard Wagner* und schließlich sogar dazu, dass er im letzten Lebensjahr fast alle Freundschaftsbeziehungen von sich aus aufkündigte.

Derselbe Selbstwiderspruch bestimmt sogar sein Verhältnis zu seinen Ideen und seinem Werk. Vom Übermenschen, als dessen „Lehrer“ er sich in seinem ‚Zarathustra‘ präsentiert, erklärt er schon im selben Werk, dass er ihn „vom Wege auflas“, um ihn dann schon bald wieder fallen zu lassen. Auch die anfänglich geradezu emphatisch ins Zentrum seiner Botschaft gestellte Lehre von der ewigen Wiederkehr des Gleichen spielt im Spätwerk kaum noch eine Rolle. Stattdessen steht dieses im Schatten eines bitteren Werkverzichts, der dem lang gehegten und durch eine Unmenge von fragmentarischen Aufzeichnungen unterbauten Vorhaben galt, seine schriftstellerische Tätigkeit durch ein systematisches Hauptwerk, für das bereits eine ganze Reihe von Titeln vorgesehen waren, zu krönen.[1] Freilich gelang es Nietzsche, wie bereits vermerkt, dieses – an bewusste Werkverzichte erinnernde – Defizit dadurch zu kompensieren, dass er in einem letzten Anlauf seine veröffentlichten Schriften einer ihm zu neuen Einsichten verhelfenden „Neulektüre“ unterzog.

Das Interpretament

Vor diesem Hintergrund ist es keine Frage mehr, dass Nietzsche sich sein Verhältnis zu dem von ihm mit wachsender Intensität und Wut bekämpften Christentum bei näherem Zusehen ambivalent gestaltet. Doch in diesem Fall erklärt sich die Widersprüchlichkeit nicht nur aus der auch sonst zu beobachtenden Ambivalenz seiner Urteile, sondern aus einem tieferen Grund, der sein Verhältnis zum Stifter des Christentums, also zu *Jesus,* betrifft. Denn im Verhältnis zu diesem wiederholt sich nicht nur das Widerspiel von Ablehnung und Zustimmung; vielmehr kommt es bei ihm, wie zuletzt noch die Unterzeichnung der Wahnsinnsbotschaft mit „Der Gekreuzigte“ bestätigt, zu einer förmlichen Gleichsetzung mit dem Gegner. Deshalb genügt es nicht, die widersprüchlichen Stellungnahmen Nietzsches zum Christentum einfach zu registrieren; vielmehr muss er, im Sinn des von ihm selbst praktizierten Verfahrens, nach Art eines Prismas an seine Christentumskritik herangetragen werden, wenn diese in ihrer vollen Bedeutung erschlossen werden soll. Gibt es dazu aber auch im Falle Jesu eine Entsprechung?

Die Antwort auf diese Frage ergibt sich aus der Erkenntnis, dass sich Jesus vielfach von allen anderen Religionsstiftern unterscheidet, nicht zuletzt aber dadurch, dass er im Unterschied zu ihnen nicht nur eine Botschaft hat, sondern diese Botschaft in personaler Verwirklichung ist. Deshalb übersteigt er als Person alles, was jemals von ihm überliefert, dokumentiert und gelehrt wurde. Das aber heißt dann umgekehrt, dass er an jede Lehre über ihn, aber auch an alles von ihm Überlieferte und Dokumentierte als leibhaftiges Interpretament herangetragen werden muss, wenn diese Aussagen in ihrem wahren Stellenwert und in ihrer vollen Bedeutung zum Vorschein kommen sollen. Das ist der Sinn des Eingangssatzes des Johannesevangeliums, der als die von Faust in ihrer Tiefenbedeutung verkannte Medialaussage alles, was dieses Evangelium von dem Offenbarer sagen wird, an dessen Person als ihren letzten Sinn- und Erklärungsgrund zurückbindet und das in einem letzten Schritt dieses Interpretament zum Interpreten werden lässt, der sich in den dieses Evangelium wie eine Lichterkette durchziehenden Ich-bin-Worten selber aussagt. Damit weist sich dieses Evangelium, das extreme Ausleger wie *Klaus Berger* als das erste und älteste auszugeben suchen, nicht nur als das im Verhältnis zu den Synoptikern letzte, sondern überdies als das in Wahrheit modernste und zeitgemäßeste, da deutliche Anzeichen dafür sprechen, dass nach der Zeit der kritischen Befragung und Auslegung der Augenblick gekommen ist, an dem die Selbstaussage des Evangeliums im Interesse seiner vollen Erschließung hörbar gemacht werden muss, da der Glaube nur mit deren Hilfe die für die Bewältigung der Gegenwartsaufgaben benötigte Stoßkraft gewinnt.

Die Widersprüche

Vor jedem weiteren Schritt muss nach alledem eine Bestandsaufnahme der Widersprüche erstellt werden, in denen sich Nietzsches kritisch-rekonstruktives Verhältnis zum Christentum artikuliert. Dabei springt als Erstes die den ‚Antichrist' beschließende „ewige Anklage des Christentums" in die Augen, die Nietzsche mit „Buchstaben, um auch Blinde sehend zu machen" an alle Wände zu schreiben gedenkt, „wo es nur Wände gibt", und in der er das Christentum, wenngleich ohne es förmlich zu verfluchen (*Löwith*), „den einen großen Fluch, die eine große innerlichste Verdorbenheit, den einen großen Instinkt der Rache" und schließlich sogar „den einen unsterblichen Schandfleck der Menschheit" nennt.[2] Ungleich beweiskräftiger für seine Absage als dieser Hassausbruch, bei dem Nietzsche zudem die Rolle des Apokalyptikers mit der eines Wandbeschrifters vertauscht (*Sommer*), ist jedoch die Nachlassstelle, in der er versichert:

In mir überwindet sich das Christentum.

Denn damit nimmt er seine Negation in einer Weise auf sich selbst zurück, die spiegelbildlich seiner Einsicht entsprach, dass es „im Grunde nur einen Christen" gegeben habe, „und der starb am Kreuz"[3]. Danach lebte das Christentum ebenso mit seinem Stifter, dem es Ursprung und Inhalt verdankt, so wie es mit ihm auch schon wieder starb, sodass es mit ihm in seinem Aufkommen und seinem – von Nietzsche postulierten – Verschwinden zusammen gesehen werden muss. Mit der Wendung „im Grunde" deutet Nietzsche dabei freilich an, dass es sich dabei um eine exklusiv prinzipielle Sicht handelt, die dem faktisch existierenden Christentum lediglich nach Art eines Korrektivs entgegensteht. Gleichwohl ist dieser Aspekt für ihn aus zwei Gründen unerlässlich. Einmal, weil dem Christentum die vergegenständlichende Sicht, aus der es gemeinhin – und, widersprüchlich genug, auch von ihm selbst – befragt wird, nicht gerecht wird, sondern nur die mit der Wer-Frage artikulierte personale Perspektive. „Im Grunde" ist das dann aber doch auch die Sicht dessen, der bei aller Vergegenständlichung und Sachkritik von sich sagen kann, dass sich das Christentum in ihm selbst überwinde, und der in letzter Hinsicht damit sogar seine Sinnfrage verbindet.

Wenn das zutrifft, kann man sogar folgern, dass sich damit die von Nietzsche als letztem Romantiker ständig umkreiste Frage nach seiner Identität, die er noch zu Beginn seines ‚Ecce homo' nur defensiv, mit der Aufforderung „Verwechselt mich vor allem nicht!" beantwortet hatte, nun in einem positiven Sinne klärte, sofern er den Sinn seiner Existenz nunmehr in der von ihm vollzogenen „Selbstauflösung" des Christentums erblickt. Sodann – und darin besteht der zweite Grund – gewann Nietzsche damit in Jesus den leibhaftigen Widerspruch zur faktischen Erscheinungsform des Christentums, gegen die er seine ganze Aggressivität ausspielte. Die Gegenstellung zu Jesus könnte dann allerdings nicht radikaler sein. Denn dessen Lebensgeschichte kann kaum zutreffender als mit der Gegenthese gekennzeichnet werden: als biographische Vorwegnahme dessen, was als historische Konsequenz aus ihr erwuchs, des Christentums.

Während sich die Angriffe auf das Christentum steigern und schließlich zu dem von hemmungslosem Hass eingegebenen Ausbruch am Ende des ‚Antichrist' führen, gesteht sich Nietzsche in einer Nachlassaufzeichnung (vom Herbst 1885/86) „das-nicht-fertig-werden mit dem Christentum" ein.[4] Und während er das Christentum zum „größten Unglück der Menschheit" erklärt, über dessen Eingangsportal die Worte „auch mich schuf der ewige Hass" stehen müssten, dekretiert er gleichzeitig: „das Christentum ist jeden Augenblick noch möglich; denn es ist eine *Praxis*, keine Glaubenslehre". „Es sagt uns, wie wir handeln, nicht was wir glauben sollten."[5] Wenn er während seiner heftigsten Attacken zugibt, niemals in seinem Herzen gegen das Christentum „gemein" gewesen zu sein, bezieht sich das zweifellos mehr auf den Stil seines Angriffs, mit dem er sich wohltuend von dem seiner Epigonen unterscheidet, als auf dessen Inhalt, vor allem aber auf sein Verhältnis zum Stifter des Christentums.[6] Hier gilt die Beobachtung, die *Karl Jaspers* in die Worte fasste:

Es ist bei Nietzsche immer wieder nach dem Kampfe, ja im Kampfe schon wie ein Aufhören des Kampfes, wenn er den Gegner mit einbezieht, sich gleichsam in ihn verwandelt, ihn nicht vernichten will, seine Fortdauer wünscht, auch sogar die Fortdauer des Christentums, gegen das er doch das écrasez l'infâme wiederholt hatte.[7]

Die Anverwandlung

Dabei verhehlt sich Jaspers keineswegs, dass Nietzsche sein „unbedingtes Nein" in „unerhörter Schroffheit" artikuliert und in „einer Sprache der Empörung und der Verachtung" zum Ausdruck gebracht habe, die „von ruhiger Untersuchung bis zum Pamphlet" reiche.[8] Da er sich auch bei seiner Kritik an Jesus bis zu der Bezeichnung „Idiot" hinreißen ließ, die auf Veranlassung der Schwester in der Erstausgabe unterdrückt und erst durch *Josef Hofmiller* wiederhergestellt wurde, lassen sich aus dem Stil nur bedingt Rückschlüsse ziehen.[9] Dagegen spricht die Beobachtung Jaspers', wonach sich Nietzsche inmitten des Kampfes bisweilen geradezu in seinen Gegner verwandle, dafür, dass sich diese Anverwandlung in erster Linie auf die Gestalt Jesu bezieht. Nur so ist es dann zu verstehen, dass er das von Jesus gelebte „ursprüngliche Christentum" mit ihm am Kreuz enden lässt und im gleichen Atemzug behauptet, dass es noch immer möglich, „für *gewisse* Menschen sogar notwendig" sei.[10] Wenn er sich alsdann förmlich in die Rolle Jesu hineinspielt und schließlich im Wahn als „Der Gekreuzigte" unterzeichnet, erweckt er den Eindruck, dass er von einem präsentischen Fortleben Jesu und der von ihm verkörperten Lebensform ausgeht, so wenig das seinen thematischen Äußerungen zu entnehmen ist. Indessen lässt sich nur so, also im Blick auf Jesus und im Anschluss an die aktuelle Jesusforschung, das Vorhaben rechtfertigen, Nietzsches widersprüchliche Urteile über das Christentum der von ihm zumindest insinuierten Revision zu unterziehen, um sie am Ende womöglich auf gegensinnige Weise zum Reden zu bringen. Die Idee, ihn im Sinn seiner zu Beginn von ‚Ecce homo' erwähnten Verfahrensweise selbst als Prisma und Lesehilfe an seine Werke heranzutragen, genügt zur Rechtfertigung des beabsichtigten Verfahrens nicht, zumal es ihm im Mittelstück seines Lebensrückblicks nicht um die Klärung von Notständen, sondern um die Erhellung seiner eigenen Schriften zu tun ist. Zur Verifizierung des Vorhabens müssen deshalb zusätzliche Instanzen in Anspruch genommen werden. Hilfreich ist in diesem Zusammenhang die Bemerkung *Giorgio Collis*, wonach Nietzsches Sachinteresse in ‚Ecce homo' in eine „überreizte Betrachtung der eigenen Person" umschlägt, die ihm „zur unsichtbaren Bündelung" seiner Probleme verhilft; hilfreicher noch ist der Seitenblick auf den großen, ihm allmählich zum Ziel der Anverwandlung werdenden Gegner. Den vollen Beweis für die Richtigkeit des Ansatzes kann jedoch erst seine Durchführung erbringen.[11]

Die Inkubation

In Nietzsches Kritik des Christentums gehen hellsichtige Einblicke mit totalen Fehldeutungen einher. Dass sein Vernichtungswille, wie *Jaspers* erstaunt vermerkt, zuletzt in den Willen zur Erhaltung des Bekämpften umschlägt, ist wohl, abgesehen vom ambivalenten Selbstverhältnis Nietzsches, letztlich dadurch zu erklären, dass ihm die Fehleinschätzungen als solche, zumindest mittelbar und unausdrücklich, deutlich wurden. Doch wie es sich damit verhält, auf jeden Fall halten sich bei ihm Verständnis und Missverständnis die Waage. Das ist umso befremdlicher, als er väterlicher- wie auch mütterlicherseits aus einem protestantischen Pfarrhaus hervorging und von seiner Kindheit religiöse Erlebnisse berichtet werden. So entsinnt sich *Paul Deussen* der „heiligen, weltentrückten Stimmung", die ihn bei der gemeinsam mit Nietzsche erlebten Konfirmation ergriffen und über Wochen hinweg begleitet habe. Und Nietzsche bestätigt das mit der Nachlassnotiz „Gott in seinem Glanze gesehen". In der Bemerkung des Achtzehnjährigen, dass die Hauptlehren des Christentums „nur Grundwahrheiten des menschlichen Herzens" aussprechen und darum wie alles Höchste „immer nur ein Symbol des noch Höhern" seien, klingt allerdings auch schon die These des ‚Antichrist' an, der die Geschichte des Christentums zu der des „schrittweise immer gröberen Missverstehens eines ursprünglichen Symbolismus" erklärt.[12] Dennoch ist es bei Nietzsches Herkunft aus einem pietistisch gestimmten und theologisch gebildeten Elternhaus nur schwer zu begreifen, dass er auf der Höhe seiner Kritik das Christentum als „Platonismus für das Volk" ausgab und das mit dem keineswegs kleinen Irrtum eines „jener kindlichen Fürsprecher der kleinen Leute" begründete, dessen Lehre in dem Satz „Ich bin die Wahrheit" gipfelte.[13] Denn so richtig er Jesus damit charakterisierte, so unrichtig ist seine Unterstellung, dass auch der mit dem Platonismus einsetzende „Irrtum" mit dem Satz „Ich, Plato, bin die Wahrheit" begonnen habe und dass das Christentum, so gesehen, ein volkstümliches Derivat des Platonismus sei.[14] Nicht weniger schwer zu erklären ist Nietzsches Bruch mit dem anfänglichen, ebenso familiär wie persönlich bedingten Nahverhältnis zum Christentum. Schon der hannoveranische Schlossprediger *Julius Köhler* sah in seiner zwei Jahre nach Nietzsches Tod erschienenen Schrift über Nietzsches Stellung zum Christentum darin ein „tiefes psychologisches Rätsel"[15]. Indessen dürfte der schockartige Wechsel aus dem weichen, von ausgesprochener Gefühlsfrömmigkeit geprägten Elternhaus in die spartanisch geführte Lehranstalt Schulpforta, der dadurch bedingte Gefühlsstau und der Einfluss der Evangelienkritik auf den lautlos vollzogenen Bruch hingearbeitet haben. Jedenfalls erklärt Nietzsche in einem Jugendgedicht (1863):

Die Schrift, die auf dem weißen Grund
ein Gott gezogen:
Der Gott war ich und dieser Grund
hat sich und mich belogen.

Aus der paulinischen Lehre vom pneumatischen Auferstehungsleib zieht er die Konsequenz: „Folglich ist Jesus ein Gespenst.“[16] Und seinem Freund *Carl Gersdorf* erklärt er:

Heißt Christentum Glaube an ein geschichtliches Ereignis oder an eine geschichtliche Person, so habe ich mit diesem Christentum nichts zu tun.[17]

Deshalb ist es durchaus glaubhaft, wenn er in ‚Ecce homo‘ erklärt, dass er „eigentlich religiöse Schwierigkeiten“ nicht aus Erfahrung kenne und dass ihm „gänzlich entgangen“ sei, inwiefern er sündhaft sein solle.[18] Vor diesem Hintergrund fällt es schwer, eine Positivität in Nietzsches Kritik auszumachen. Wenn dies nicht gelänge, wäre freilich das ganze Vorhaben, bei ihm nach einer Rekonstruktion des Christentums zu fahnden, von vornherein hinfällig. Da er sich aber als das Gegenteil eines neinsagenden Geistes bezeichnet, ist die Suche danach nicht aussichtslos. Sie kann dann sinnvoll nur mit dem Versuch beginnen, seine aggressiven Äußerungen ihres polemischen Charakters zu entkleiden und sie auf ihren sachlichen Kern zurückzuführen. Damit ist auch schon eine diakritische Handhabe gefunden. Beiseite bleiben alle Äußerungen gehässiger und pamphletischer Art. Der verbleibende Restbestand aber muss dann der erwähnten versachlichenden Reduktion unterzogen werden. Dabei muss man allerdings mit größter Vorsicht zu Werke gehen, wenn nicht das Kind mit den Säurebad der enthemmten Polemik ausgeschüttet werden soll.

Unter diesem Gesichtspunkt muss sogar der gehässige Ausbruch am Schluss des ‚Antichrist‘ auf Sachgehalte hin überprüft werden. So etwa der Vorwurf, dass die christlichen Kirchen die Notstände, die sie zu beheben vorgeben, selbst erst geschaffen hätten.[19] Wenn Nietzsche dabei an erster Stelle den „Wurm der Sünde“ nennt, reißt er damit tatsächlich die Distanz auf, durch die sich die christliche Sündenlehre von der Auffassung Jesu unterscheidet. Gleiches gilt auch von dem an dieser Stelle erneut erhobenen Vorwurf, dass durch die christliche Jenseitsvorstellung die Realität entwertet und das Schwergewicht der Dinge hinter diese verlegt worden sei. Wenn er dann allerdings das Christentum abschließend „den einen großen Fluch" der Menschheit nennt, droht er geradezu *Karl Löwith* zu desavouieren, der ihm zugute gehalten hatte, dass er sich nie zu einer förmlichen Verfluchung des Christentums habe hinreißen lassen. Was die Bezichtigung, die Sünde sei eine spezifisch christliche Erfindung, anlangt, so geht sie nicht nur auf das Konto dieses insgesamt enthemmten Schlussstücks, da Nietzsche bereits in der ‚Morgenröte' behauptete, dass das Christentum „die Sünde" erst in die Welt gebracht habe.[20] Indessen macht er sich damit nicht nur *Heines* Postulat von der „Abschaffung der Sünde" zu Eigen; vielmehr greift er damit eine Reflexion auf, die sich bis auf seinen Intimfeind Paulus zurückverfolgen lässt, der zwar auch im Sinn seines Angriffs vom Tod als „der Sünde Sold" gesprochen (Röm 6,23), zuvor aber, geradezu emphatisch, die Sünde auf die Todverfallenheit des Menschen zurückgeführt und dadurch zu einem Epiphänomen erklärt hatte (1Kor 15,55). Wenn man sich die Unzahl von lebenslangen Verletzungen vor Augen führt, zu denen die christliche Sündenpädagogik führte, wird man nicht einmal Nietzsches Vorwurf vorbehaltlos zurückweisen können, dass der christliche Heilsweg „auf dem Umweg der Hölle zum Himmel" geführt habe.[21]

Während es hier lediglich um Zugeständnisse zu tun ist, genügt im Fall der Schwerpunkte von Nietzsches Christentumskritik nur die bereits in Erwägung gezogene versachlichende Reduktion. Das trifft vor allem auf die extreme Behauptung zu, dass es „in der Tat gar keine Christen" gegeben habe, weil der einzige am Kreuz gestorben sei, zumal Nietzsche das mit der Zusatzthese verschärfte, dass Christus alles verneint habe, was heute christlich heißt, so wie dann auch die Kirche das Christentum verneint habe.[22] Auf dieser Ebene liegt auch die These vom Christentum als einem schrittweise vergröberten Symbolismus und die von *Heines* ‚Geschichte der Religion und Philosophie in Deutschland' (1834) übernommene Idee einer Verfallsgeschichte Gottes.[23] Gemeinsam ist diesen Thesen Nietzsches Ansicht vom nihilistischen Charakter jeder, insbesondere aber der christlichen Religion, die für ihn darin mit dem Buddhismus gleichkommt. Schärfer konnte er das nicht zum Ausdruck bringen als damit, dass er das originäre und einzig authentische Christentum mit seinem Stifter bereits am Kreuz enden ließ. Was in seiner Darstellung darauf folgte, war der von ihm mit furioser Eloquenz vorgetragene Versuch, selbst noch die Rest-Realität des Kreuzes – die von Jesus dem Mitgekreuzigten zugesprochene „Seligkeit" – in einen exzessiven Fiktionalismus aufzulösen, für den er Paulus als angeblichen Schöpfer des Auferstehungsglaubens verantwortlich machte.[24] Doch was bleibt, wenn diese Extremkritik einer versachlichenden Reduktion unterzogen wird?

In erster Linie die in dieser Schärfe zuvor nie gestellte Frage nach dem Verhältnis Jesu zu Gott und zu dem als seine Stiftung geltenden Christentum. Zunächst zu Gott: Wenn Nietzsche seine Biographie Gottes in einer ausgesprochenen Euthanasie – Gott für jedermann, Privatmann, Kosmopolit – enden lässt, lastet er dieses Ende in erster Linie dem an, der ein Nirgendwo als Reich Gottes ausgegeben und eine Ethik des Sich-nicht-Wehrens gelebt hat.[25] Insofern war es konsequent, wenn er das Christentum als einen symbolisch getarnten Nihilismus auszugeben suchte und wenn er Paulus vorwarf, im Sinne des platonischen Fehlgriffs die Wirklichkeit hinter diese verlegt zu haben. Und Nietzsche hebt auch auf den Drehpunkt seiner Darstellung ab, wenn er Paulus der „Lüge vom ‚wiederauferstandenen' Jesus" bezichtigt.[26] Damit rückt er dann aber auch die von ihm zitierte Paulusstelle – „wenn Christus nicht von den Toten auferstanden ist, so ist unser Glaube eitel" (1Kor 15,17) – ins volle, um nicht zu sagen „metaphysische" Licht.[27] Gleichzeitig nimmt er das Christentum seinerseits auf das mit dem Kreuz aufgerichtete Fragezeichen zurück. Ihm selbst aber stellt sich in der Konsequenz dieser Ableitung die Frage nach Aufbau und Struktur dieser realitätsfremden und in diesem Sinn nihilistischen Religion, die sich ihm angesichts des bestrittenen Wirklichkeitsbezugs nur immanent, also aus der Verspannung gegensinniger und auf die Selbstaufhebung des Ganzen hinwirkender Elemente beantwortet werden kann. Gleichzeitig sprengt er, um diese „Selbstauflösung" (*Grau*) zu beschleunigen, das Christentum von seinem Urheber, wenn er versichert:

> *Das „Christentum" ist etwas Grundverschiedenes von dem geworden, was sein Stifter tat und wollte.*[28]

Am Schluss seiner ‚Genealogie der Moral' kündigt er die sich seiner Prognose zufolge „in hundert Akten" vollziehende Selbstauflösung in aller Form an. Doch im Bewusstsein, eine Entscheidung von weltgeschichtlicher Bedeutung herbeiführen zu müssen, denkt er nicht daran, den Verlauf dieses Dramas abzuwarten. Vielmehr greift er ihm vor, indem er den „Todkrieg" gegen das Christentum eröffnet und auf seinen Untergang in einer kalkulierten Doppelstrategie ausgeht.

II. Die Destruktion

Der Hauptbegriff

Da Nietzsche im Christentum, sicher mit einem Seitenblick auf die von ihm ebenso bekämpften wie insgeheim bewunderten Systeme, einen – wenngleich nur fiktionalen – Systembau erblickt, verfolgt er mit seinem Kampf zunächst eine Strategie der Demontage. Hatte er es in der ‚Fröhlichen Wissenschaft' als den „letzten Römerbau" bezeichnet, so erläutert er das in der ‚Götzendämmerung' mit der These[1]:

Das Christentum ist ein System, eine zusammengedachte und ganze Ansicht der Dinge. Bricht man aus ihm einen Hauptbegriff, den Glauben an Gott, heraus, so zerbricht man auch das Ganze: man hat nichts Notwendiges mehr zwischen den Fingern.[2]

Das wiederholt er im ‚Antichrist' in Kurzfassung mit der Aufforderung:

Ein Begriff hier weg, eine einzige Realität an dessen Stelle – und das ganze Christentum rollt ins Nichts![3]

Doch so klar diese Zielsetzung formuliert ist, so widersprüchlich gestaltet sich das tatsächliche Vorgehen Nietzsches. Denn dieses entspricht nur dem Teil seiner Absicht, den Zentralbegriff aus dem christlichen Systembau herauszubrechen, nicht jedoch auch dem, eine „einzige Realität" in die entstandene Lücke einzufügen. Denn dafür käme allenfalls Nietzsches Lehre vom Übermenschen und von der ewigen Wiederkehr in Betracht. Doch die Erste wurde von ihm, kaum dass sie in ‚Zarathustra' emphatisch vorgetragen wurde, auch schon wieder fallen gelassen. Und die Lehre von der ewigen Wiederkehr lässt sich nur sehr bedingt als Äquivalent des herausgebrochenen Gottesbegriffs erweisen. Noch am ehesten könnte das mit Hilfe des von den Tieren Zarathustras angestimmten „Leierliedes" gelingen, das auf die einer unvordenklichen Tradition entstammende Gottesmetapher von der unendlichen Sphäre und dem Allmittelpunkt (*Mahnke*) anspielt:

In jedem Nu beginnt das Sein; um jedes Hier rollt sich die Kugel Dort. Die Mitte ist überall. Krumm ist der Pfad der Ewigkeit.[4]

Über eine Anspielung auf die Gottesmetapher geht die Stelle jedoch nicht hinaus. Deshalb muss sich die Frage nach Nietzsches Strategie fürs Erste auf sein Vorhaben beschränken, den das christliche Systemgebäude tragenden Gottesbegriff aus diesem Aufbau herauszubrechen und das, wie dem im Sinn wiederholter Äußerungen hinzuzufügen ist, bis in dessen letzte Verästelungen und Schattenwürfe hinein. Deshalb beginnt Nietz'sches Attacke folgerichtig mit einer „Kritik des *christlichen Gottesbegriffs*", genauer noch, mit einer Wiederholung der von *Heine* übernommenen Verfallsgeschichte Gottes; denn:

> *wenn ein Volk zugrunde geht; wenn es den Glauben an Zukunft, seine Hoffnung auf Freiheit endgültig schwinden fühlt ..., dann muss sich auch sein Gott verändern. Er wird jetzt Duckmäuser, furchtsam, bescheiden, rät zum „Frieden der Seele", zum Nicht-mehr-Hassen, zur Nachsicht, zur „Liebe" selbst gegen Freund und Feind. Er moralisiert beständig, er kriecht in die Höhle jeder Privattugend, wird Gott für jedermann, wird Privatmann, wird Kosmopolit.*[5]

Damit rekapituliert er freilich nur in vergröberter Form die Selbstaufhebungsthese, die er bereits am Schluss von ‚Also sprach Zarathustra' vorgetragen hatte., wo er, in gleichfalls uneingestandener Anspielung auf *Heines* Verfallsgeschichte die Wandlung des harten und rachsüchtigen Gottes aus dem Morgenland in den weichen und weltmüden des „allzu großen Mitleidens" schildert. In diesem Zusammenhang stellt er dann auch die durch eine eklatante Fehlleistung heutiger Theologie – ihre bestürzende Faszination durch den Gott des Gerichts und des Zornes – zu hoher Aktualität gelangte Frage:

> *Was läge an einem Gott, der nicht Zorn, Rache, Neid, Hohn, List, Gewalttat kennt ...? Man würde einen solchen Gott nicht verstehn: wozu sollte man ihn haben?*

Was er hier noch erfragt, spielt er dann im Fortgang seiner Bezichtigungen gegen die christliche Gottesvorstellung aus, der er vorhält, Gott zum „Symbol eines Stabs für Müde, eines Rettungsankers für alle Ertrinkenden" herabgesetzt und dadurch „alles Starke, Tapfere, Herrische, Stolze" aus dem Gottesbegriff eliminiert zu haben.[6] Wenn er dann aber meint, dass erst in diesem Augenblick der Geschichte des Gottesgedankens die „dualistische Fiktion eines guten und bösen Gottes" möglich geworden sei, so trifft das lediglich in dem Sinn zu, dass sich die Christenheit trotz der von Jesus vollzogenen Korrektur nicht von dieser archaischen Vorstellung von einem ambivalenten, zwischen Güte und Schrecken oszillierenden Gott zu lösen vermochte. Im Blick auf diese Strategie wird man allerdings fragen müssen, wozu es dann noch der Anstrengung bedurfte, den Zentralbegriff aus dem christlichen Systembau herauszubrechen, wenn sich dieser ohnehin im Zustand fortschreitender Selbstauflösung befand. Im Sinne Nietzsches könnte darauf nur mit dem Hinweis auf die Residuen und schattenhaften Restbestände der christlichen Gottesvorstellung geantwortet werden, die im Interesse, mit dem Christentum reinen Tisch zu machen, ebenfalls beseitigt werden müssten. Unbeeindruckt von diesem Selbsteinwand attackiert er aber im gleichen Zusammenhang diesen Gott, den man hätte „fahren lassen sollen", aufs Heftigste. Er spricht vom „korruptesten aller Gottesbegriffe", weil in Gott das Nichts heilig gesprochen und damit der größte Einwand gegen das Leben als alles beherrschender Weltwille aufgegeben worden sei. Die Fortentwicklung des „Gottes Israels" zum christlichen „Volksgott" und zum „Inbegriff alles Guten" sei keineswegs ein Fortschritt, sondern eine verhängnisvolle „Reduktion"; denn im selben Maß, wie sich dieser Gott zum „Ideal" transfigurierte, erwies sich sein Weltreich als ein gettohaftes „Unterwelts-Reich", als Asyl für Schlechtweggekommene, Schwache und Kranke.[7] Doch damit räumt Nietzsche unwillkürlich ein, dass es mit dieser polemischen Denunzierung nicht getan war und dass seine „Kritik des christlichen Gottesbegriffs" überzeugender unterbaut werden müsse. Deshalb „widerruft" er den Gottesglauben in aller Form durch seine Proklamation von Gottes Tod.

Der Widerruf

Die Rechtfertigung dieses Verfahrens führt vom ‚Antichrist' zurück in die Frühzeit seiner „Theomachie", konkret in die Gedankenwelt der ‚Fröhlichen Wissenschaft', der die Vorstellung von dem von dem toten Gott verbliebenen und deshalb auch noch nach dessen Tod auszuräumenden Schattenwurf entstammt.[8] Hier, auf dem narrativen Höhepunkt des Werks, erfolgt dann die Proklamation des Todes Gottes, für die er sich im Zarathustra den Hallraum schafft, aus dem als Echo seine antichristliche Bergpredigt zurückklingt. Insofern ist die ‚Fröhliche Wissenschaft' mehr als nur der im Voraus geschriebene „Kommentar" seines ‚Zarathustra'. Hier intoniert er vielmehr die Botschaft, mit der er den Grund für seine neue Heilslehre legt. Dabei gilt die an seinen Studienfreund *Carl von Gersdorff* gerichtete Warnung, sich von der „legendenhaften Art" des ‚Zarathustra' nicht über den „tiefen Ernst" des seine „ganze Philosophie" enthaltenden Werkes täuschen zu lassen, durchaus schon hier. Denn gerade auf dem legendenhaften, genauer noch gesagt, gleichnishaften Aphorismus „Der tolle Mensch" liegt der Hauptakzent.

Dass sich Nietzsche hier der von ihm meisterhaft nachgeahmten Gleichnisform bedient, lässt sich letztlich nur aus der Herkunft des viel diskutierten Textes erklären, der nach Ausweis der zentralen Metaphorik seine Mitte in der traditionellen Formalbestimmung des Göttlich Größten hat. Nach Ausweis der bis auf den ersten Einfall zu rekonstruierenden Textgeschichte von Nietzsches Imagination ist dies der Formalbegriff der alles umgreifenden Horizontlinie, die er vermutlich in dem Tertullian-Wort von der „universitatis extrema linea" kennen gelernt hatte.[9] Deshalb attackiert der „tolle Mensch" seine – ungläubigen – Zuhörer mit der Frage, die in der bis zum Diktat des Druckmanuskripts durchgehaltenen Fassung lautet:

> *Wohin ist Gott? Haben wir denn das Meer ausgetrunken? Was war das für ein Schwamm, mit dem wir den ganzen Horizont um uns auslöschten? Wie brachten wir dies zustande, diese ewige Linie wegzuwischen, auf die bisher alle Linien und Maße sich zurückbezogen, nach der alle Baumeister des Lebens bauten, ohne die es keine Perspektiven, keine Ordnung, keine Baukunst zu geben schien. Stehen wir noch auf unseren Füßen? Stürzen wir nicht fortwährend?*[10]

Schwerlich hätte die Wendung *Tertullians* Nietzsches Aufmerksamkeit erregt, wenn er in diesem Sinne nicht bereits sensibilisiert gewesen wäre. Es ist das Verdienst *Henri de Lubacs*, dass diese Spur weiter verfolgt werden kann. In seiner ‚Tragödie des Humanismus ohne Gott' nennt er erstmals *Heinrich Heines* ‚Geschichte der Religion und Philosophie in Deutschland' als vermutliche Quelle von Nietzsches Proklamation.[11] Getroffen ist von diesem Fingerzeig vor allem Heines Referat von *Kants* Widerlegung der Gottesbeweise in seiner ‚Kritik der reinen Vernunft'. Kant habe, so Heine, den Himmel gestürmt, unter den Leibgarden Gottes ein schreckliches Massaker angerichtet und die gesamte Besatzung über die Klinge springen lassen; der Oberherr der Welt liege unbewiesen in seinem Blute. Nur ein Beweis, der ontologische, den Heine über *Descartes* und *Anselm von Canterbury* bis auf *Augustin* zurückführt, habe das Blutbad unbeschädigt überstanden. Überdies habe er zum Trost seines von diesem Anblick zu Tränen gerührten Dieners Lampe den moralischen Gottesbeweis geschaffen.[12]

So wenig sich Nietzsche von dieser Kompensation betroffen fühlte, so sehr musste ihn die These von der Resistenz des „ontologischen" Arguments provozieren, zumal ihm dieser nach Ausweis früherer Aufzeichnungen von seiner Schulzeit her bekannt war (*Figl*). Alles musste ihm daher daran gelegen sein, diese „letzte" Bastion des Gottesglaubens zu Fall zu bringen. Da dies jedoch offensichtlich auf dem von Kant ausgereizten Weg der Argumentation nicht zu bewerkstelligen war, blieb für den Kenner der

Verkündigungssprache Jesu nur der Weg einer gleichnishaften Bilderzählung. Vorausgesetzt war dabei, dass es ihm gelang, die Formalbestimmung des Arguments, den Begriff des unübersteiglich Größten (quo maius nihil cogitari potest) mit einer metaphorischen Wendung wiederzugeben und sie in eine auf ihre Aufhebung abzielende Bildgeschichte einzubringen. Die Bestätigung bietet die Vorfassung aus Nietzsches Notizbüchern, die dann freilich beim Diktat des Druckmanuskriptes zugunsten der bündigeren aufgegeben wurde, sodass die Endfassung nunmehr lautet:

> *Wie vermochten wir das Meer auszutrinken? Wer gab uns den Schwamm, um den ganzen Horizont wegzuwischen? Was taten wir, als wir diese Erde von ihrer Sonne losketteten?*[13]

Stringent wäre diese Ableitung jedoch nur unter der Voraussetzung, dass sich die Parabel spiegelbildlich zur Intention der Gleichnisse Jesu verhielte, sofern diese als bildhafte Proklamationen des Gottesreichs zu gelten haben und ihre Leser in dessen Lebenswelt einbeziehen. Wer ein Gleichnis sinngerecht rezipiert, fühlt sich der gewohnten Weltverhaftung enthoben und in die von dessen Erzähler intendierte Denk- und Lebensordnung aufgenommen. Im selben, nun freilich entgegengesetzten Sinn versichert der Künder des Gottestodes mit einer gleichfalls erst im letzten Durchgang angefügten Wendung:

> *Es gab nie eine größere Tat. Und wer immer nach uns geboren wird, gehört um dieser Tat willen einer höheren Geschichte an, als alle Geschichte bisher war.*

Es ist die Geschichte, von der Nietzsche in letzter Selbstübersteigerung sagen wird, dass sie erst mit ihm, dem es gegeben sei, die Geschichte der Menschheit in zwei Stücke zu brechen, ihren Anfang nehme; denn, so versichert er nun: „Erst von mir an gibt es wieder Hoffnungen." Damit zog er aber nicht nur die letzte Konsequenz aus seiner Strategie; vielmehr spielte er sich im Exzess seines Selbstwiderspruchs in die Rolle dessen hinein, von dem es heißt: „er ist die Hoffnung auf die Herrlichkeit" (Kol 1,27) und der mit der Einlösung dieser Hoffnung mit der Welt tatsächlich einen neuen Anfang macht.

Die Selbstauflösung

Als sei er der Wirkung seines gleichnishaften Widerrufs nicht sicher, entwarf Nietzsche eine zweite Strategie, die in letzter Konsequenz auf die Selbstauflösung des Christentums hinauslief und, methodisch gesehen, genealogisch verfuhr. In dieser Sicht durchlief das Christentum eine Auslegungsgeschichte, die durch die Einbeziehung systemfremder Interpretamente immer weiter vom Ursprung wegführt: die „Geschichte des schrittweise immer gröberen Missverstehens eines ursprünglichen Symbolismus"[14]. Denn am Anfang dieser verfälschenden Auslegungsgeschichte stand, wie Nietzsche mit wachsendem Nachdruck, aber zwiespältigen Bestimmungen sagt, ein Symbol; denn:

„Christus am Kreuz" ist das erhabenste Symbol – immer noch.

Im ‚Antichrist' wusste es Nietzsche freilich anders und kritischer:

Gott am Kreuze – versteht man immer noch die furchtbare Hintergedanklichkeit dieses Symbols nicht? – alles was am Kreuze hängt, ist göttlich … Wir alle hängen am Kreuze, folglich sind wir alle göttlich.[15]

Bei allem Vorbehalt leitet diese Aussage dann aber doch über zu der zentralen Auskunft, zur Gleichsetzung Jesu mit dem gesuchten Zentralsymbol, dessen Deutung Nietzsche mit dem aufschlussreichen Satz für sich in Anspruch nimmt:

Wenn ich irgendetwas von diesem großen Symbolisten verstehe, so ist es das, dass er nur innere *Realitäten als Realitäten, als „Wahrheiten" nahm – dass er den Rest, alles Natürliche, Zeitliche, Räumliche, Historische nur als Zeichen, als Gelegenheit zu Gleichnissen verstand.*[16]

Das ist es, was ihn „angehe" und, weil uns dieser „Typus des Erlösers nur in einer starken Entstellung erhalten ist", unter der verfremdenden Übersetzung der ersten Jünger freigelegt werden müsse.[17] Nietzsche lässt auch keinen Zweifel an dem, was aufgrund dieser „Rückübersetzung" zum Vorschein kommt: „ein ganz in Symbolen und Unfasslichkeiten schwimmendes Sein", eine vom Zeitbegriff gelöste „ewige Tatsächlichkeit". Und wenn es auch, wie er zugebe, „nicht auf jeder Hand liege", so sei doch klar, „was mit dem Zeichen ‚Vater' und ‚Sohn' angerührt" werde. Mit dem Wort „Sohn" der „*Eintritt* in das Gesamtverklärungsgefühl aller Dinge, mit dem Wort „Vater" dagegen „*dieses Gefühl selbst*, das Ewigkeits-, das Vollendungsgefühl". Denn all das gelte „noch einmal, und im höchsten Sinn von dem Gott dieses typischen Symbolisten" und ebenso „vom ‚Reich Gottes', vom ‚Himmelreich', von der ‚Kindschaft Gottes'"[18]. Schuld an der vergröbernden Missdeutung dieses gegensatzlosen Ursprungs zu einer rüden „*Wundertäter- und Erlöserfabel*" und an deren Fortbildung zum ganzen Riten- und Dogmenkomplex seien aber nicht nur diese innerchristlichen Fehlgriffe, sondern insbesondere auch die von außen eingedrungenen Interpretamente, also des durch Paulus eingeschleusten Judaismus, des durch *Augustin* zum Sieg geführten Platonismus, verstärkt durch den Einfluss der Mysterienkulte und den Einbruch des orientalischen Asketismus. Damit ist fraglos ein Grundzug der glaubens- und sittengeschichtlichen Entwicklung getroffen. Sie führte, um nur die krassesten Beispiele zu nennen, zunächst vor der Gottesentdeckung Jesu zum „Rückfall" in die ambivalente Gottesvorstellung des Judentums (*Buber*) und, nachgerade in der Konsequenz dessen, von seiner strikten Absage an den jüdischen Opferkult zur satisfaktorischen Deutung seines Kreuzestodes. Sie führte sodann von der Wahrheit Jesu, wie er sie gelebt und in seinem Wort und Blick mitgeteilt hatte, zu der aus der philosophischen Interpretation des Evangeliums hervorgegangenen „christlichen Wahrheit": Sie führte des Weiteren im Gegensatz zu Jesu allumfassendem Heilsangebot zu der auf das Sündenproblem eingeengten Erlösungslehre. Und sie führt schließlich von Jesu strikter Absage an das „Fasten" der Hochzeitsgäste (Mk 2,27) über den von Paulus befürworteten fiktionalen „Weltgebrauch" (1Kor 7,29ff.) schon in der Folgezeit der Apostolischen Väter zum Einbruch asketischer Vorstellungen und Direktiven.

An einer der wenigen Stellen, die wie ein Aufatmen im Furioso der wachsenden Aggression anmuten, gibt Nietzsche dann auch nähere Auskunft über den Sinn des Symbols, mit dem der Gekreuzigte vorwegnahm, was das genuin Christliche, die allein gültige und erlösende „evangelische Praktik" hätte sein können. Denn dieser „eigentliche" Christ unterscheidet sich nicht durch seinen Glauben, sondern durch sein Handeln von allen anderen. Er leistet weder in Worten noch in seinem Herzen Widerstand gegen das Böse; er unterscheidet nicht zwischen Fremden und Einheimischen; er kennt weder Zorn noch Geringschätzung. Wie kein anderer lebt er aus dem „*Eintritt* in das Gesamtverklärungsgefühl aller Dinge.[19] Doch die tatsächliche Christentumsgeschichte verlief gegensinnig zu diesem Ideal.

Am Anfang standen die durch das „schreckliche Fragezeichen" des Kreuzestodes Jesu, den die dadurch erschütterten und im Tiefsten beleidigten Jünger ihrem Meister nicht verzeihen konnten, aufgeworfenen drei Fragen „*wer war das? was war das? warum gerade so?*". Argwohn und Ressentiment beantworteten die erste dieser Fragen mit der Stilisierung des Gekreuzigten zum „Typus des Erlösers", die zweite mit der Deutung seines Todes als Opfertod, die dritte mit der von Nietzsche als Absturz in ein „schauderhaftes Heidentum" empfundenen Lehre von der dadurch erbrachten Sühneleistung.[20] Mit dieser Lehre schlug Paulus, durch den der frohen Botschaft „auf dem Fuß die allerschlimmste" folgte, den Erlöser erst wirklich ans Kreuz, „an sein Kreuz". „Mit der Lüge vom wiederauferstandenen Jesus" aber verlegte er, entscheidend für den Fortgang der Entwicklung, das Schwergewicht der Dinge „hinter das Dasein" und stellte damit die Weichen für die Ausbildung des gesamten christlichen Dogmen- und Moralsystems.[21] Schon durch diese Fragen wurde der „Typus des Erlösers" verstümmelt und in der Folge dann erst recht von fremden Vorstellungen überdeckt und mit einem – wie Nietzsche wohl in Erinnerung an den Kreuzigungsbericht (Mt 27,34) sagt – „reichlichen Maß Galle" übergossen. So aber wurde der ursprüngliche Typus „rückwirkend" von Zügen überlagert, „die erst aus dem Kriege und zu Zwecken der Progaganda verständlich werden"[22]. Durch diese verstörenden Überlagerungen wurde die Geschichte des Christentums zu der „des schrittweise immer gröberen Missverstehens eines *ursprünglichen* Symbolismus", sodass es schließlich dazu kam, „dass die Menschheit vor dem Gegensatz dessen auf den Knien liegt, was der Ursprung, der Sinn, das *Recht* des Evangeliums war" und dass in dem Begriff „Kirche" gerade das heilig gesprochen wurde, was der „frohe Botschafter" als *unter* sich, als *hinter* sich empfand.[23]

Doch dies nicht nur in der Theorie, sondern insbesondere auch in der Praxis und Pädagogik der Kirchen. Denn mit seinem gefährlichen Entschluss, die Welt hässlich zu finden, habe das Christentum diese hässlich und sogar das menschliche Ich, wie Nietzsche mit einer Anspielung auf den von ihm bewunderten *Pascal* sagt, „hassenswert" gemacht, und so erst „den Teufel an die Wand der Welt gemalt"[24]. Es habe den Zweifel zur Sünde erklärt, die Unwissenheit, höchst antisokratisch, zur Tugend erhoben und dem Eros Gift zu trinken gegeben, sodass er daran zwar nicht starb, sondern zum Laster entartete.[25] So sei es „wie der böse Frost einer langen Nacht" über die blühende Welt des Altertums hereingebrochen.[26] Wie in den vorangehenden Bezichtigungen kündet sich schon in dieser frühen Aufzeichnung das vernichtende End-Urteil des ‚Antichrist' an.

Dann aber rächte sich die Verdrängung der Wahrheit Christi durch diese immer subtiler elaborierte christliche Wahrheit. Nachdem diese selbstkritisch geworden war und einen Schluss nach dem andern gezogen hatte, zog sie am Ende ihren stärksten Schluss; ihren „Schluss gegen sich selbst", und dies mit der Folge, dass das Christentum in der Reformation „als Dogma" zugrunde ging. Nun aber wird es in einem Schauspiel von hundert Akten auch als Moral zugrunde gehen. Und dies, wie Nietzsche hellsichtig hinzufügt, aufgrund seiner Moral.[27] Im Grunde dieser auf die Selbstauflösung hinarbeitenden Fehlinterpretation aber stand die Kirche, mit und in der gerade das heilig gesprochen wurde, „was der ‚frohe Botschafter' als *unter* sich, als *hinter* sich empfand", sodass die Menschheit, um diese Behauptung nochmals aufzugreifen, „vor dem Gegensatz dessen auf den Knien liegt, was der Ursprung, der Sinn, das Recht des Evangeliums war"[28].

Der Verschonte

Wenn *Jaspers* mitten in Nietzsches Kampf ein ‚Aufhören dieses Kampfes' registriert, sodass man den Eindruck gewinnt, als wolle er nicht mehr die Vernichtung, sondern das Überleben des Gegners, so bezieht sich dieses Urteil in erster Linie auf sein Verhältnis zu Jesus. Doch eben damit gerät er bei seiner Kritik des Christentums in einen Selbstwiderspruch. Denn auf der einen Seite stilisiert er Jesus zur personifizierten Negation des Christentums, das in jeder Hinsicht das Gegenteil von dem geworden sei, was sein Stifter verkörpert, gewollt und ins Werk gesetzt habe. Auf der andern Seite aber tritt er zu Jesus, je länger, desto entschiedener, in ein derart affirmatives Verhältnis, dass dadurch zwar der von ihm behauptete Gegensatz zwischen Jesus und seiner Stiftung nicht revidiert, wohl aber seine eigene Kritik des Christentums relativiert wird. Denn im selben Maß, wie er sich Jesus annäherte, entzog er dem Angelpunkt seiner Kritik den Boden. Auch wenn er den Gegensatz mit aller Vehemenz hervorkehrte, hatte er die Beziehung doch keineswegs in Abrede gestellt; auch ein Missverständnis bleibt bei aller Fehlerhaftigkeit immer noch eine Art von Verständnis. Bestätigt wird das durch die wiederholte Aussage, dass ein – wenngleich dogmenfreies – Christentum noch immer möglich sei. Wie aber stellt sich sein Verhältnis zu Jesus genauer dar?

Stand am Anfang von Nietzsches Christentumskritik eine Frage, so steht am Anfang seines Verhältnisses zu Jesus dessen Blick. „Von Lieb entglommen", versichert ein Jugendgedicht, „strahlt mir … dein Blick ins Herz ein. Herr, ich komme." Mit zunehmender Entfremdung verwandelt sich dieser Liebesblick in sein Gegenteil: in einen das Innerste zerreißenden Pfeil, wie es Ariadne in den „Dionysos-Dithyramben" beklagt. Deshalb steht das erste Zeugnis von Gewicht bereits im Zeichen des – freilich durch unverhohlenen Respekt geminderten – Widerspruchs:

Wahrlich, zu früh starb jener Hebräer, den die
Prediger des langsamen Todes ehren; und vielen
ward es seitdem zum Verhängnis, dass er zu früh starb.
Wäre er doch in der Wüste geblieben und ferne
von den Guten und Gerechten! Vielleicht hätte er leben
gelernt und die Erde lieben gelernt – und das Lachen dazu!
Glaubt es nur, meine Brüder! Er starb zu früh: er selber
hätte seine Lehre widerrufen, wäre er zu meinem Alter
gekommen! Edel genug war er zum Widerrufen![29]

Dem hatte er in der ‚Fröhlichen Wissenschaft' die Behauptung vorangestellt, dass die Lebensleistung Jesu nur in einer Landschaft möglich gewesen sei, über der die düstere Gewitterwolke des „zürnenden Jehova“ hing; denn vor diesem Hintergrund habe das Aufleuchten eines einzigen Sonnenstrahls wie ein Wunder der Liebe empfunden werden müssen.[30] Das klingt wie eine Annäherung an die zentrale Gottesbotschaft Jesu. Tatsächlich aber geht dieser Lichtblick alsbald in der alles überwuchernden Polemik unter. Nachdem Nietzsche im gleichen Zusammenhang Jesus den, wenngleich im Munde eines Sündelosen verzeihlichen „Irrtum“ vorgeworfen hatte, dass er den Menschen ein quälendes Sündenbewusstsein unterstellte, bezichtigt er ihn gerade in der Gottesfrage eines fatalen Widerspruchs, weil er „Gott zum Gegenstand der Liebe“ erklärt, gleichzeitig aber an seinem Richtertum festgehalten habe.

Wenn Gott ein Gegenstand der Liebe werden wollte, so hätte er sich zuerst des Richtens und der Gerechtigkeit begeben müssen: – ein Richter, und selbst ein gnädiger Richter, ist kein Gegenstand der Liebe.[31]

Ungleich härter ist dann aber die in der ‚Genealogie der Moral‘ an Jesus, dem vermeintlichen Überwinder des jüdischen Hasses und Boten der Liebe, geübte Kritik:

Dass man aber ja nicht vermeine, sie sei etwa als die eigentliche Verneinung jenes Durstes nach Rache, als der Gegensatz des jüdischen Hasses emporgewachsen! Nein, das Umgekehrte ist die Wahrheit! Diese Liebe wuchs aus ihm heraus, als seine Krone, als die triumphierende, in der reinsten Helle und Sonnenfülle sich breit und breiter entfaltende Krone, welche mit demselben Drängen … auf Sieg, auf Beute, auf Verführung aus war, mit dem die Wurzeln jenes Hasses sich immer gründlicher und begehrlicher in alles, was Tiefe hatte und böse war, hinuntersenkten.[32]

Ihren Höhepunkt erreicht diese Kritik aber erst im ‚Antichrist‘, wo Nietzsche Jesus einen „heiligen Anarchisten“ nennt, der in der Konsequenz seiner Parteinahme für die Ausgestoßenen und seiner Auflehnung gegen die gesellschaftliche Ordnung als „politischer Rebell“ zum Kreuzestod verurteilt wurde.[33] Zwar gesteht er ihm zu, dass er in seiner „Mischung von Sublimem, Krankem und Kindlichem“ nichts weniger als „das Schwert“ gewollt habe, zumal der von ihm gelebten Innerlichkeit jede Trennung, Verneinung und Verweigerung fern liege. Doch gerade dadurch trage er die Hauptschuld daran, dass sich das Christentum zur Todfeindschaft gegen jede Realität verschworen habe. Deshalb könne er nicht schwerer verkannt werden, als wenn man ihn mit *Rénan* einen Helden oder gar ein Genie nenne:

Mit der Strenge des Physiologen gesprochen, wäre hier ein ganz anderes Wort eher am Platz: das Wort Idiot.[34]

Diese scheinbar völlig enthemmte und, mit einer gegen *Wagner* gerichteten Wendung zu reden, an eine „tödliche Beleidigung" grenzende Stelle bezeichnet in Wahrheit den Wendepunkt in Nietzsches Jesus-Kritik. Denn mit diesem Ausdruck bezeichnet er Jesus als den Inbegriff einer Religion der Identität und Innerlichkeit, oder nun wörtlich, der „ins Geistige zurücktretenden Kindlichkeit", während er in dem von Jesus verkündeten Gottesreich einen Zustand ohne Gestern und Übermorgen und damit eine überall und nirgends gegebene „Erfahrung an einem Herzen" erblickt.[35] So bahnt sich inmitten dieser Verkennung die von Jaspers wahrgenommene Verschonung und in dieser die in der Identifikation gipfelnde Zuwendung an.

III. Die Inversion

Der Nachahmer

Während Nietzsche die Ursache des über Jesus verhängten Kreuzestodes in dessen Aufbegehren gegen die Gesellschaft und Hierarchie seiner Zeit vermutet, erreicht er die Peripetie seines Verhältnisses zu ihm in der Ausdeutung seines Sterbens, die in der Erstausgabe des ‚Antichrist' gleichfalls verstümmelt wiedergegeben wurde, weil er damit in den Anschein mangelnder Bibelfestigkeit geraten war. Um zu verdeutlichen, dass der frohe Botschafter „starb, wie er lebte, wie er lehrte", versichert er:

Er widersteht nicht, er verteidigt nicht sein Recht, er tut keinen Schritt, der das Äußerste von ihm abwehrt, mehr noch, er fordert es heraus ... Und er bittet, er leidet, er liebt mit denen, in denen, die ihm Böses tun. Die Worte zum Schächer am Kreuz enthalten das ganze Evangelium. „Das ist wahrlich ein göttlicher *Mensch gewesen, ein Kind Gottes!" – sagt der Schächer. „Wenn du dies fühlst" – antwortet der Erlöser – „so bist du im Paradiese, so bist du ein Kind Gottes!*[1]

An dieser Stelle verstummt nicht nur jeder aggressive Ton; vielmehr erreicht Nietzsche hier auch einen Grad der Einfühlung in das Passionsgeschehen, der bis zur Stunde nirgendwo sonst erreicht worden ist; denn er bezieht die Henker in das als äußersten Liebesbeweis begriffene Leiden Jesu ein.[2] Hier gelangt Nietzsches Kampf tatsächlich an sein Ende, während gleichzeitig der Wille zum Überleben des Bekämpften die Oberhand gewinnt. Hier gibt Nietzsche seine Gegnerschaft zu Jesus auf, um sich, mit *Jaspers* zu reden, „gleichsam in ihn zu verwandeln".

Tatsächlich erweckt die letzte Phase dieser dramatischen Beziehungsgeschichte den Eindruck einer sich schrittweise steigernden, aber gleichzeitig auch von neuen Aversionen unterbrochenen Annäherung und Anverwandlung. Während Nietzsche in ‚Ecce homo' aufs Eindringlichste warnt: „Verwechselt mich vor allem nicht!" (Vorwort, § 1), wird er zusehends zum Anreiz für immer neue Vergleiche. Lange vor Jaspers registrierte der durch die analytische Philosophie wieder entdeckte streng rational denkende *Franz Brentano*, der mit seinem Essay ‚Nietzsche als Nachahmer Jesu' die Liste der mit Nietzsche in Vergleich gezogenen Gestalten, angefangen von Sokrates (*Sandvoss*), Meister Eckhart (*Bernhart*),

Dante (*Biser*), Hölderlin (*Bertram*), Dostojewskij (*Schestow*), Kierkegaard (*Grau*) bis hin zu dem den deutschen Geist verkörpernden Doktor Faustus (*Mann*) auf die Spitze trieb.[3] Damit formulierte er die denkbar schärfste Gegenthese zu *Wladimir Solowjew*, der Nietzsche im Sinn seiner erklärten Selbstbezeichnung in seiner ‚Kurzen Geschichte vom Antichrist' (1900) zum endzeitlichen Widersacher Christi stilisiert hatte. Freilich entdeckt Brentano in diesem Verhältnis nur eine Übereinkunft im äußersten Widerspruch. In diesem Sinne sehe sich Nietzsche wie Jesus, das „Licht der Welt", vom Licht umgürtet, wisse er sich ähnlich wie Jesus durch einen unermesslichen Abstand von allen getrennt, fordere er wie der den Glauben verlangende Jesus die Unterwerfung unter seine Befehle, begreife er sich wie der sich als Erlöser der Welt fühlende Jesus als das die Geschichte der Menschheit in zwei Stücke brechende Schicksal und verkünde er die Umwertung aller Werte, so wie Jesus zur Umkehr aufgefordert hatte. Freilich sei ihm diese Nachahmung „zur Karikatur" geraten, zumal seine Lehre von der „Mitleidslosigkeit des Übermenschen schon in kürzester Frist drastisch" durch seinen Zusammenbruch in einen Zustand widerlegt wurde, in dem er „wie kaum ein anderer" auf das Mitleid, insbesondere von Seiten des weiblichen Geschlechts angewiesen war, „auf das er immer mit Verachtung herabgeblickt" habe.[4]

So wenig Brentano mit diesem Schlussgedanken Nietzsche widerlegte, so sehr rührt er mit ihm an den Kern der mit ihm aufgeworfenen Frage, der Frage nach dem Grund von Nietzsches Anverwandlung und Identifikation mit dem anfänglichen und lebenslang bekämpften Gegner. Zu ihrer Beantwortung verhilft die Erkenntnis, dass Jesus – wie nach ihm auch Paulus[5] – sein Lebenswerk im Gegensatz zu aller menschlichen Erwartung nicht mit einer Tat, sondern mit seiner Passion krönte und als Leidender die Summe aus seiner Lebensleistung zog. Zwar kann Nietzsches Ende in nahezu zwölfjähriger Umnachtung und Pflegebedürftigkeit damit keinesfalls in Zusammenhang gebracht werden; um so mehr gilt das dann aber von seinen Äußerungen im Übergang zu diesem Zustand des völligen Identitätsverlustes. Im Hinblick darauf lässt schon der Kontrast der Titulatur der beiden letzten Werke aufhorchen. Auf der einen Seite der in einer Änderung von letzter Hand zum „Fluch auf das Christentum" verschärfte und von Nietzsche durchaus persönlich verstandene Titel „Antichrist". Auf der andern Seite der Lebens- und Schaffensrückblick mit dem Passionstitel „Ecce homo". In welche Richtung die aus diesem Bewusstseinsverfall aufsprühenden Splitter deuten, zeigt die Äußerung im Wahnsinnsbrief an *Jacob Burckhardt*, dass er seinen Privategoismus nicht so weit treiben konnte, um seinetwegen die Erschaffung der Welt zu unterlassen. Sie zeigt den Verfasser im Begriff, sich zusehends in die Position des toten Gottes hineinzuspielen und seine Rolle zu übernehmen. Doch die Behauptung am Schluss von ‚Ecce homo': „Erst von mir an gibt es wieder Hoffnung" weist in eine andere, christologische Richtung. Sie wird bestätigt durch die Behauptung des Umnachteten, er sei in der Baseler Irrenklinik von den Ärzten auf eine komplizierte Art „gekreuzigt" worden. Dem entsprechen die Wahnsinnsbotschaften, in denen sich Nietzsche wechselweise als „Dionysos" und als „der Gekreuzigte", einmal sogar als „Dionysos der Gekreuzigte" bezeichnet. Als Dionysos bekennt er sich mehrmals zu seinem Leitmotiv der dionysischen Welt der ewigen Wiederkehr. Als Gekreuzigter wirft er sich dem in die Arme, den er als „Nihilisten" kritisiert und als „Idiot" verhöhnt, zuletzt aber aus dem gegen das Christentum geführten „Todkrieg" herausgenommen und, wie sich im Rückblick zeigt, für seinen extremen Identifikationsversuch vorbehalten hatte. Unwillkürlich erinnert das an das Zeugnis seiner tiefsten Einfühlung in das Passionsgeschehen: an den Satz des ‚Antichrist', wonach der Gekreuzigte nicht nur durch seine Henker, sondern „in ihnen" litt und liebte. Wurde er, der vehemente Gegner, am Ende von der profunden Wahrheit dieses Satzes selbst eingeholt?

Der Possenreißer

In scharfem Kontrast zu Nietzsches exzessivem Pathos zieht sich je länger, desto deutlicher eine Linie der Selbstverkleinerung, die, wenn sie nicht selbst wieder pathetisch getönt wäre, bis zur Karikierung seiner selbst führen würde. Sie beginnt mit der Betonung seiner Abseitsstellung und seines mit seiner Existenz gleichbedeutenden Narrentums: „Nur Narr! *Nur Dichter*! (Dionysos-Dithyramben)." Sie setzt sich fort in der Parodie auf den Schlusschor von *Goethes* ‚Faust': „Das Ewig-Närrische mischt *uns* hinein!" Und sie führt schließlich dazu, dass sich Nietzsche schon in der Maskenfigur des „tollen Menschen", vor allem aber in Äußerungen des ‚Antichrist' in aller Form in die Narrenrolle hineinspielt. Schon in einem an *Peter Gast* gerichteten Briefwort hatte er den Zarathustra-Schluss als „eine ‚Gotteslästerung', gedichtet mit der Laune eines Hanswursts" bezeichnet.[6] Jetzt, am Schluss von ‚Ecce homo', versichert er:

> *Ich habe eine erschreckliche Angst davor, dass man mich eines Tages* heilig *spricht: man wird erraten, weshalb ich das Buch* vorher *herausgebe, es soll verhüten, dass man Unfug mit mir treibt … Ich will kein Heiliger sein, lieber noch ein Hanswurst … Vielleicht bin ich ein Hanswurst …*[7]

Wie sehr Nietzsche mit seiner Befürchtung Recht behielt, zeigte die Woge der sich bis zu abgöttischer Verehrung steigernden Zustimmung, die sich, beginnend mit seiner Umnachtung, vor allem nach seinem Tod über ihn ergoss. Das beweisen schon die Versuche *Wladimir Solowjews* und *Reinhard Johannes Sorges*, ihn zum endzeitlichen Widersacher Christi zu stilisieren und des „Raubs am himmlischen Feuer" zu bezichtigen, vor allem aber die Vorstöße zu seiner religiösen Um- und Aufwertung. So sah *Ernst Benz* in ihm den „Lehrer einer Imitatio Christi, welche die Kirche aus Schwachheit oder Bequemlichkeit unterschlagen hat"[8]. *Emil Gött* erblickte seine Aufgabe darin, Gott „ereignisreicher als bei Nietzsche zu Grabe" zu tragen, um den Menschen endgültig erstehen zu lassen, während sich der Lyriker *Paul Boldt* zu dem Aufruf „Betet zu Nietzsche!" verstieg.[9]

Demgegenüber verstand Nietzsche die Hanswurstrolle, mit der er diesen „Unfug" verhindern wollte, als die des „Wahrsagers". Und „trotzdem oder vielmehr *nicht* trotzdem ... redet aus mir die Wahrheit". Es ist die Wahrheit, die alle bisherigen Wahrheiten Lügen straft und deshalb, wie in feudalistischen Systemen, nur durch den Hofnarren geltend gemacht werden konnte. Darauf zielt die Bemerkung in ‚Jenseits von Gut und Böse', dass Leiden vornehm mache und trenne, die Nietzsche mit dem Satz kommentiert:

> *Es gibt freie, freche Geister, welche verbergen und verleugnen möchten, dass sie zerbrochene, stolze, unheilbare Herzen sind, und bisweilen, ist die Narrheit selbst die Maske für ein unseliges, allzu gewisses Wissen.*[10]

Mit dieser Selbsteinschätzung reiht sich Nietzsche unwillkürlich in die große Schar von Grenzgängern (*Balthasar*) und Christusnarren (*Kuschel*) ein, die in Erinnerung an den von seiner Familie für wahnsinnig (Mk 3,21) und von seinem Kritikern für besessen gehaltenen (Mk 3,24), von seiner Vaterstadt abgelehnten (Mk 6,2ff.) und in seiner Passion verhöhnten Jesus (Lk 23,11) eine bewusste Außenseiter- und Narrenrolle durchspielten, um wie *Dostojewskijs* ‚Idiot' und *Gerhard Hauptmanns* ‚Narr in Christo Emanuel Quint' sein unverstandenes Leben nachzuvollziehen.[11]

Wenn Nietzsche zu Beginn seiner Zarathustra-Zeit ahnt, dass an seinem Horizont Gedanken aufgestiegen seien, dergleichen „er noch nicht gesehen habe", und wenn er bald danach seinem Freund *Franz Overbeck* gesteht, dass ihm sein Leben jetzt in dem Wunsch bestehe, dass es „mit allen Dingen *anders* stehen möge", als er sie begreife, und dass ihm jemand seine „Wahrheiten" unglaubwürdig mache, nimmt er nicht nur sein Urteil im ‚Antichrist' vorweg, dass seine Wahrheit „furchtbar" sei; vielmehr räumt er auch die Möglichkeit ein, „furchtbar geirrt" zu haben, auch wenn dieses Eingeständnis für sein Denken nie formbestimmend wurde.[12] Immerhin kündet sich darin ein Positionswechsel an, der auf eine mögliche Identifikation mit dem Gegner hindeutet.

Die Passionsfigur

Diese selbst gestaltet sich im Falle Nietzsches jedoch konträr zu den von Balthasar und Kuschel aufgeführten lebensgeschichtlichen und literarischen Vergleichsgestalten. Während diese in die Fußspur Jesu treten, findet Nietzsche auf dem Umweg der Passion zu ihm. Im Hinblick darauf ist mit *Löwith* an das blasphemische Jugendgedicht „Vor dem Kruzifix“ zu erinnern, in welchem der offensichtlich Halbbetrunkene mit der zersplitterten Branntweinflasche in der Hand den „Steinblock da oben“, wenngleich vergeblich, auffordert, zu ihm „auf die Erden“ herabzusteigen.[13] Auch in dem ‚Dem unbekannten Gott‘ gewidmeten bekanntesten der Jugendgedichte sieht sich der Dichter noch immer „in der Frevler Rotte“ und er fühlt die Schlingen, die ihn „im Kampf darniederziehn“ und ihn, den Fliehenden, „zu seinem Dienste zwingen“. Nachdem diese Töne auf Jahre hinaus verstummten, klingen sie unversehens in einem Brief an *Georg Brandes* wieder an, dem er kurz vor Ausbruch des Wahnsinns versichert:

> *Ich habe jetzt mit einem Zynismus, der welthistorisch werden wird, mich selbst erzählt. Das Buch heißt ‚Ecce Homo‘ und ist ein Attentat ohne die geringste Rücksicht auf den Gekreuzigten; es endet in Donnern und Wetterschlägen gegen alles, was christlich oder christlich-infekt ist, bei denen einem Sehen und Hören vergeht.*[14]

Während Nietzsche mit der Wendung, dass er „sich selbst erzählt“ habe, dem nahe kommt, der sich auf der im Johannesevangelium erreichten höchsten Reflexionsstufe selber aussagt (*Berger*), kehrt er mit der Rede von dem ohne Rücksicht auf den Gekreuzigten verübten Attentat in die „Rotte“ der Frevler zurück, sodass er mit seinem ständig eskalierenden Kampf gegen das Christentum nun geradezu als einer der Akteure des Passionsgeschehens erscheint.

Glaubhaft zu machen wäre das allerdings nur unter der Voraussetzung, dass Nietzsche seinen Kampf gegen das Christentum nicht nur aus sachlichen, sondern ebenso aus persönlichen Gründen und mit dem vollen Einsatz seiner Person führte, sodass es ihm daher letztlich um sich selbst zu tun war. Dann wäre seine ständig betonte Distanzierung des Christentums von seinem Stifter in der Tiefenschicht seiner Polemik aufgehoben. Als Symptom dessen kann schon die Tatsache gelten, dass er, wohl nicht nur aufgrund seines pathetischen Sprachstils, auf den persiflierenden Ton der von ihm ausgewerteten Heine-Stellen nicht eingeht, sondern sie im Stil strenger, bisweilen sogar grober Polemik wiedergibt. Das gilt schon von seiner Anleihe an Heines martialischen Beschreibung von Kants Kritik der Gottesbeweise, vor allem aber von seiner wiederholten Anspielung auf die von seinem ungenannten Gewährsmann erzählte Verfallsgeschichte Gottes.[15] Tatsächlich erweckt der ‚Antichrist' bei aller Selbstüberhebung des „Anklägers" und „Richters", den Eindruck, als führe dieser einen Kampf auf Leben und Tod. In diesem Zusammenhang gewinnt Nietzsches Bemerkung Gewicht, dass er *Wagners* späte Hinkehr zum Christentum als eine „tödliche Beleidigung" empfunden habe, so sehr sich diese Bemerkung zunächst auf eine Indiskretion über Nietzsches Sexualität bezogen haben dürfte.[16] Vor allem aber spricht dafür die der Rekonstruktionsthese zugrunde liegende Tatsache, dass die von *Jaspers* hervorgehobene Absicht des Angreifers, den Bekämpften zu schonen und sein Überleben zu wollen, nicht nur der Gestalt Jesu, sondern zuletzt auch dem Christentum gilt, von dem Nietzsche wiederholt bemerkt, dass es, wenngleich in dogmenfreier Form, jederzeit noch möglich sei. Wenn aber das zutrifft, befindet sich Nietzsche am Ende seiner Auseinandersetzung noch immer in „der Frevler Rotte" und ist sein Platz, wie in dem blasphemischen Jugendgedicht, bei denen, die den Gekreuzigten verhöhnen und ihm Böses antun.

Wenn das angenommen werden darf, fällt auch auf ihn der Lichtschein seiner profunden Deutung des Kreuzesgeschehens. Dann gilt auch von ihm, dass der Gekreuzigte nicht nur unter seinen Henkern litt, sondern dass er zugleich *mit*, ja *in* ihnen litt und liebte; er, der „frohe Botschafter" des Gottes, der der lukanischen Bergpredigt zufolge mit seiner Güte sogar die Undankbaren und Bösen umfängt (Lk 6,35). Das aber kommt der Peripetie in Nietzsches kritisch-aggressivem Verhältnis zum Christentum gleich. Der Hassende, der im ‚Antichrist' geradezu nach Worten ringt, um seiner Verachtung und Verhöhnung des Christentums Ausdruck zu verleihen, wird von der Liebe des im Medium des Christentums Attackierten eingeholt und überwältigt. Denn diese Liebe ist nach Nietzsches eigenem Verständnis größer als jede Negativität, möge ihr diese auch in einer Orgie von Wut und Hass entgegenschlagen. In diesem Licht wird die Doppelbödigkeit, mit *Löwith* gesprochen, die Zweideutigkeit gerade auch der extremsten Äußerungen Nietzsches ersichtlich, vorausgesetzt, dass man ihn im Sinn seines Vorschlags in ‚Ecce homo' als selektives Prinzip an diese Äußerungen heranträgt. Wenn es ihm dabei um jenes Prinzip zu tun ist, das selbst den Angriff als einen „Beweis des Wohlwollens, unter Umständen der Dankbarkeit" erscheinen lässt; warum dann nicht auch seinen Angriff auf das Christentum, dem er doch den „Stoff" für einen Großteil seines Lebenswerks verdankt? Dieser Logik zufolge war es nur konsequent, dass derselbe, der seinen letzten Lebensrückblick mit dem Satz „Hat man mich verstanden? – *Dionysos gegen den Gekreuzigten*" beschlossen hatte, einige seiner letzten Botschaften bald danach mit „Der Gekreuzigte" unterzeichnete.

Doppelbödig erscheint nun auch die gegen die Beweiskraft des christlichen Blutzeugnisses gerichtete These. „Blut ist der schlechteste Zeuge der Wahrheit ... Und wenn einer durchs Feuer ginge für seine Lehre – was beweist dies! Mehr ist's wahrlich, dass aus eigenem Brande die eigene Lehre kommt“[17], da Nietzsche darin mit dem übereinkommt, der seine Lehre nicht nur dem in ihm glühenden Feuer entnahm, sondern sie als Feuer auf die Erde warf (Lk 12,49). Doppelbödig aber scheint vor allem die verbal gegen das Zentrum des Christentums gerichtete Frage:

> *Gott am Kreuze – versteht man immer noch die furchtbare Hintergedanklichkeit dieses Symbols nicht?*

Denn konnte seine Antwort darauf: „wir alle hängen am Kreuze ... folglich sind wir göttlich“, radikaler falsifiziert werden als durch die profunde Deutung des Kreuzes, mit der er nicht nur alle theologischen Interpretationen hinter sich ließ, sondern mit ihnen zusammen auch seine ganze Anti-Theologie?

Der Vieldeutige

Nietzsche, der 1877 einer Korrespondentin geschrieben hatte: „Ich lechze nach mir“ und dies zum „fortwährenden Thema“ seiner letzten zehn Jahre erklärte, hätte dies mit noch mehr Recht auf die Folgezeit seines Lebens und Schaffens beziehen können.[18] Nicht umsonst versichert er seinem Freund *Carl Fuchs* kurz vor seinem Zusammenbruch, es habe keinen Sinn mehr, über ihn zu reden und zu schreiben; denn er habe die Frage, wer er sei, in seiner Schrift ‚Ecce homo‘ für die nächste Ewigkeit ad acta gelegt.[19] In dieser Tonlage fordert er dann zu Beginn seines Lebensrückblicks:

> *Hört mich! Denn ich bin der und der. Verwechselt mich vor allem nicht!*

Dann aber brachte es der Bewusstseinsverfall zu Beginn seiner Umnachtung mit sich, dass sich der Kranke im Griff nach Identitätshilfen selbst mit allen nur möglichen und unmöglichen Gestalten der Vor- und Umwelt verwechselte. In dem dafür bezeichnenden Wahnsinnsbrief an *Jacob Burckhardt* bemerkt er:

> *Was unangenehm ist und meiner Bescheidenheit zusetzt, ist, dass im Grunde jeder Name in der Geschichte ich bin; auch mit den Kindern, die ich in die Welt gesetzt habe, steht es so, dass ich mit einigem Misstrauen erwäge, ob nicht Alle, die in das „Reich Gottes“ kommen, auch aus Gott kamen.*[20]

Kurz zuvor hatte er *Cosima Wagner* wissen lassen:

Es ist ein Vorurteil, dass ich ein Mensch bin. Aber ich habe schon oft unter den Menschen gelebt und kenne Alles, was Menschen erleben können, vom Niedrigsten bis zum Höchsten. Ich bin unter Indern Buddha, in Griechenland Dionysos gewesen, – Alexander und Caesar sind meine Inkarnationen, insgleichen der Dichter des Shakespeare Lord Bacon. Zuletzt war ich noch Voltaire und Napoleon, vielleicht auch Richard Wagner … Die Himmel freuen sich, dass ich da bin … Ich habe auch am Kreuze gehangen.[21]

Gleichzeitig hält er sich für den „Tyrannen von Turin", identifiziert sich mit zwei Mördern und glaubt angesichts eines Leichenzugs seinem eigenen Begräbnis beigewohnt zu haben.[22] Man könnte das als Folge eines überspannten Subjektivismus abtun, der nach dem Bruch des integrativen Bandes in wechselnde Fragmente aussplittert, wenn sich Nietzsche darin nicht mit Erscheinungsformen der gnostischen Christologie berühren würde. Wie *Karlman Beyschlag* in einem subtilen Durchblick nachwies, ist diese durch einen Zug zur Verdoppelung und Vervielfältigung der Christusgestalt gekennzeichnet.[23] Genauer besehen setzt die Tendenz zu deren Duplizierung aber schon im Johannesevangelium ein. Zunächst schon in der Auferweckung des Lazarus, der als „eine Art Doppelgänger Jesu" (*Beyschlag*) dessen Tod, Begräbnis und Auferstehung vorwegnimmt, zumal er nach seiner Erweckung – und der damit vollzogenen Identifizierung mit Jesus – bis auf seine sekundäre Erwähnung in der Salbungsgeschichte (Joh 12,1f.) unversehens aus der Szene verschwindet.[24] Doppelgänger Jesu ist aber nicht weniger auch der Lieblingsjünger, der so wie der (nach Joh 1,18) vom Herzen des Vaters kommende Jesus an dessen Brust ruht und von ihm in sein Leidensgeheimnis eingeweiht wird (Joh 13,23ff.), den der Gekreuzigte sodann mit sich identifiziert und als ihren „Sohn" der Mutter übergibt (Joh 19,26), und der schließlich schon durch den Anblick der im Grab verbliebenen Relikte und damit vor jeder Erscheinung zum Osterglauben kommt, weil er die Auferstehung aufgrund seiner Identifikation ähnlich wie vor ihm Lazarus darstellt (Joh 20, 5.8).

Aber nannte sich nicht auch Nietzsche einen „Doppelgänger", als er zu Beginn seines ‚Ecce homo' von der „Doppelreihe" seiner Erfahrungen und seiner „Zugänglichkeit zu anscheinend getrennten Welten" sprach und unter Hinweis darauf, dass sich das in jeder Hinsicht in seiner Natur wiederhole, daraus folgerte: „ich bin ein Doppelgänger, ich habe auch das ‚zweite' Gesicht noch außer dem ersten". Bedeutsam wird das freilich nur unter der Voraussetzung, dass Nietzsche im Verfall seiner Individualität an eine unterschwellige Bewusstseinsschicht rührte, wie sie von der christlichen und außerchristlichen Gnosis angenommen und von der Tiefenpsychologie *Carl Gustav Jungs* mit ihrer Lehre von den Archetypen, aber auch von *Peter Wust* mit seinem Begriff des nexus animarum wieder entdeckt wurde.[25] Die bloße Analogie, in der Nietzsche zunächst zu dieser Denkwelt erscheint, würde sich dann zu der einer transrationalen Gemeinsamkeit vertiefen, da in dieser Schicht die Entsprechung als Symptom einer umfassenden Zusammengehörigkeit und Einheit erscheint. Zumindest könnte dann von der Doppelgängerschaft Nietzsches auf die des johanneischen und gnostischen Jesus oder, besser noch, von dieser auf diejenige Nietzsches zurückgeschlossen werden.

Den Bogen zu ihm schlagen dann vollends die polymorphen Jesusbilder der apokryphen Schriften, in denen Jesus einmal als Kind, dann als Greis, einmal klein, dann wieder riesengroß, einmal felsenhart, dann wie ein ungreifbares Fluidum, einmal als einer der Apostel, dann sogar als Frau, vor allem aber so erscheint, dass sich jeder in ihm gespiegelt sieht. Nicht umsonst gipfeln einige dieser Texte in dem – von *Novalis* wieder aufgenommenen – Schlüsselwort: „ich bin du und du bist ich“[26]. Bis zu diesem Identitätstausch gelangte aber auch Nietzsche im Zug seiner verfallenden Individualität, der ihn diese schließlich im zentralen Gegenstand seines Kampfes, dem Gekreuzigten, ebenso wie in dem von ihm mit „Dionysos“ gemeinten Inbegriff seiner Affirmation finden ließ. In dieser Doppelbezeichnung spiegelt sich offensichtlich die Tatsache, dass er dieses Ziel als doppelte Negation empfand: als Aufhebung der Verneinung in dem Verneinten. In diesem Zusammenhang wird seine Auslegung der Kreuzesworte Jesu auf neue Weise lesbar, vor allem aber der darauf hinführende, von profunder Einfühlung zeugende Satz. „Und er bittet, er leidet, er liebt *mit* denen, *in* denen, die ihm Böses tun“, der sich jetzt, rückbezüglich, auf Nietzsche selbst bezieht. Das setzt sich dann bruchlos fort in das von Nietzsche zwar falsch bezogene, aber genial interpretierte Wort an den Mitgekreuzigten: „Wenn du dies fühlst … *so bist du im Paradiese*, so bist du ein Kind Gottes.“

Wenn irgendwo, liegt hier die ungemein komprimierte Mitte von Nietzsches Verhältnis zum Christentum und der Beweggrund seiner Rekonstruktion des so vehement Bekämpften. Ohne dass es ihm bewusst wird, greift die von ihm erschlossene Liebe auch auf ihn, den Mitverursacher der endlosen Passion Jesu, über und verwandelt seinen Vernichtungswillen in sein Gegenteil, den Willen zum Überleben des Gegners und seiner Stiftung. Der bekenntnishafte Satz „in mir überwindet sich das Christentum“ wandelt sich in sein Gegenteil, sodass er mit der Gegenthese, wonach das Christentum „noch jederzeit möglich“ ist, verschmilzt und als die Umschlagstelle in Nietzsches kritisch-affirmativer Religiosität begriffen werden muss. Keinesfalls darf Nietzsche aber nun deswegen gegen seinen sich ständig steigernden „antichristlichen Affekt“ und seine bis an eine Verfluchung grenzende Gegnerschaft zum Lehrer einer von der Kirche umgangenen „Imitatio Christi“ umgedeutet werden (*Benz*). Dafür sind die Spuren, die auf seine Rekonstruktion hindeuten, viel zu zweideutig und schwach.

Angesichts dieser Sachlage muss die Zielvorstellung dahin revidiert werden, dass es Nietzsche allenfalls um den Ansatz einer Revision gegangen sein konnte, sodass die Hauptlast an den Interpreten seines Vorhabens fällt. Demgemäß müsste die sich stellende Aufgabe exakt als die Rekonstruktion seines Rekonstruktionsversuchs bezeichnet werden. Doch so entspricht es dem von *Schleiermacher* entwickelten Begriff der Interpretation, demzufolge es dem Interpreten, schon aufgrund seines zeitlichen Vorsprungs, darum zu tun ist, den zu interpretierenden Sachverhalt besser zu verstehen, als er von dessen Autor verstanden wurde. Das verschärfte *Bultmann* im Blick auf historische und als historisch bezeugte Sachverhalte dahin, dass der Interpret in diesem Fall zu der ihm vorliegenden „Sache“ in einem ähnlichen Verhältnis steht wie der Beobachter subatomarer Teilchen, der nach der Heisenberg‘schen Unschärferelation konstituierend in das von ihm erzielte Resultat eingeht.[27] Was von Nietzsche vorliegt, sind Hinweise, Andeutungen, bisweilen aber auch Umrisslinien, die wie bei einem nur fragmentarisch erhaltenen Schriftstück oder dem Bruchstück eines Kunstwerks mit Hilfe von Konjekturen ergänzt und zu einem Ganzen vervollständigt werden müssen.

IV. Die Revision

Der Ansatz

Der „letzte" Nietzsche, wie er sich im ‚Antichrist' artikuliert, beginnt mit einem Akt der Anästhetisierung seiner selbst, den er später, in ‚Ecce homo' mit dem Satz unterstreicht, dass ihm religiöse Schwierigkeiten „aus Erfahrung" unbekannt blieben und dass ihm gänzlich entgangen sei, inwiefern er „sündhaft sein sollte", sodass ihm ein zuverlässiges Kriterium für Gewissensbisse fehle.[1] Zu diesem Ziel mache er dem Theologen-Instinkt, dessen Spuren er überall entdeckt habe, „den Krieg"; denn er sei die „eigentlich *unterirdische* Form der Falschheit, die es auf Erden gibt" und die alles in die verführende Optik des Glaubens rücke.[2] Aus innerstem Selbsterhaltungstrieb müsse dieser alle Werturteile auf den Kopf stellende Theologen-Einfluss ausgeräumt werden, damit endlich sachliche Wertung wieder zustande komme. Aus dieser sachlichen und von keiner Voreingenommenheit getrübten Sicht stelle er seine Diagnose.

Was er damit verspricht, wird jedoch von der anschließenden Darstellung in keiner Weise eingelöst. Denn anstelle des analytischen Durchblicks, der zu erwarten war, folgt ein Szenenbild, das „schauerliche Schauspiel" von der menschlichen Verderbtheit, das sich ihm darbot, nachdem er den Vorhang zurückgezogen habe. Urheber dieser „Verdorbenheit" ist für ihn, wie für ihn von vornherein feststeht, das Christentum, das durch seine Parteinahme für „alles Schwache, Niedrige, Missratene" die „Vernunft selbst der geistig stärksten Naturen verdorben" habe.[3] Von da an steigern sich die Vorwürfe, die das Christentum bezichtigen, das, „was zum Untergang reif ist" und verdient, in diesen hineingestoßen zu werden, durch seine „das Gesetz der Entwicklung" durchkreuzende Mitleidslehre im Leben festgehalten und dieses dadurch in einen „düstern und fragwürdigen Aspekt" gerückt zu haben. Denn Mitleid sei „die *Praxis* des Nihilismus", die sich ebenso als „*Multiplikator* des Elends wie als *Konservator* alles Elenden" auswirke.[4]

Deshalb richtet sich der Angriff zunächst gegen die auf „lauter imaginäre Wirkungen" setzenden sowie gleicherweise auf eine „imaginäre Psychologie" wie auf eine „imaginäre Teleologie" gestützte Moral, sodann, nachdrücklicher noch, gegen den christlichen Gottesbegriff, den er einer für einen aktuellen Trend bedeutsamen Analyse unterzieht.[5] Seiner Ansicht nach „hat man einen bösen Gott so nötig wie einen guten", weil ein Gott,

„der nicht Zorn, Rache, Neid, Hohn, List, Gewalttat kennt“, in seiner Unwirksamkeit nicht zu verstehen und deshalb entbehrlich wäre; „wozu sollte man ihn haben?“. Freilich, wenn ein Volk seinem Untergang entgegengeht und der Glaube an Zukunft, Hoffnung und Freiheit schwindet, wird sich auch sein Gott ändern: Er wird, wie Nietzsche in unverkennbarer Anleihe an *Heine* betont:

> *jetzt Duckmäuser, furchtsam, bescheiden, rät zum „Frieden der Seele“, zum Nicht-mehr-hassen, zur Nachsicht, zur „Liebe“ selbst gegen Freund und Feind*[6].

Im Zusammenhang damit ändert sich aber auch der Gottesbegriff. An die Stelle des Gottes, der nun nichts mehr von dem vermochte, „was er ehemals konnte“, trat ein veränderter Gottesbegriff, der anstelle der natürlichen Kausalität „alles Glück nunmehr als Lohn, alles Unglück als Strafe für Ungehorsam“ und Sünde erscheinen ließ.[7] In der Konsequenz dessen schlägt diese Gotteskritik dann aber auch auf die Gestalt Jesu durch, an der Nietzsche vor allem „der psychologische Typus des Erlösers“, der trotz aller Verstümmelung und Überlagerung in den Evangelien enthalten sein *könnte*, interessiert. Geboren aus der Berührungsangst vor jeder Realität und einem „Widerwillen gegen jede Formel, jeden Zeit- und Raumbegriff, gegen alles, was fest, Sitte, Institution, Kirche ist“, ist dieser kaum noch vorstellbare Typus nur zu begreifen, wenn man ihn als den zum Instinkt gewordenen „Gegensatz zu allem Ringen“ und als ein „Leben in der Liebe ohne Abzug und Ausschluss, ohne Distanz“, ja als „Flucht ins Unfassliche“ einer bloß noch „inneren Welt“ versteht.[8] Diesem aus einer extremen „Leid- und Reizfähigkeit“ hervorgegangene „*Instinkthaß gegen die Realität*“, der „jedes Widerstreben, Widerstrebenmüssen bereits als unerträgliche Unlust“ empfindet, bleibt nur der Rückzug in die Liebe als einzige, als „*letzte* Lebensmöglichkeit“[9]. Der daraus hervorgegangene Glaube kennt keine Gegensätze: „er ist da, er ist von Anfang, er ist gleichsam eine ins Geistige zurücktretende „Kindlichkeit“. Als solcher beweist er sich nicht:

> *weder durch Wunder, noch durch Lohn und Verheißung, noch gar „durch die Schrift“: er selbst ist jeden Augenblick sein Wunder, sein Lohn, sein Beweis, sein „Reich Gottes“*[10].

Das Leben des Erlösers war ebenso wie sein Tod nichts anderes als die Praktik dieses Glaubens. Verneint waren damit alle Vermittlungsbegriffe wie Buße, Vergebung, Erlösung und damit die ganze „jüdische Buß- und Versöhnungslehre“, aber auch die von Nietzsche als „kirchliche Kruditäten" angeprangerten Dogmen von der Trinität, der Gottessohnschaft der „zweiten Person", und insbesondere das von ihm – im Unterschied zu dem von ihm erstaunlicherweise unerwähnt gelassenen Unfehlbarkeitsdogma – mit Abscheu registrierte „Dogma von der unbefleckten Empfängnis"[11]. Wenn er „irgendetwas von diesem großen Symbolisten verstehe", so sei es das, dass er nur *innere* Realitäten als Realitäten, als falsch verstandene „Wahrheiten" nahm und dass er alles Natürliche und Historische „nur als Zeichen, als Gelegenheit zu Gleichnissen" verstand. Mit seinem Tod wollte dieser „frohe Botschafter" nichts beweisen, wohl aber „zeigen, wie man zu leben hat". Es war seine Praktik, „welche er der Menschheit hinterließ". Und die sprach vor allem aus seinem Verhalten zu seinen Anklägern und Richtern:

Er widersteht nicht, er verteidigt nicht sein Recht, er tut keinen Schritt, der das äußerste von ihm abwehrt, mehr noch, er fordert es heraus.[12]

Schon mit diesem Satz hat Nietzsche die zunächst eingenommene Position des Kritikers und Deuters in Richtung auf eine erstaunliche Einfühlung überschritten. Dennoch liegt zwischen ihm und dem Folgesatz ein Abgrund, den nur die Versenkung in den Gegner und die, wenngleich zunächst nur punktuelle, Identifikation mit ihm überbrücken konnte, zumal er mit ihm die theologische Deutung des Todes Jesu denkbar weit hinter sich lässt. Was der Folgesatz zum Ausdruck bringt, ist im Grunde nur aus der paulinischen Position des Mitgekreuzigtseins sagbar. Es ist deshalb nur folgerichtig, wenn er im Anschluss daran auf die „Worte zum *Schächer* am Kreuz" eingeht, den er, trotz irriger Zuordnung höchst beziehungsreich, mit dem die Exekution leitenden Hauptmann, also mit einem Vollstrecker des Todesurteils, gleichsetzt. Denn erst vor diesem Hintergrund ergibt der Zentralsatz seinen vollen Sinn:

Und er bittet, er leidet, er liebt m i t denen, i n denen, die ihm Böses tun.

Das aber ist tatsächlich jene Liebe, die nach dem Zentralsatz der lukanischen Bergpredigt selbst die Undankbaren und Bösen mit ihrer Liebe umfängt (Lk 6,35). Da diese Liebe nur aus und durch sich selbst verstanden werden kann, muss Nietzsches Hass auf das Christentum und seine Gegnerschaft zu dessen Stifter an dieser Stelle in ihr Gegenteil umgeschlagen sein, weil sein Satz nur aufgrund einer extremen Empathie sagbar war. Insofern ist an dieser Stelle der Gegenpol zu der Nachlassnotiz – „in mir überwindet sich das Christentum" – erreicht. Damit wird dann tatsächlich glaubhaft, dass sich der zum „Todkrieg" gegen das Christentum Entschlossene gleichzeitig für dessen jederzeit mögliches Überleben aussprechen konnte. Gleichzeitig werden an dieser Stelle auch schon die Umrisslinien der Nietzsche vorschwebenden Zukunftsgestalt sichtbar. Es ist, wie sich erkennen lässt, die Gestalt eines aus der Lebens- und Todespraxis Jesu hervorleuchtenden Christentums. Dabei wirkt Nietzsches destruktive, auf die Beseitigung des Christentums ausgehende Strategie in der Form nach, dass die anvisierte Zukunftsgestalt nur auf dem Weg einer umfassenden Reduktion jener Elemente erreicht wird, die nach Nietzsches Überzeugung die Urform verfremdend überlagerten. Doch worin bestehen sie?

Das Feindbild

Für Nietzsche verhält es sich mit dem Christentum ähnlich wie mit dem „Typus des Erlösers“, der, „wie sehr auch immer verstümmelt oder mit fremden Zügen überladen“, in ihm enthalten sei.[13] Denn auch das Christentum habe im Lauf seiner Geschichte eine zunehmende Überlagerung und Verfremdung erlitten. Dabei hätten sich in seine Selbstinterpretation höchst unterschiedliche Implikate eingemischt. In diesem Sinn betont die schon eingangs mitgeteilte Nachlassnotiz, dass das Christentum zunächst vom paulinischen Judaismus, dann vom augustinischen Platonismus und schließlich von den Mysterienkulten ebenso wie vom orientalischen Asketismus überfremdet worden sei. Was im Christentum dann Gestalt gewonnen hat, ist demzufolge die Auswirkung einer judaistischen, philosophischen, gnostischen und asketischen Infiltration. Dadurch wurde die Botschaft, vereinfachend gesprochen, eine Moral, ein System, eine Heilslehre und eine Disziplin. Denn durch die Rejudaisierung wurden Vorstellungen wie „Sünde“, „Vergeltung“, „Strafe“ und „Lohn“ bewusstseinsbestimmend, unter dem Einfluss der platonischen Philosophie überlagerten abstrakte Denkformen den Lebensvollzug, unter dem der gnostischen Mysterienkulte wandelte sich das Christentum zu einer Erlösungsreligion und infolge des Einzugs asketischer Direktiven verfiel es dem orientalischen Dualismus mit seinen welt- und lebensfeindlichen Tendenzen.

Manches spricht dafür, dass dieses Konzept dem ‚Antichrist‘ zugrunde liegt, auch wenn es nicht als konsequent verfolgte Strategie in Erscheinung tritt. Um es als solche kenntlich zu machen, muss es in Nietzsches Entwurf einer Auslegungsgeschichte des Christentums einbezogen werden, auf den er in ‚Ecce homo‘ mit der Bemerkung zu sprechen kommt, dass er in seiner ‚Genealogie der Moral‘, wie er in Anspielung auf seine Frühschrift sagt, „die Geburt des Christentums aus dem Geist des Ressentiments“ beschrieben habe.[14] Demgemäß stellt sich ihm dessen Geschichte als die eines „schrittweise immer gröberen Missverstehens eines ursprünglichen Symbolismus“ dar, das sich an dem von den Jüngern als „schauerliche Paradoxie" empfundenen Kreuzestod ihres Meisters, konkreter noch, an dem damit errichteten „Fragezeichen", entzündete. Stimuliert durch den in ihm virulent gewordenen jüdischen Hass mit seinem Opfer- und Sühneverlangen habe vor allem Paulus in seinem „Logiker-Zynismus" diesen Auslegungsprozess vorangetrieben, indem er den Tod Jesu zu einem Opfertod erklärte und ihn mit der Frage nach dem Fortleben nach dem Tod in eine „Kausalverbindung" brachte.

Weit davon entfernt, Jesus diesen schrecklichen Tod „zu verzeihen" oder gar nach seinem Vorbild ihren Gegnern zu vergeben, verfielen die Jünger in das krasse Gegenteil, sodass in ihnen „das am meisten unevangelische Gefühl", die Rache, „wieder obenauf" kam.[15] Denn unmöglich, – so diese „alles umfälschende" Logik – „konnte die Sache mit dem Tod zu Ende sein": Man brauchte „Vergeltung", „Gericht". Dafür war jedoch ein Richter vonnöten, der nur in dem Hingerichteten selbst bestehen konnte. Doch wie konnte Gott das zulassen? Darauf fand „die gestörte Vernunft der kleinen Gemeinschaft eine schrecklich absurde Antwort: Gott gab seinen Sohn zur Vergebung der Sünden, als *Opfer*"[16]. Während Jesus jede Kluft zwischen Gott und Mensch geleugnet und damit auch die „Schuld" abgeschafft hatte, wurde nun diese wahrhaft „frohe Botschaft" durch die barbarische Opfertheorie in ein „schauderhaftes Heidentum" verkehrt. Denn „die wildgewordene Verehrung" der völlig aus den Fugen geratenen Gemeinde überbot sich darin, Jesus „auf eine ausschweifende Weise ... emporzuheben" und dadurch von sich und dem, was er wirklich war, abzulösen.[17] Urheber dieser Perversion war der „Dysevangelist" Paulus, der den Erlöser dadurch erst wirklich ans Kreuz, an sein Kreuz schlug.[18] Um den Richter zu gewinnen, bedurfte es nur noch der „Lüge vom wiederauferstandenen Jesus", mit der er das Schwergewicht des Daseins „hinter das Dasein und damit „ins Nichts" verlegte.[19] Aufgrund dieser kompensatorischen Hermeneutik ist das – zum Gegenbild seines Urhebers gewordene – Christentum eine einzige, die Menschheit selbst in ihren besten Köpfen täuschende Überredung zum Nichts, eine geradezu zur „Kunst" gewordene „Selbstverstellung ins Heilige", die in den Evangelien, die in dieser Hinsicht für sich stehen und keinen Vergleich dulden, ihren zur perversen Künstlerschaft gesteigerten Ausdruck fand.[20]

Die Selbstkritik

Spätestens von dieser Stelle an gewinnt die von Nietzsche im ‚Antichrist' geübte Kritik eine neue, höchst ambivalente Qualität. Auf der einen Seite verliert sie signifikant an argumentativer Stringenz, da sich von da an im Grunde nur die schon zuvor vorgebrachten Einwände und Bezichtigungen wiederholen. Auf der andern Seite erweckt die Darstellung nun zunehmend den Eindruck, zu einem „Selbstläufer“ zu geraten. Während zuvor, zumindest punktuell, ein Bemühen um Verstehen und sachliche Würdigung durchbricht und Sätze einer erstaunlichen Einfühlung, besonders hinsichtlich des Kreuzestodes Jesu und seiner Deutung überraschen, häufen sich gegen Ende der Schrift die Ausbrüche des nackten Hasses, der sich nicht genug tun kann, das Christentum in eine denkbar finstere Perspektive zu rücken, es zu verhöhnen und zu kriminalisieren. Dabei meldet sich bei Nietzsche der klassische Philologe mit seiner keineswegs vorbehaltlosen Hochschätzung der Antike zu Wort, die er durch die Christen, diese „korrupteste Art Korruption“ nicht so sehr überwunden als vielmehr unterwühlt und zersetzt sieht.[21] Vergessen sind dabei freilich die Einwände, die er in den früheren Werken, angefangen mit der ‚Geburt der Tragödie aus dem Geiste des Musik‘, gegen das vom „Hexentrank“ der mit Wollust vermischten Grausamkeit berauschte und von der Gefahr „eines Rückfalls ins Asiatische“ bedrohte Griechentum erhoben hatte und die in dem Ausruf gipfelten: „Ach Freunde! Wir müssen auch die Griechen überwinden!“[22] Vergessen war dabei vor allem der geheime Groll, den er, der erklärte Anti-Systematiker, gegen das nun zur „großartigsten Organisation“ verklärte Rom gehegt hatte und das er jetzt dem Christentum, diesem „Vampir des Imperium Romanum“, zum Opfer fallen sah.[23]

Im selben Maß, wie die Selbsteinwände gegen die Glorifizierung der Antike ausgeblendet werden, gewinnt die Animosität gegen das Christentum an Vehemenz, sodass sie schließlich geradezu eigengesetzlich und unkontrolliert, also ohne das Regulativ der bei Nietzsche sonst gewohnten Selbstkontrolle, ihrem Ziel entgegenstrebt. Das erkannte schon *Ferdinand Tönnies*, demzufolge der Wert des Werkes, „wenn ihm ein Wert zukommt, in seiner Maßlosigkeit liegt“[24]. Diesem Verlauf zufolge steht das Ziel dann auch von vornherein fest. Überraschend ist allenfalls, dass Nietzsche in einem vorletzten Schritt die Position des Anklägers mit der des Richters vertauscht, der allerdings vom Urteilsspruch sofort wieder in die Tonart der Anklage zurückfällt:

> *Hiermit bin ich am Ziel und spreche mein Urteil. Ich* verurteile *das Christentum, ich erhebe gegen die christliche Kirche die furchtbarste aller Anklagen, die je ein Ankläger in den Mund genommen hat.*[25]

Im Bewusstsein, dass ihm dieser „Urteilsspruch“ aber doch wieder nur zu einer Wiederholung der alten Vorwürfe geriet und ihm die gesuchten Worte ausgehen, geht er in einer letzten Wende vom Wort zur Schrift über, wenn er abschließend erklärt:

Diese ewige Anklage des Christentums will ich an alle Wände schreiben, wo es nur Wände gibt – ich habe Buchstaben, um auch Blinde sehend zu machen …

Was er „an alle Wände" schreiben wollte, war die Bezeichnung des Christentums als „den *einen* großen Fluch", mit der sich der Ring zu dem in einer Korrektur letzter Hand eingefügten Untertitel – „Fluch auf das Christentum" – schließt, sodass er sich, entgegen der Ansicht *Karl Löwiths*, am Ende doch zu einer förmlichen Verfluchung des großen Gegners verstiegen haben dürfte.

So sehr der Wert des ‚Antichrist' zunächst in der Hellsicht seiner Argumentation und der erstaunlichen Tiefe der Einfühlung besteht, ist er in seinem Schlussteil fast nur noch von sprachlichem Interesse. Denn in der eigengesetzlichen Abfolge der sich überschlagenden Anwürfe gerät er in die Nähe jener herausragenden Paradigmen der Literatur, in denen sich die Sprache selber ausspricht, ohne jedoch deren elitäres Niveau zu erreichen. Zeitgeschichtlich gesehen, berührt er sich damit zunächst mit dem Ausklang von *Hermann Brochs* ‚Der Tod des Vergil', der das Sterben des Dichters in Form eines „Schöpfungsrücklaufs" (*Wienold*) beschreibt.[26] Sterbend durchmisst der Dichter in dieser Szene in rückläufiger Abfolge die sechs Schöpfungstage, und dies in wachsender Anverwandlung an das schöpferische Wort, in dessen übersprachliches Schweigen er schließlich hineinstirbt. Dabei geht das erzählende Ich, wie Broch in Anspielung auf die Einbeziehung des Beobachters in die subatomaren Vorgänge bemerkt, zunehmend in das von ihm Berichtete ein, sodass sich dieses schließlich selbst aussagt.

Aufgrund seiner inneren Nähe zur Romantik und dem von ihr ständig umkreisten Identitätsproblem berührt sich Nietzsche darin des Weiteren mit deren Schlüsselwerk, den von *Novalis* unter dem Eindruck des Todes seiner Braut verfassten ‚Hymnen an die Nacht', in denen der Dichter die Wende von der Tagwelt der Rationalität zur Nachtwelt von Traum und Tod vollzieht und dabei die Regie seiner Gedanken zunehmend an diese abtritt, sodass die von ihm beschworene „Nacht" ihre Geschichte, vermittelt durch das vor allem im Schlusschoral erklingende dichterische Wort, im Grunde selbst erzählt:

Die Lieb ist frei gegeben
Und keine Trennung mehr.
Es wogt das volle Leben
Wie ein unendlich Meer. –
Nur eine Nacht der Wonne
Ein ewiges Gedicht –
und unser aller Sonne
Ist Gottes Angesicht.

Von da führt der Zusammenhang, über eine Reihe vergleichbarer Zeugnisse hinweg, schließlich in die Patristik zurück, in der *Augustin* ein Psalmwort (Ps 52,2–12) in einer Weise auslegt, dass die Stelle in eine sich selbst tragende Sprachekstase ausmündet:

Ich suche meinen Gott in jedem körperlichen Geschöpf, sei es im Himmel oder auf Erden, und finde ihn nicht. Und ich suche sein Wesen in meiner Seele und finde es nicht ..., da ließ ich meine Seele über sich hinauswachsen, und schon habe ich alles erfasst – nur nicht meinen Gott. Denn dort, über meiner Seele, ist Gottes Haus. Dort wohnt er, von dort schaut er auf mich herab, von dort hat er mich erschaffen, von dort behütet er mich, von dort umsorgt er mich, von dort ruft er mich, von dort ermutigt er mich, von dort geleitet er mich zum Ziel.[27]

In einer letzten Entsprechung berührt sich Nietzsche jedoch mit dem, mit dem er sich zuletzt in einen Vergleich gezogen hätte sehen wollen: mit Paulus. Denn dieser entwickelt schon in seinem Hymnus auf die Liebe (1Kor 13,1–13) und in seiner – an Nietzsches Selbstbezeichnung als „toller Mensch“, „Narr“ und „Hanswurst“ erinnernden – „Narrenrede“ vergleichbare Sprachsequenzen, vor allem aber in seiner Beschreibung der apostolischen Existenz. So schon in der auf die antiken Gladiatorenkämpfe anspielenden Stelle des Ersten Korintherbriefs:

Mir kommt vor, als habe Gott uns Apostel auf den letzten Platz gestellt, gleich Todeskandidaten. Denn wir sind zum Schauspiel geworden für die Welt, die Engel wie die Menschen. Um Christi willen gelten wir als Toren; ihr dagegen seid klug in Christus; wir gelten als Schwächlinge, ihr aber als Helden. Ihr seid angesehen, wir werden verachtet. Bis zur Stunde leiden wir Hunger und Durst, stehen wir nackt, geschlagen und obdachlos da, mühen uns mit unsrer eigenen Hände Arbeit. Verhöhnt man uns – wir segnen; verfolgt man uns – wir reden gut zu. Zum Abschaum der Welt sind wir geworden, zu jedermanns Auswurf bis heute! (1Kor 4,9–13)[28]

Noch deutlicher geht die Vergleichsstelle des Zweiten Korintherbriefs von anfänglicher Prosa in einen eigengesetzlichen Sprachfluss über.

In allem erweisen wir uns als Diener Gottes: In Geduld, in Bedrängnis, in Nöten und Ängsten, unter Schlägen, in Kerkerhaft, bei Aufständen, unter Mühen, Nachtwachen und Fasten, durch Lauterkeit, Verständnis, Langmut, Güte, im heiligen Geist, in aufrichtiger Liebe, im Wort der Wahrheit, in Gottes Kraft, mit den Waffen der Gerechtigkeit zur Rechten und zur Linken, bei Ehre und Schmach, bei Tadel und Lob, als Schwindler und doch wahrhaftig, als Unbekannte und doch wohl bekannt, als Todverfallene und doch überlebend, als Geschlagene und doch allzeit fröhlich, als Bedürftige, die viele beschenken, als Habenichts, die doch alles besitzen.[29]

Doch hatte Nietzsche nicht längst schon selbst ein solches Paradigma einer Sprach-Inversion geschaffen, als er in der Maskenfigur des „tollen Menschen" seinen atheistischen Zeitgenossen die Folgen des von ihnen verübten, aber nicht von ferne begriffenen Gottesmordes mit der Fragesequenz vor Augen führte:

Wie vermochten wir das Meer auszutrinken? Wer gab uns den Schwamm, um den ganzen Horizont wegzuwischen? Was taten wir, als wir diese Erde von ihrer Sonne losketteten? Wohin bewegt sie sich nun? Wohin bewegen wir uns? Fort von allen Sonnen? Stürzen wir nicht fortwährend? Und rückwärts, seitwärts, vorwärts, nach allen Seiten? Gibt es noch ein Oben und ein Unten? Irren wir nicht wie durch ein unendliches Nichts? Haucht uns nicht der leere Raum an? Ist es nicht kälter geworden? Kommt nicht immerfort die Nacht und mehr Nacht?[30]

Damit verglichen wirkt der Schlussteil des ‚Antichrist' wie eine polemisch-aggressiv angereicherte Wiederholung dessen, was hier als kaskadenhafter Absturz ins Nichts imaginiert wird. Dann aber erzählt der Schluss, nicht anders als diese Botschaft des „tollen Menschen" – sich selbst. Er wirkt wie eine losgetretene Lawine, die selbständig, und ohne gelenkt oder gebremst werden zu können, ihren Zerstörungsweg nimmt. Die Negation nimmt Formen an, welche die Intention des Verneiners überwachsen, sodass sie letzten Endes auf ihn zurückfällt. Das aber ist gleichbedeutend mit der Einsicht, dass die in dieser Schlusspassage geübte Kritik den Kritiker in sich verschlingt und sich so, zumindest grundsätzlich, in Selbstkritik verwandelt. Das trifft wenigstens in dem Sinne zu, dass Nietzsche hier vollends in die „Fallstricke" seines Hasses gerät, der sich nun ebenso hemmungslos wie unkontrolliert entlädt.

Werkimmanent gelingt ihm damit – wenngleich nur in negativer Spiegelbildlichkeit – das, was er, „der letzte Schüler und Eingeweihte des Gottes Dionysos", stets anstrebte, ohne es doch je zu erreichen: das Paradigma einer dionysischen Sprachekstase.[31] Denn im Rückblick auf seine Gedankenwelt, die ihm anfänglich „so bunt, jung und boshaft, voller Stacheln und geheimer Wüsten" vorgekommen war, erschien ihm diese auf einmal gealtert, „so herzzerbrechend rechtschaffen, so langweilig"[32]. Was ihm im „jasagenden Teil" seines Werkes versagt blieb, gelingt ihm nun in dessen „neinsagender, *neintuender* Hälfte", wenngleich unter dem Vorzeichen einer sich überschlagenden und ihn in sich hineinreißenden Negativität. Aufschlussreich ist dafür der Augenblick, in dem er sich abschließend in die Rolle des Weltenrichters hineinsteigert, der, indem er das Christentum verflucht, sein Urteil spricht.[33] Denn damit hat er unvermeidlich auch das Weltende über sich und sein Werk verhängt. So gesehen war es nur konsequent, dass Nietzsche den Plan zu einer systematischen Darstellung der „Umwertung aller Werte“, für die der ‚Antichrist‘ als Eingangsband vorgesehen war, in aller Form aufgab und ihn durch „Fluch auf das Christentum“ ersetzte. Dieser Umwidmung von letzter Hand zufolge fühlte er sich am Ende seines Schaffens angekommen, das er dann nur noch im Stil der augustinischen Retraktationes rückblickend würdigen konnte. Tatsächlich entspricht das mit „Warum ich so gute Bücher schreibe“ betitelte Mittelstück seines ‚Ecce homo‘ dem augustinischen Vergleichswerk, nur dass es Nietzsche nicht so sehr wie diesem um Selbstkorrektur als vielmehr darum zu tun ist, seinen bisher veröffentlichten Schriften tiefere Einblicke abzugewinnen und neue Glanzlichter aufzusetzen. Gleichzeitig aber war dieser Schluss seines Schaffens auch insofern konsequent, als er damit sein Hauptziel, die von ihm mit wachsender Intensität betriebene Theomachie, über jeden, gerade auch von der neuesten Forschung gehegten Zweifel erhob.[34] Denn das von ihm als „Antichrist“ bekämpfte Christentum war für ihn letzten Endes doch nur das Gehäuse, das sich als „Grabmal“ über dem von ihm totgesagten Gott erhob. Mit dem Einsturz dieses Gebäudes sollte der von ihm umschlossene Gott endgültig und bis in seine letzten Schattenwürfe hinein begraben werden. Konsequent war dann allerdings auch, dass er im Rückblick auf das Gesamtwerk mit der Frage „Hat man mich verstanden?“ schloss und diese mit der Signatur „Dionysos gegen den Gekreuzigten“ beantwortete, wenngleich so, dass er sie bald danach durch die wechselweise mit „Dionysos“ und „Der Gekreuzigte“ unterzeichneten Wahnsinnsbotschaften wieder halbwegs zurücknahm.

So bleibt es bei dem gebrochenen Nein, das sich so schon längst, oft sogar mitten im Kampf, abgezeichnet hatte. Um dieses unterdrückte Ja im vehement hervorgestoßenen Nein geht es bei der Frage nach Nietzsches Rekonstruktion des Christentums.

Das Sensorium

Nach dem Eindruck *Franz Overbecks* war Nietzsche in seinem Verhältnis zur Religion ebenso Rationalist wie Schwärmer; denn wie zu allen Dingen habe er sich auch zur Religion schwärmerisch verhalten.[35] Das ist ein wichtiger Hinweis zur Frage nach Nietzsches Zugang und zu der nach seinen Quellen. Was das Neue Testament und insbesondere die Kenntnis der alten Kirchengeschichte anlangt, so dürfte Overbeck selbst für ihn eine Informationsquelle ersten Ranges gewesen sein. Nach den extremen Äußerungen des ‚Antichrist' zu schließen, war ihm das Neue Testament persönlich überaus suspekt.[36] Das hindert ihn freilich nicht daran, ausgiebig daraus zu zitieren, und das nicht nur, um daraus immer neuen Stoff für seine Aburteilung zu gewinnen. Dass er sich dabei bisweilen auf sein nicht allzu getreues Gedächtnis verließ, beweist ausgerechnet die Stelle der größten Einfühlung, die wegen ihrer Ungenauigkeit der strengen Zensur des Archivs zum Opfer gefallen war.

Als „Schwärmer" verfügte Nietzsche aber nicht nur über diesen durch das Medium der historischen Kritik bestimmten literarischen, sondern ebenso auch über einen intuitiven Zugang. Er bezieht sich freilich nicht auf den Text, sondern auf den in diesem Text letztlich Gemeinten, auf den „großen Symbolisten", den Nietzsche in besonderer Weise zu verstehen beansprucht.[37] Wenn er in einem Brief an *Heinrich von Stein* erklärt, dass es ihm darum zu tun sei, „dem menschlichen Dasein etwas von seinem herzzerbrecherischen und grausamen Charakter" zu nehmen, und wenn er es in einer Nachlassaufzeichnung als sein Ziel bezeichnet, „all die Schönheit und Erhabenheit, die wir den wirklichen und eingebildeten Dingen verliehen haben", als das „Eigentum und Erzeugnis des Menschen" für diesen zurückzufordern, tritt er damit bereits erkennbar in die Spur Jesu und seiner Reich-Gottes-Botschaft".[38] An deren Ziel steht die Identifikation mit dem Gegner, die sich dadurch anbahnt, dass der der Orgie seines Hasses zum Opfer Gefallene sich zunächst als Schriftsteller, danach aber auch als Person aufgibt und seine Identität in dem anstrebt, den er zuvor als seinen Gegner-Typus empfunden hatte. Erreicht aber wird dieses Ziel nicht durch sein eigenes Zutun, sondern durch jene Liebe, von der er im luzidesten Augenblick seiner Einfühlung – übereinstimmend mit dem Kernsatz der lukanischen Bergpredigt (Lk 6,35) – sagt, dass sie sich sogar jenen zuwendet, die dem gekreuzigten Inbegriff dieser Liebe „Böses tun". In welchem Maß Nietzsche aber fähig war, eine solche Liebe, so sehr er sie erkannte, auch entgegenzunehmen, ist eine Frage, die angesichts seiner lebensgeschichtlich bekundeten Liebesunfähigkeit offen bleiben muss.

Bemerkenswert ist in diesem Zusammenhang die Heftigkeit, mit der er Jesus von seiner kirchlichen Deutung und Darstellung abzugrenzen, um nicht zu sagen: gegen sie zu verteidigen sucht. Bezeichnete er schon sein Vorhaben, die an Gott abgetretene Qualität und Vorzüge für den Menschen zurückzufordern, als dessen „schönste Apologie", so zeichnet sich hier ein ganz anderer Zweck ab: die Apologie Jesu gegen die „Fehldeutungen" der Kirche. Nichts sei „unchristlicher", so dekretiert er in einem sich zusehends verschärfenden Ton, als „die *kirchlichen Kruditäten* von einem Gott als *Person*, von einem „Reich Gottes", welches *kommt*, von einem

„Himmelreich" *jenseits*, von einem „Sohne Gottes", der *zweiten Person* der Trinität":

> *Dies alles ist – man vergebe mir den Ausdruck – die* Faust *auf dem Auge – oh auf was für einem Auge – des Evangeliums.*[39]

Denn es liege doch auf der Hand, wenn zugegebenermaßen auch nicht auf jeder Hand, was mit den Symbolworten Vater und Sohn angerührt werde. Mit „Sohn" der „Eintritt in das Gesamt-Verklärungsgefühl aller Dinge"; „mit dem Wort ‚Vater' *dieses Gefühl selbst*, das Ewigkeits- das Vollendungsgefühl". Diese Denunzierung der Christologie zur „Faust aufs Auge" ist nur denkbar aufgrund einer spontanen und nirgendwo begründeten Parteinahme für den „frohen Botschafter", der nun gleicherweise als Gegen- und Spiegelbild Nietzsches erscheint. In ihm verteidigt er sich selbst gegen alle, die aus seiner Weisung einen Weg, aus seiner Lehre ein Geländer und aus seiner Botschaft ein Handwerk machen möchten. Wie aber hätte sich dann ein „jederzeit noch mögliches" Christentum ausgenommen?

Das Gegenbild

Die Antwort liegt, mit Nietzsche zu reden, nachgerade „auf der Hand": ein auf Jesus zurückgenommenes und aus ihm, aus seinem Sein und Wollen entworfenes Christentum. Nach seiner Ansicht hatte Jesus nicht nur eine Botschaft; er ist sie vielmehr aufgrund der ganzen Art, wie er im Leben und zu ihm steht. Denn das Leben des Erlösers war lediglich die Praktik, sich „göttlich", „selig", „evangelisch", jederzeit als ein „Kind Gottes" zu fühlen. Diese „im Geistigen zurückgetretene Kindlichkeit" kannte keinen Gegensatz; ihr Glaube „zürnt nicht, tadelt nicht, wehrt sich nicht ... , beweist sich nicht"; denn er ist „selbst in jedem Augenblick sein Wunder, sein Lohn, sein Beweis, sein ‚Reich Gottes'". Nicht „Buße" und „Gebet" sind Wege zu Gott: vielmehr führt allein diese evangelische Praktik zu Gott; ja sie „ist Gott"[40]. Deshalb muss dieser „uns nur in einer starken Entstellung erhaltene Typus", der „nicht frei von Zutaten bleiben" konnte, von diesen Verfremdungen befreit und auf seine Grundgestalt zurückgeführt werden.

In einem ersten Schritt geht es dabei darum, das ganze System der Formeln, Gesetze und Dogmen von diesem „Typus" abzutragen, da er außerhalb aller Religion, Historie, Wissenschaft, Politik und Psychologie steht und „alles Natürliche, Zeitliche, Räumliche nur als Zeichen, als Gelegenheit zu Gleichnissen" verstand.[41] Das von Jesus verkündete Himmelreich „ist ein Zustand des Herzens"; denn „es hat kein Gestern und kein Übermorgen, es kommt nicht in tausend Jahren – es ist eine Erfahrung an einem Herzen; es ist überall da, es ist nirgends da". Nichts war ihm fremder als der „Typus des Erlösers", die „Lehre vom Gericht und von der Wiederkunft" und die „Lehre von der Auferstehung". Vor allem aber war die „Lehre vom Tod als Opfertod" und vom Tod „des *Unschuldigen* für die Sünden der Schuldigen" ein Rücksturz in ein schauderhaftes Heidentum[42].

Demgegenüber bezieht sich der zweite Schritt auf die Fehlinterpretationen, die Nietzsche der mehrfach erwähnten Nachlassnotiz zufolge auf die Überlagerungen des Evangeliums durch Implikate jüdischer, platonischer und asketischer Provenienz und dessen Beeinflussung durch Mysterienkulte zurückführt. Dass die christliche Heilslehre auf den Komplex der „Vergebung der Sünden" eingeengt und den Christen ein exzessives Sündenbewusstsein suggeriert werden konnte, war für Nietzsche die Folge einer Rejudaisierung einer davon ursprünglich unbelasteten Botschaft. Es war der Jude Paulus, dieses „Genie im Hass", der mit dem „Logiker-Zynismus eines Rabbiners" das „am meisten unevangelische Gefühl, die *Rache*", zum beherrschenden Grundmotiv erhob und damit das ganze „Judentum der Begriffe ‚Sünde', ‚Vergebung der Sünde', ‚Glaube', ‚Erlösung durch Glauben'", das „mit dem Evangelium *abgetan* war". Wie die Juden ehedem ihren Gott aus Rache an ihren Feinden in die Höhe hoben, so wurde nun Jesus, gleichfalls aus Rachsucht, „auf eine ausschweifende Weise" emporgehoben und seine Botschaft vom Gottesreich als die des kommenden Gerichts ausgelegt. Doch damit leistete diese erste Verfremdung der zweiten Vorschub, die im Gefolge der platonischen Ideenlehre das Christentum zu einem „Platonismus für das Volk" werden ließ. Mit der von Paulus aufgebrachten „Lüge vom ‚wiederauferstandenen' Jesus" wurde das Schwergewicht des „ganzen Daseins *hinter* dies Dasein" verlegt und diesem alle Qualität und Bedeutung entzogen. Der Einbruch des orientalischen Asketismus brachte es überdies mit sich, dass daraus eine lebensfeindliche Einstellung und Praxis abgeleitet wurde. Dass sich dafür auch die prägenden Symbole einstellten, war schließlich die Folge der von den Mysterienkulten ausgehenden Faszination. Wenn Nietzsches Hinweis auf ein jederzeit noch mögliches Christentum mehr als ein bloßes Gedankenspiel war, verband sich damit die Aufforderung, diese verfremdenden Überlagerungen abzutragen und dadurch, wie er es für den von „schmeichlerischen Übermalungen" verfremdeten Menschen forderte, seinen „Grundtext" wiederherzustellen. Doch damit schmilzt seine Rekonstruktion auf ein bloßes Postulat zusammen, für dessen Verwirklichung er zwar eine ganze Reihe von Hinweisen und Anhaltspunkten bietet, doch so, dass sie in der Hauptsache doch von ihm an den Interpreten übergeht. Wenn es aber dessen Vorzug ist, den gedeuteten Gegenstand besser zu verstehen als der Autor, ist er im Grunde nur dessen Vollstrecker, sodass das Ergebnis letztlich doch dessen Sache bleibt.

Die Urgestalt

Entscheidend ist für die Freilegung der Urgestalt die Überzeugung Nietzsches, dass das Christentum mit der Gestalt Jesu steht und fällt, und dies in einem ganz wörtlichen Sinn. Denn „im Grunde gab es nur einen Christen, und der starb am Kreuz". Was als Christentum in die Religionsgeschichte einging, ist daher, streng genommen, das Ergebnis eines von vornherein verfehlten und sich zudem ständig verschlimmernden Auslegungsprozesses. Dass es an seiner Fiktionalität nicht längst zugrunde ging, hat allein darin seinen Grund, dass die in ihm zusammengetretenen Fiktionen zu einem System verfasst sind, das als ein sich selbst tragendes Gebäude über eine gewisse, wenngleich höchst instabile Festigkeit verfügt. Aber:

Ein Begriff hier weg, eine einzige Realität an dessen Stelle – und das ganze Christentum rollt ins Nichts![43]

Damit verstrickt sich Nietzsche freilich in einen zweifachen Widerspruch. Denn auf der einen Seite unterlässt er es, die Realität zu benennen, die dem Christentum den Todesstoß versetzen würde. Andererseits beschreibt er den einzigen Christen, also Jesus, als die leibhaftige Verneinung jeder Realität, sodass das Christentum schon von seinem Ursprung her längst der „Selbstauflösung" (*Grau*) hätte verfallen müssen. Gleichzeitig beweist er durch die Vehemenz seiner Polemik, dass er keineswegs davon ausgeht, zu einem Kampf gegen Windmühlen angetreten zu sein, sondern dass er sich vielmehr auf eine Auseinandersetzung auf Leben und Tod einließ, bei der er einem Gegner von welthistorischer Macht und Größe gegenübersteht. Wie er dessen Zustandekommen einer sich ständig vergröbernden Auslegungsgeschichte zuschreibt, geht es ihm selbst, halbversteckten Andeutungen zufolge, um eine Hermeneutik des vordergründig Angegriffenen. Was von dieser zu erwarten ist, sagt eine seiner hellsichtigsten Äußerungen über den Verstehensakt:

Das Verständlichste an der Sprache ist nicht das Wort selber, sondern Ton, Stärke, Modulation, Tempo, mit denen eine Reihe von Worten gesprochen werden – kurz die Musik hinter den Worten, die Leidenschaft hinter dieser Musik, die Person hinter dieser Leidenschaft: alles das also, was nicht geschrieben *werden kann.*[44]

Auf derselben Linie bewegt sich sein Eindruck bei der Lektüre von *Augustins* ‚Confessiones', „mit der Neugierde eines radikalen Arztes und

Physiologen“ dem Christentum „in den Bauch“ gesehen zu haben.[45] Wenn mit dem saloppen Ausdruck das Innerste des Christentums gemeint ist und wenn sich dieses im Sinne der sprachtheoretischen Nachlassstelle auf die hinter seiner „Musik“ und „Leidenschaft“ stehende Person bezieht, klärt sich damit, dass Nietzsche seine Kritik fortwährend auf die Gestalt Jesu zurückbezieht und an ihr bemisst. Wenn er dabei Jesus auch in dem Sinn zum „großen Symbolisten“ erklärt, dass er nur innere Realitäten anerkennt und den ganzen Rest der Welt, Natur und Geschichte, symbolisch und gleichnishaft versteht, ordnet er ihn einerseits der ihm sonst völlig fremden Welt der Mystik zu, während er in ihm gleichzeitig das diakritische Prinzip für seine Abgrenzungen und Entgegensetzungen gewinnt. Da er in diesem Zusammenhang darauf abhebt, dass die ihm zugelegten oder von ihm hergeleiteten Begriffe wie Gottessohn, Menschensohn, Gottesreich und Gotteskindschaft vom „Zeitbegriff erlöst“ und als „ewige Tatsächlichkeiten“ aufgefasst werden müssten, gewinnt sein Modell auch schon die – wenn auch noch so schwach ausgezogene – Umrisslinie einer präsentischen Christologie. Diakritisch verfährt er dabei, sofern er alles, was mit Institution, Dogma, Struktur, Kult und Ritus zusammenhängt, zu vergröbernden Fehlformen dessen erklärt, „was der ‚frohe Botschafter‘ als *unter* sich, als *hinter* sich empfand“.

Zwar fehlt es nicht an heftigen Ausfällen gegen diese vergegenständlichenden Formen, in erster Linie gegen die „unverschämten Dogmen“, von denen Nietzsche, der doch auch Zeitgenosse des Ersten Vatikanischen Konzils und seiner Unfehlbarkeitserklärung war, lediglich das bereits erwähnte Dogma von der „unbefleckten Empfängnis“ wahrgenommen zu haben scheint.[46] Mit ihnen zusammen werden „*alle* Begriffe der Kirche“ zu „Folter-Instrumenten“ im Dienst der „Selbstschändung des Menschen“ erklärt, insbesondere die zuvor schon angeprangerten Begriffe „Sünde“, „Vergebung“ und „Gericht“. Dennoch liegt der Hauptakzent der Kritik nicht schon auf diesen „Instrumenten“, sondern auf der mit der Verlagerung des Schwergewichts der Dinge bezweckten Entwertung des diesseitigen Lebens. Denn für Nietzsche gilt: „Non alia, sed haec vita aeterna.“[47] Deshalb konzentriert sich sein Widerspruch zunehmend auf das von ihm zum Inbegriff seiner Negation stilisierte „asketische Ideal“. „Askese“ heißt für ihn „*Rache an sich* in Tätlichkeit des Widerwillens und Hasses“ und ein Zerbrechen seiner selbst.[48] Zu diesem Zielbegriff äußerte der schon zu seinen Lebzeiten in Kontakt mit ihm getretene dänische Kulturphilosoph *Georg Brandes*:

> *Es ist ein Ideal, das auf Schwächung und Müdigkeit hindeutet; auch mit seiner Hilfe kämpft das Leben gegen den Tod. Es ist ein Kunstgriff zur Erhaltung des Lebens.*[49]

Diesen Kunstgriff nutzt der asketische Priester, in dem sich der „Ekel am Leben“ und der Wunsch, die auferlegte Lebensform abzuwerfen, „zur höchsten Innerlichkeit und Leidenschaft potenziert“. In der Kraft dieses Wunsches „hält er die ganze Herde verstimmter, entmutigter, verzweifelter, verunglückter Wesen am Leben fest. Gerade weil er selbst krank ist, ist er ihr geborener Hirte“. Nicht umsonst konzentriert sich Nietzsches Aggression auf diesen Inbegriff der Lebensverneinung und der Verführung dazu, der die Moral erfand, um Geist, Männlichkeit, Stolz, Schönheit und Freiheit des Herzens zum „Bösen an sich“ zu erklären und der sogar Not, Tod und jede Art von Elend, einschließlich Alter, Mühsal und Krankheit erfand, um die Wissenschaft zu bekämpfen und den Menschen vom Denken abzuhalten. Schon die berühmte Geschichte vom Paradies, in dem sich Gott in einem Fehlgriff ohnegleichen den Menschen als seinen Rivalen erschafft, ist, richtig verstanden, die Geschichte von der Höllenangst Gottes vor der Wissenschaft.[50]

Dem entspricht Nietzsches kritische „Psychologie des Glaubens“, die er sich eigentlich erlassen möchte und die er dann doch in direktem Blick auf Paulus und heimlicher Anspielung auf *Lessing* skizziert. Denn dieser sah sich durch die Historisierung des tragenden Zeugnisses, mit der der paulinische „Beweis des Geistes und der Kraft“ (1Kor 2,4) seine Überzeugungskraft verlor, vor den unüberwindlichen „Graben“ der entscheidenden Glaubenskrise gestellt.[51] Nietzsches Einwand geht stattdessen von der dem Glauben verheißenen „Seligkeit“ aus. Als jenseitig sei sie unkontrollierbar und als Lustgewinn das Gegenteil der Opfer, Entbehrungen und Verzichte, mit denen jeder „schrittbreit“ Wahrheit erkauft werden müsse. Damit greift er auf eine frühere Bestimmung zurück, in der er den Glauben als einen Mantel, Vorwand und Vorhang bezeichnet hatte, „hinter dem die Instinkte ihr Spiel“ treiben.[52]

In dieser Tendenz, das Problem des Glaubens ins Emotionale zu verlegen, tritt ein neuer, mit Nietzsches Aggressivität scharf kontrastierender Zug seiner Christentumskritik zutage: seine Stilkritik. Während er sich selbst in mindestens ebenso massiven Vergröberungen und Grobheiten ergeht, wie er sie dem Christentum unablässig vorwirft, nimmt er für sich selbst jene Delikatesse des Empfindens in Anspruch, die er für den Umgang mit der Gestalt Jesu als die einzig angemessene erachtet. Sein Jesusbild wirkt wie eine Filigranzeichnung, die kaum das Tageslicht erträgt. Dieser sensible Umgang mit ihm ist unerlässlich, weil der „psychologische Typus des Erlösers“ in den Evangelien nur fragmentarisch und „mit fremden Zügen überladen“ erhalten und darüber hinaus in seiner Vorstellbarkeit durchaus fraglich sei.[53] Dieser Typus konnte gar nicht „frei von Zutaten“ bleiben, weil das Milieu, in dem er überliefert wurde, in seiner Gestaltzeichnung Spuren hinterließ und weil sich ihr „rückwirkend“ Züge eingravierten, wie sie sich aus dem Schicksal der in Kämpfe verstrickten und um Propagande bemühten „ersten christlichen Gemeinde" ergaben. Daher ist nur von einem möglichst behutsamen Umgang mit dieser Gestalt zu hoffen, dass sie mit einiger Verlässlichkeit unter den verfremdenden Übermalungen freigelegt werden kann. Sofern dies gelingt, kommt in ihr der erste und wahre, aber auch der bereits am Kreuz gestorbene letzte Christ ans Licht.

V. Die Rekonstruktion

Die Perspektive

Trotz des von *Jaspers* registrierten Willens, den zunächst mit allen Mitteln bekämpften Gegner überleben zu lassen, und trotz Nietzsches eigenem Zugeständnis, dass das Christentum noch jederzeit möglich sei, endet der „Haupttext“ seiner Christentumskritik genau so mit einer Todeserklärung, wie seine Theomachie mit der Todeserklärung Gottes geendet hatte. Doch dazu bemerkte *Franz Overbeck*, der im Umgang mit *Nietzsche* bisweilen den Eindruck hatte, einem Akt der Selbstverbrennung beizuwohnen, dass das „Gott ist tot“ nicht die Existenz Gottes, sondern lediglich die Wirksamkeit des Gottesgedankens im herrschenden Bewusstsein bestritten habe. Nur diesen „menschenmöglichen“ Atheismus habe Nietzsche vertreten, nicht jedoch den über das Dasein Gottes befindenden „übermenschlichen“, „wenigstens nicht in seinen zurechnungsfähigen Tagen“[1]. Dabei ergibt sich bei der Beschreibung der auf diesen „Tod hinauslaufenden Verfallsgeschichte Gottes“ eine auffällige Überschneidung mit der Charakterisierung Jesu. Wie es vom Christen heißt, dass er dem, der gegen ihn böse ist, weder „durch Wort, noch im Herzen Widerstand leistet“, und wie von Jesus selbst gesagt wird, dass er weder widersteht noch sein Recht verteidigt, ja keinen Schritt tut, „der das Äußerste von ihm abwehrt“, so heißt es auch von dem seiner Euthanasie entgegengehenden Gott:

> *Er wird jetzt Duckmäuser, furchtsam, bescheiden, rät zum „Frieden der Seele“, zum Nicht-mehr-hassen, zur Nachsicht, zur „Liebe“ selbst gegen Freund und Feind.*[2]

So scheint alles, die Christentumsgeschichte ebenso wie die sie tragende Gottesgeschichte, auf die von *Gerd-Günther Grau* mit großem Nachdruck herausgestellte „Selbstauflösung des Christentums“ hinauszulaufen, wie sie Nietzsche gegen Ende seiner ‚Genealogie der Moral‘ angekündigt hatte. „Nach dem Gesetz der *notwendigen* ‚Selbstüberwindung‘ im Wesen des Lebens“, so dekretierte er dort, sei das Christentum „als Dogma“ zugrunde gegangen, und zwar „an seiner eigenen Moral“. So müsse es nun aber auch „als Moral“ noch zugrunde gehen, und das in jenem „großen Schauspiel in hundert Akten, das den nächsten zwei Jahrhunderten Europas aufgespart“ bleibe.[3]

Doch dieser Konsequenz widerspricht Nietzsche nicht nur verbal mit seiner Idee eines jederzeit noch möglichen Christentums, sondern auch grundsätzlich durch die doppelte Verneinung, auf die seine Kritik letztlich hinausläuft. Denn so sehr sein Gottesbegriff noch in der „fröhlichen Wissenschaft“ der des anselmischen Arguments und im ‚Zarathustra‘ der der spekulativen Tradition ist – in ihrem „Leierlied“ persiflieren die Tiere Zarathustras schon früher gegebenem Hinweis zufolge die Gottesvorstellung von der „unendlichen Sphäre“, deren Umfang nirgendwo und deren Zentrum überall ist (*Mahnke*) –, so nähert er sich im ‚Antichrist‘ doch unverkennbar dem Gott Jesu Christi an, dem Gott der Liebe „gegen Freund und Feind“. So aber entsteht eine Nullpunkt-Situation, die als doppelte Verneinung das noch mögliche Christentum nur wie eine Schöpfung aus dem Nichts aus sich hervorgehen lassen kann. Trotz des entgegengesetzten Anscheins wird diese denkbar, wenn man Nietzsches Idee der Selbstauflösung des Christentums im Gegensinn auffasst und es von seinen Verfremdungen auf seine in und mit dem „ersten“ – und letzten – „Christen“ gegebene Urgestalt zurückverfolgt.

Das Modell

Dafür bietet sich ein Modell von hohem literarischen Rang an: die bereits angesprochene Todesszene aus *Hermann Brochs* Roman ‚Der Tod des Vergil‘, in welcher der Dichter sterbend das Sechs-Tage-Werk rückläufig, mit Broch gesprochen, im Sinn einer „Rückschöpfung“, durchmisst. Dabei entsteht der Eindruck, dass sich der Sterbende beim Abwurf der durchschrittenen Seinsregionen – der Menschen-, Tier-, Pflanzen-, und Sternenwelt – seiner Urgestalt schrittweise annähert. Ebenso führt das rückläufig verfolgte Konzept der Selbstauflösung aus den Stadien der Entfremdung auf die von Nietzsche postulierte Urgestalt des Christentums zurück, die mit dem Abwurf der überlagernden Interpretamente immer reiner zutage tritt. Doch dies nicht etwa, wie man vermuten könnte, in Form einer fortschreitenden Beseitigung der verfremdenden Überlagerungen, die nur zum „Symbol“ der Verneinung dieser Implikate geführt hätte, sondern in ständigem Rückbezug auf den vermutlichen Grund dieser Überlagerungen. Wo Nietzsche nur Verstörung und Verderbnis sieht, muss es für die von ihm behauptete Verfremdung zumindest eine Anfälligkeit, wenn nicht gar eine Affinität für die von ihm ausgemachten Faktoren Judentum, Platonismus, Mysterienkulte und Asketismus gegeben haben. Denn seiner Grundkonzeption, wonach das Christentum, unabhängig von Jesus, als Folge einer sich ständig vergröbernden Fehlinterpretation entstand, widerspricht er schon mit diesem Begriff und erst recht, wenn er in der einschlägigen Nachlassnotiz behauptet, dass der verfremdende Faktor „Herr“ seiner – wie immer dann zu denkenden – Urgestalt geworden sei. Dass in diesem Sinne weitergedacht werden muss, entspricht auch dem sich für die Rekonstruktion anbietenden Modell. Denn der von Broch beschriebene „Schöpfungsrücklauf“ führt stets auf jene Stufe zurück, welche die verlassene zur Voraussetzung hat: so die Stufe des Menschlichen die des Tierischen, diese die der Pflanzenwelt, diese wiederum die Erden- und Sternenwelt, die ihrerseits aus dem uranfänglichen Wort, dem Ziel des Sterbevorgangs, hervorging.

Unter dem Eindruck dieses Modells und Nietzsches unwillkürlichem Eingeständnis wird sich die Rekonstruktion somit so gestalten müssen, dass von dem jeweils anvisierten Implikat auf die mit dessen Ausgrenzung zum Vorschein kommende Urgestalt zurückgeschlossen wird, die sich schließlich dadurch ergibt, dass sie in ihrer Anfälligkeit für Judentum, Platonismus, Mysterienkulte und Asketismus zum Vorschein kommt. Offen bleibt dann allerdings die Frage, wie sich dieses Ergebnis mit Nietzsches Bild von Jesus als dem Inbegriff der Verneinung jedes Gegensatzes und jeder festen Form vereinbaren lässt. Doch selbst wenn diese positiv beantwortet werden kann, stellt sich dann immer noch die – höchst aktuelle – Frage nach dem, was dieses Ergebnis für das konkret existierende Christentum bedeutet oder ihm doch zu sagen hat.

Die Rückschöpfung

Die Nachlassnotiz, in der Nietzsche die verfremdenden Faktoren benennt, gibt keinen Aufschluss über die zeitliche Abfolge dieser Überlagerungen. Wohl aber erlaubt die Intensität seiner jeweiligen Kritik einen Rückschluss auf den jeweils bewirkten Grad der Verfremdung. Und da steht für ihn fraglos der „Judaismus“ obenan, zumal er dafür den von ihm besonders inkriminierten Apostel Paulus haftbar macht. An zweiter Stelle steht für ihn der Asketismus, in dem er den Hauptgrund für die von ihm besonders hart angegriffene Lebensfeindlichkeit des Christentums erblickt. Diese geht für ihn gleicherweise auf den Einfluss des „Dysevangelisten“ Paulus mit seiner Verlagerung des Schwergewichts der Dinge hinter das Dasein wie auf die Infiltration durch die platonische Ideenlehre zurück, die das Christentum zu einem „Platonismus fürs Volk“ pervertierte.[4] „Und wie viel Plato ist noch im Begriff ‚Kirche‘, in Bau, System, Praxis der Kirche!“[5] Zu alledem treten Implikationen hinzu, die den antiken Mysterienreligionen mit ihren Heils- und Erlösungsvorstellungen entstammen.[6]

Mit seiner These von der Rejudaisierung der Botschaft Jesu rührt Nietzsche an ein ebenso sensibles wie hochaktuelles Problemfeld, das sich nach

Umfang und Tiefe weit über die von ihm kritisierten Motive hinaus erstreckt. Was er mit äußerster Heftigkeit attackiert, ist vor allem die Vorstellung vom Opfertod Jesu und seiner Voraussetzungen, die er sowohl im Bild des zürnenden und strafenden Gottes als auch in der Lehre von der Schuldverhaftung und Sündhaftigkeit des Menschen erblickt. Wenn er diese Vorstellung als Absturz in ein „schauderhaftes Heidentum" denunziert, wirft er zugleich die Frage nach ihrem Ursprung und den Gründen ihrer Akzeptanz auf, die sich für ihn durch die Verdrängung der ursprünglichen Liebesbotschaft durch eine Ideologie des Hasses und der Rache erklärt.

Was die Tiefe des Problemfelds anlangt, so reicht es bis in die Frage nach dem Gottesbild Jesu und seinem Verhältnis zu der Idee eines drohenden, rächenden und strafenden Gottes hinab. Das aber ist jene Dimension, die sich Nietzsche durch seine antichristlichen Vorurteile verbaute, sodass von seinen Prämissen her allenfalls extrapolierend auf sie zurückgeschlossen werden kann. Im Sinn seiner Dialektik führt dieser Rückschluss dann aber doch so weit, dass in seinem Sinn sowohl das ambivalente Gottesbild, in dem die Christenheit bis zur Stunde befangen ist, ebenso wie der Komplex Sünde und Satisfaktion in Frage gestellt werden kann. Weiter als von Nietzsche angenommen ist das Problemfeld zunächst schon deshalb, weil seine Antwort auf die von ihm gestellte Frage nach der Herkunft der Sünde zu kurz greift. Denn mit dem Rückverweis auf das Judentum wird das Problem lediglich verlagert, nicht aber gelöst. Wenn man im Sinne heutiger Einsicht davon ausgeht, dass die Wurzel aller Bosheit und Rachsucht in der Todverfallenheit des Menschen besteht, liegt auch schon der Grund von Nietzsches Unterlassung auf der Hand. Wie für den ganzen Idealismus, als dessen letzten Epigonen ihn *Heidegger* erwiesen hat, stellt sich der Tod auch für Nietzsche noch nicht als Thema philosophischer Besinnung, im Gegenteil: für ihn gibt es „unter den Menschen keine größere Banalität als den Tod"[7]. Damit hat er sich dann aber auch den Zugang zum tatsächlichen Hintergrund der von ihm als „jüdische Erfindung" abgefertigten Sünde verbaut.[8] Wiederum war es seine Intimfeindschaft gegen Paulus, die ihm den Blick verstellte. Zwar ist dessen Rede vom Tod als dem „Sold der Sünde" (Röm 6,23) altbekannt; dem genauer Zusehenden hätte jedoch nicht entgehen können, dass Paulus in seiner Korrespondenz mit Korinth genau das Gegenteil und das mit mächtiger Betonung in dem Ausruf sagt: „Tod, wo ist dein Sieg? Tod, wo ist dein Stachel?" (1Kor 15,55), den er im Folgesatz mit dem den Tod als Sklaventreiber imaginierenden Bildwort erläutert: „Der Stachel des Todes ist die Sünde, die Kraft der Sünde aber das Gesetz." Denn damit kehrt er die gewohnte Konsekution in ihr Gegenteil um, sodass nun der Tod nicht mehr als Folge, sondern als Urheber und Motor der Sünde erscheint.[9]

Weiter als von Nietzsche angenommen ist das von ihm aufgerissene Problemfeld aber vor allem auch deshalb, weil sich mit ihm die von *Ludger Schenke*, wenngleich nur zögernd, aufgeworfene Frage nach einem – schon in der Urgemeinde einsetzenden – „Rückfall hinter Jesus" stellt.[10] Sofern sie im Sinne Nietzsches gestellt werden kann, müsste sie allerdings anders, als Frage nach dem vom Christentum begangenen „Abfall" von Jesus formuliert werden. In jedem Fall aber ginge es dabei um das Problem der Übereinkunft des Christentums mit der Botschaft, der Lebensleistung und der Person seines Stifters und damit um das sich mit wachsender Dringlichkeit stellende Problem seiner Identität.

Der mit dem Verfall des Götterglaubens auf den antiken Menschen eindringende Schicksalsglaube brachte es mit sich, dass sich eine lähmende Lebensangst seiner bemächtigte, die dem Einbruch weltflüchtiger und dualistischer Tendenzen nach Art der Gnosis Vorschub leisteten.[11] Da mit dem Götterglauben auch das Gefühl der Geborgenheit im Kosmos verloren ging, wurde die Welt zu einem Ort der Bedrohung und des Kampfes, den man nur kämpferisch, leidensbereit und im Vertrauen auf die erlösende Kraft überweltlicher Mächte bestehen konnte. So trat an die Stelle des vor allem von der Stoa kultivierten, affirmativen Lebensgefühls zunehmend eine asketische Stimmung, die in mehreren Schüben auch im Christentum Einzug hielt: zunächst in aktiv-kämpferischer Form, wie es Paulus, geradezu paradigmatisch, mit den Worten zum Ausdruck brachte:

> *Wisst ihr nicht, dass die Läufer im Stadion zwar alle laufen, dass aber nur einer den Siegespreis gewinnt? Lauft also so, dass ihr ihn gewinnt! Jeder Wettkämpfer lebt enthaltsam, jene, um einen vergänglichen, wir, um einen unvergänglichen Siegeskranz zu erhalten. Darum laufe ich nicht ins Leere und kämpfe ich nicht mit Luftschlägen; vielmehr züchtige und unterdrücke ich meinen Leib, damit ich nicht anderen predige und selbst verworfen werde (1Kor 9,24–27).*

Wie es sich an dieser Stelle bereits mit aller Deutlichkeit ankündigt, schlug diese Kampfbereitschaft aber schon bald auf den Kämpfer zurück, der nun selbst zum Schauplatz der zu verabreichenden „Streiche" und damit zum Gegenstand der Unterdrückung und Entsagung wurde. Für diese „diesseitige Enthaltsamkeit" war ihm jedoch, wie Nietzsche im Aphorismus „Excelsior!" der ‚Fröhlichen Wissenschaft' zum Ausdruck brachte, „jenseitige Vergeltung" in Aussicht gestellt, und dies umso mehr, als sich inzwischen, wie er hauptsächlich Paulus und seiner „*Lüge* vom ‚wiederauferstandenen' Jesus" zur Last legte, das Schwergewicht des Daseins ins Jenseits verlagert hatte.[12] Es war dann nur noch konsequent, dass die Welt zum Jammertal erklärt, das Leben verteufelt und sein Quell, der Eros, zum Laster pervertiert wurde.

Um wirksam, dauerhaft und kommunizierbar zu werden, bedurfte das jedoch noch der theoretischen Unterbauung, die der dem Judentum entstammende Schöpferglaube, für den die Welt das Werk eines sich selbst in ihr darstellenden Urhebers war, niemals erbringen konnte. Damit schlug die Stunde des Platonismus, den Nietzsche ohnehin als den großen Sündenfall der antiken Philosophie erachtete. Mit seiner Ideenlehre, die den „Kosmos der Urbilder" (kósmos tôn genôn) zum Inbegriff der wahrhaft Wirklichen erklärte, entwertete er die Lebenswelt zum bloßen Schattenreich, das als das Feld der bloßen Vermutungen immerfort auf das Reich des einzig Denkwürdig-Wahren und seine Sonne, die Idee des Göttlich-Guten hin überschritten werden musste.

Mit der ihm eigenen Vehemenz griff Nietzsche damit in die Enthellenisierungsdebatte ein, die sich an der jahrhundertelang ignorierten Differenz der biblischen und hellenistisch-spekulativen Denkformen entzündet hatte.[13] Indessen verschärfte er nicht die inzwischen bewusst gewordene Differenz; vielmehr versuchte er, den von Jesus erhobenen Wahrheitsanspruch auf eine Linie mit dem platonischen zu ziehen. Deshalb der im ‚Zarathustra' an den „Fürsprecher der kleinen Leute" gerichtete Vorwurf, er habe „keinen kleinen Irrtum" gelehrt, als er erklärte: „Ich bin die Wahrheit"; und deshalb der in der ‚Götzendämmerung' Platon unterstellte Anspruch: „Ich, Platon, bin die Wahrheit."[14] Doch damit vergriff er sich ebenso an Jesus wie an Platon. An Jesus, sofern er mit dem von ihm mit seiner Gleichsetzung erhobenen Anspruch steht und fällt, sodass er, wenn ihm dieser abgesprochen wird, unmöglich voll begriffen werden kann. Aber auch an Platon, der zwar die Wahrheit für göttlich, niemals aber sich selbst für die Wahrheit erklärte. Auf seine Weise verfiel er damit in denselben Irrtum, dem die alexandrinische Theologie erlag, als sie den johanneischen Logos aufgrund des verbalen Gleichklangs mit dem heraklitischen gleichsetzte und damit die Hellenisierung der biblischen Botschaft in die Wege leitete. Und nicht nur dies; vielmehr gab er sogar seine kritische Distanz auf, als er sich zu dem Geständnis bereitfand,

> *dass auch wir Erkennenden von heute, wir Gottlosen und Antimetaphysiker, auch unser Feuer noch von dem Brande nehmen, den ein jahrhundertealter Glaube entzündet hat, jener Christenglaube, der auch der Glaube Platos war, dass Gott die Wahrheit ist, dass die Wahrheit göttlich ist …*[15]

Doch ungeachtet dieser Anleihe hält Nietzsche seinen zentralen Vorwurf aufrecht, mit dem er Paulus ebenso auf die Linie des Platoniums zieht wie er das „aus dem Boden des Dionysischen geborene" Johannesevangelium als den Triumph der Mysterienseligkeit begriff.[16] Denn in beiden sieht er die großen Verfälscher, die der konkret gegebenen Lebenswelt ihren Glanz, ihre Triftigkeit und ihr Gewicht entzogen, indem sie dieses aus dem Diesseits in das Jenseits, sei es des Ideenhimmels oder des Christenglaubens, verlagerten.

Zumindest ansatzweise ist Nietzsche aber auch bewusst, dass aus der Hellenisierung der Botschaft die religiösen Begriffe und Dogmen hervorgingen. Das gilt für ihn ebenso für den als „kirchliche Kruditität" angeprangerten Begriff von „Gott als *Person*", für den von einem „Sohne Gottes" und der Trinität wie für die Begriffe „Reich Gottes", „Himmelreich" und „Kindschaft Gottes"[17], nicht weniger aber auch für die von ihm als „Folterinstrumente" und „Systeme von Grausamkeiten" einzuschätzenden Begriffe „Unsterblichkeit der Seele", „Jenseits" und „Jüngstes Gericht"[18]. Erst recht gilt sein Abscheu den „unverschämten Dogmen" und unter ihnen insbesondere dem von ihm als einzigem erwähnten der „Unbefleckten Empfängnis".[19]

Während er die „Entwertung" des Daseins durch den Jenseitsglauben Platon und Paulus zur Last legt, macht er für die von ihm hellsichtig wahrgenommene moralische Kopflastigkeit des Christentums in erster Linie den Einfluss der Mysterienreligionen verantwortlich. Da ihre Heilslehren die Verlorenheit und Schuldverhaftung des Menschen zur Voraussetzung hatten, bewirkten sie in dem Maße, wie sie auf das Christentum Einfluss gewannen, jene Überbewertung der Moral, der sich Jesus, der „der Vernichter der Moral" sein wollte, mit aller Kraft widersetzte, denn:

> *Jesus sagte zu seinen Juden: „das Gesetz war für Knechte, liebt Gott als sein Sohn, was geht uns die Moral an!"*[20]

Da Nietzsche im Zusammenhang mit seiner These von der Rezeption von „Kulten aller Art" wie dem der Osiris, der großen Mutter und des Mithras auch solch „düstere Begriffe" wie Hölle, wie Opfertod des Unschuldigen und „unio mystica im Bluttrinken" erwähnt, schreibt er offensichtlich auch die Entwicklung sakramentaler Riten dem Einfluss der Mysterienkulte zu.[21]

Das Prisma

Alles spitzt sich schließlich zu der Frage zu, in welchem Sinn Nietzsche als Prisma an seine Christentumskritik herangetragen werden kann, so wie er in eben diesem Sinn mit sich und seinen Schriften im Mittelteil von ‚Ecce homo' verfahren war. Die Antwort kann dann nur von diesem Mittelstück erwartet werden. Es beginnt mit einer in der Folge dann sofort wieder aufgehobenen Unterscheidung:

Das eine bin ich, das andere sind meine Schriften,

in der Nietzsche zunächst als der „posthum" Geborene hinter seinen ‚Zarathustra' zurücktritt, um diesen dann in kaum noch überbietbarer Weise als das Werk einer noch nicht erreichten Erhebung des Menschen und damit als „die Bibel der Zukunft" und den „höchsten Ausbruch des menschlichen Genius" auszugeben.[22] Wenn sein Sachinteresse, wie *Giorgio Colli* formulierte, jemals in eine „überreizte Betrachtung der eigenen Person" umschlug, dann hier.[23] Mit einer fulminanten Mischung von Arroganz, Enttäuschung und Ressentiment attackiert er hier seine Rezensenten und mehr noch diejenigen, die, weil sie keinen Zugang zu dem von ihm mit geteilten Erlebnis fanden, auch kein Ohr für seine Botschaft und die sie verlautbarenden Schriften hatten. Wer ihm in der Höhe seines Wollens nahe käme, müsste bei ihrer Lektüre „wahre Ekstasen des Lernens" erleben;

denn ich komme aus Höhen, die kein Vogel je erflog, ich kenne Abgründe, in die noch kein Fuß sich verirrt hat.[24]

Deshalb sei es nicht verwunderlich, dass ihm das Hornvieh unter seinen Verwandten, die Deutschen, nicht „in dies Labyrinth verwegenen Erkenntnisse" zu folgen vermöchten. Das gelte insbesondere von seinem ‚Zarathustra', der schon mit seinem Stil und Pathos, insbesondere aber auch mit dem Kapitel „Die sieben Siegel" tausend Meilen weit über das hinaus geflogen sei, „was bisher Poesie hieß"[25]. In der Folge konzentriert sich sein Interesse aber nicht mehr auf seine „antichristliche Bergpredigt" (*Löwith*), sondern auf den Aphorismus „Das Genie des Herzens" aus ‚Jenseits von Gut und Böse', dieses „kuriose Stück Psychologie", über das er „übrigens jede Mutmaßung darüber" verbiete, wen er an dieser Stelle beschreibe.[26] Dieses Verbot konnte allerdings *Joachim Köhler* nicht davon abhalten, in seiner Mutmaßung über ‚Zarathustras Geheimnis' den Aphorismus als Anspielung auf Nietzsches unbewältigtes Sexualproblem zu lesen, näherhin als Sublimierung von *Schopenhauers* „Genius der Gattung", dessen Drang zur Fortpflanzung er mit dem „Genie des Herzens" das mitternächtliche Glück der in sich kreisenden Ewigkeit entgegensetze.[27] Dadurch wird jedoch der erkenntnistheoretische Sinn des Aphorismus verfehlt, auf den lange zuvor schon *Hans M. Wolff* hinwies, als er den unstillbaren Drang nach Erkenntnis in Zusammenhang mit der – für ihn freilich kaum zu rechtfertigenden – Feststellung brachte, dass der „Erkennende" sich seine Geheimnisse „*wider* den Hang des Geistes und oft genug wider die Wünsche seines Herzens" abringe; indem er sich zwinge, „Nein zu sagen, wo er bejahen, lieben, anbeten möchte"[28]. Denn damit bringt er den angesprochenen Konflikt, zumindest mittelbar, in Zusammenhang mit *Pascals* Unterscheidung der raison du cœur von dem des rechnenden esprit de géometrie, die dem Pascal-Bewunderer Nietzsche zweifellos bekannt war.[29] Vor diesem Hintergrund gewinnen die beiden letzten von Nietzsche in ‚Ecce homo' zitierten Passagen des Aphorismus besonderes Gewicht. Der letzte, weil er von der Selbstbestätigung durch die Herzenserkenntnis spricht; vor allen aber der zweitletzte, weil er auf den durch sie erzielten unterschwelligen Erkenntnisgewinn eingeht:

> *Das Genie des Herzens, das die tölpische und überrasche Hand zögern und zierlicher greifen lehrt; das den verborgenen und vergessenen Schatz, den Tropfen Güte und süßer Geistigkeit unter trübem dicken Eise errät und eine Wünschelrute für jedes Korn Goldes ist, welches lange im Kerker tiefen Schlamms begraben lag.*[30]

Denn damit wird auf eine zwar metaphorische, aber unmissverständliche Weise angesagt, was von der mit Hilfe Nietzsches als prismatischer Lesehilfe erzielten Neulektüre seiner Werke zu erwarten ist: Aufschlüsse über deren Tiefenaussage, sodass sie in dieser Sicht wie das Palimpsest einer verborgenen Schrift erscheinen. Wie eine Bestätigung dessen wirkt die Bemerkung, mit der Nietzsche beim Durchgang durch seine Schriften die ‚Götzen-Dämmerung' kommentiert:

> *Ich erst habe den Maßstab für „Wahrheiten" in der Hand, ich* k a n n *erst entscheiden. Wie als ob in mir ein* zweites Bewusstsein *gewachsen wäre, wie als ob sich in mir „der Wille" ein Licht angezündet hätte über die* schiefe *Bahn, auf der er bisher abwärts lief … Und allen Ernstes, niemand wusste vor mir den rechten Weg, den Weg* aufwärts.[31]

Die durch die Neulektüre zutage geförderte „Schrift" gibt somit Aufschluss über das Bewusstsein, aus dem die einzelnen Werke hervorgingen und das sich in ihnen Ausdruck schaffte. Das bestätigt dann aufs Nachdrücklichste der von *Thomas Mann* zu Nietzsches schriftstellerischen Spitzenleistungen gezählte Abschnitt über das Inspirationserlebnis, das zur Entstehung seines ‚Zarathustra' führte, auch wenn man die dem biblischen Modell folgende Selbststilisierung in Rechnung stellt und die sich bei Nietzsche wiederholende Beteuerung, er habe auch die auf den ‚Zarathustra' folgenden Werke in kürzester Zeit geschaffen, auf die Endredaktion dieser Schriften bezieht. Dazu bemerkte *August Horneffer* aufgrund seiner Kenntnis der Manuskriptlage:

> *Nietzsche wollte in seiner letzten Zeit den Glauben erwecken, seine Bücher seien im Nu, gleichsam durch Inspiration entstanden … Das ist*

aber nur für die endgültige Niederschrift, für die Redaktion zutreffend. Die Gedankenarbeit hat viel länger gedauert, was sich ohne weiteres aus den Manuskripten ergibt.[32]

Was Horneffer aufgrund seiner Einblicke als Herausgeber folgert, wird von Nietzsche in aller Form bestätigt, wenn er seine Rückschau auf die Entstehung des ‚Zarathustra' mit der Frage einleitet:

Hat jemand, Ende des neunzehnten Jahrhunderts, einen deutlichen Begriff davon, was Dichter starker Zeitalter Inspiration *nannten? Im andern Fall will ich's beschreiben.*

Freilich beschreibt er in der Folge mit keinem Wort den Inhalt seines Inspirationserlebnisses, um so eingehender jedoch seine „Vorstellung, bloß Inkarnation, bloß Mundstück, bloß Medium übermächtiger Gewalten" geworden zu sein. Das aber kommt einer Auskunft auf die Frage gleich, in welchem Sinne er sich in diesem Mittelstück seines letzten Lebensrückblicks selbst an seine zuvor veröffentlichten Schriften heranträgt, um ihnen im Zug der damit ermöglichten Neulektüre neuartige Einblicke abzugewinnen. Und damit ist auch schon ein erster Schritt zur Beantwortung der Frage getan, in welchem Sinn dieses Verfahren auf seine Kritik des Christentums übertragen und er selbst als Medium der damit ermöglichten Neulektüre herangezogen werden kann. Auch dafür gilt dann der Satz aus seinen Bemerkungen zur ‚Götzen-Dämmerung', wonach in ihm ein „zweites Bewusstsein gewachsen" sei, wie wenn „der Wille" in ihm ein Licht entzündet hätte, in welchem ihm der abschüssige Weg der bisherigen Wahrheitssuche ersichtlich geworden sei. Damit bezieht er unwillkürlich die Bemerkung vom Eingang des Werkes auf sich, wonach er sich der von ihm angegangenen Personen immer „nur wie eines starken Vergrößerungsglases" bedient, um damit einen allgemeinen, „aber wenig greifbaren Notstand" zum Vorschein zu bringen.[33] In diesen einleitenden Abschnitten nennt er sich auch einen „Doppelgänger" seiner selbst, der über ein „zweites Gesicht" und über Einblicke in „getrennte Welten" verfüge.[34]

Die entscheidenden Auskünfte gibt jedoch erst der mit dem exorbitanten Titel „Warum ich ein Schicksal bin" überschriebene Schluss des Werkes. Schon zu Beginn bietet Nietzsche eine Selbstcharakteristik, die im Grunde nur aus seinem dialektischen Verhältnis zu sich selbst wie zu Jesus zu verstehen ist:

Ich widerspreche, wie nie widersprochen worden ist, und bin trotzdem der Gegensatz eines neinsagenden Geistes. Ich bin ein f r o h e r B o t s c h a f t e r, wie es keinen gab, ich kenne Aufgaben von einer Höhe, dass der Begriff dafür bisher gefehlt hat; erst von mir an gibt es wieder Hoffnungen.[35]

Mit dem Vordersatz widerruft er die Selbstpräsentation, mit der er die Schaffensperiode nach dem ‚Zarathustra' in seinen Bemerkungen zu ‚Jenseits von Gut und Böse' charakterisiert hatte:

Die Aufgabe für die folgenden Jahre war so streng als möglich vorgezeichnet. Nachdem der jasagende Teil meiner Aufgabe gelöst war, kam die neinsagende, neintuende Hälfte meiner Aufgabe an die Reihe: die Umwertung der bisherigen Werte selbst, der große Krieg – die Heraufbeschwörung eines Tags der Entscheidung.[36]

Im Nachsatz spielt sich Nietzsche dagegen, wie längst schon zu vermuten war, in die Rolle Jesu hinein, den er zuvor geradezu zum „Antichrist" im Sinne des leibhaftigen Widerspruchs zu dem sich auf ihn berufenden Christentum stilisiert hatte. Unverhohlen reißt er jetzt Titel und Verheißungen Jesu an sich. In Anspielung auf das von Jesus verkündete Evangelium (Mk 1,14) nennt er sich den „frohen Botschafter, wie es keinen gab"; und in unterschwelliger Berufung auf die Kolosserstelle, die Jesus „die Hoffnung auf die Herrlichkeit" nennt (Kol 1,17), versichert er: „erst von mir an gibt es wieder Hoffnungen". Sogar mit dem folgenden Satz, in dem sich Nietzsche den „Menschen des Verhängnisses" nennt, und infolge des von ihm ausgelösten Kampfs „der Wahrheit mit der Lüge von Jahrtausenden" ein Erdbeben und eine „Versetzung von Berg und Tal" ankündigt, „wie dergleichen noch nie geträumt worden ist", bleibt er, wenngleich nur noch formal, in der Spur Jesu und dessen Frage: „Meint ihr, ich sei gekommen, um Frieden auf die Erde zu bringen? Nein, sag ich euch: vielmehr Kampf!" (Lk 12,51). Tatsächlich aber hat er sich mit dieser Äußerung bereits in die volle Opposition zu dem großen Friedensstifter begeben. Deshalb nennt er sich den bei weitem „furchtbarsten Menschen, den es bisher gab", dessen Wohltätigkeit – das Wort erinnert an Apg 10,38 – der Lust am *Vernichten*" entstammt und der in beidem doch nur seiner dionysischen Natur gehorcht, „welche das Neintun nicht vom *Jasagen* zu trennen weiß"[37].

Die Gegenprobe

Die Dialektik in Nietzsches Kritik des Christentums bringt es mit sich, dass diese nicht nur als Angriff, sondern auch als Provokation verstanden werden muss. Bisweilen gewinnt man geradezu den Eindruck, dass er mit seiner Aggression das Christentum auf die Form zurückzwingen möchte, die sein Überleben unter den Bedingungen der Gegenwart ermöglicht. Dadurch provoziert er eine Gegenprobe, die in ihrem Kern in einer Überprüfung der von Nietzsche erhobenen Vorwürfe auf ihre mögliche Akzeptanz oder doch Berücksichtigung bestehen müsste. Wenn er Jesus von seinem Angriff in einer Weise ausnimmt, dass diese „Verschonung“ auf eine von der Theologie kaum einmal erreichte Einfühlung schließen lässt, und wenn er im Grunde sogar das Überleben des von ihm in seiner faktischen Realisierung verworfenen Christentums will, erhebt sich die Frage, ob seine Kritik letzten Endes nicht Anlass zu einer christlichen Selbstkritik sein müsste.

Dass dies in Erwägung gezogen werden sollte, ist zweifach begründet. Hauptsächlich in der Tatsache, dass das Christentum von Anfang an von seinen Gegnern gelernt und an ihrem Widerspruch sein Profil geschärft hat, sodann in der Beobachtung, dass sich Nietzsche zunehmend in die Rolle des Heilbringers und zuletzt sogar in die des Gekreuzigten hineinspielte. Der Hauptgrund erhellt schon daraus, dass die erste Ausformung der christlichen Lehre auf den Konflikt mit dem Judentum zurückging und dass die Kanonbildung in Reaktion auf *Markion* und dessen Kollektion der neutestamentlichen Schriften erfolgte. Auch die Dogmenbildung kann weitgehend als Reaktion auf das System der neuplatonischen Philosophie und ihrer Denkformen verstanden werden. Erst recht gilt das für die desgleichen als Reaktion auf den averroistischen Aristotelismus zu erklärende Ausgestaltung der Glaubenslehre zu einer ausgesprochenen Systemtheologie. Tatsächlich dürfte die Wende von der bildhaften zur begrifflich abstrakten Denkweise im Hochmittelalter durch die von der islamischen *Aristoteles*-Rezeption ausgehende Herausforderung veranlasst gewesen sein. Außer Frage steht schließlich die Tatsache, dass der Entwurf der historisch-kritischen Methode auf die Aufklärung und ihre kritische Bibellektüre zurückging. Bei aller Kritik an der Aufklärung fühlt sich aber auch Nietzsche verpflichtet, ihren Geist „zurückzurufen“ und sie, unbekümmert um ihre Auswüchse, „weiterzuführen“[38]. Ein Grund mehr, seine Kritik, soweit sie sich nicht in Ausfällen und gehässigen Bezichtigungen ergeht, als – wenngleich schmerzhafte – Diagnose gelten zu lassen und daraus Konsequenzen für ein vertieftes Selbstverständnis zu ziehen. Wenn man unter Berücksichtigung des Gesamtwerkes dabei den ‚Antichrist‘ als eine Art Programmschrift zugrunde legt, ergeben sich hauptsächlich folgende Komplexe:

Der Gottesbegriff, die Offenbarung, die Gestalt, Botschaft und Lebenspraxis Jesu, das Christentum als Lehre und Moral, die Kirche als Institution und System.

Was Nietzsches Gottesbegriff anlangt, so steht bei ihm nach Ausweis des Aphorismus „Der tolle Mensch“ der ‚Fröhlichen Wissenschaft‘ der Formalbegriff des Unüberdenklich-Größten im Sinn des anselmischen Gottesbeweises im Vordergrund, den er den Forschungen *Johann Figls* zufolge schon als Schüler von Schulpforta kennen gelernt hatte und auf den sich seine Frage nach dem Schwamm, der den ganzen Horizont wegwischte, bezieht.[39] Wenn er im ‚Antichrist‘ dekretiert:

> *Ein Begriff hier weg, eine einzige Realität an dessen Stelle – und das ganze Christentum rollt ins Nichts! (§ 39)*

bezieht sich der Vordersatz unverkennbar auf den frühen Versuch, mit der Proklamation des Gottestodes und seiner Verbildlichung im weggewischten Horizont den Zentralbegriff aus dem christlichen Systemgebäude herauszubrechen, so sehr die Frage offen bleiben muss, welche „Realität“ er an seine Stelle zu setzen gedachte. Eine Wende zum Inhaltlichen vollzieht Nietzsche sodann im ‚Zarathustra‘ mit der Behauptung:

> *Gott ist ein Gedanke, das macht alles Gerade krumm; und alles, was steht, drehend.*[40]

Denn mit der Zusatzbemerkung: „Dies zu denken, ist Wirbel und Schwindel menschlichem Gebein“, bringt er den Gottesgedanken unwillkürlich in Zusammenhang mit der Angst, die *Kierkegaard* mit dem „Schwindel“ angesichts eines gähnenden Abgrunds vergleicht.[41] Dieser Zusammenhang führt in eine noch größere Tiefe. Die Angst ist nach *Heidegger* ein Vorgefühl des Todes, der damit in einer zunächst ganz unvermuteten Wechselbeziehung zum Gottesbegriff erscheint. Doch diese Beziehung bestätigt sich, sobald man die Ambivalenz der beiden Begriffe ins Auge fasst. Wie die Odyssee als die wohl größte Todesdichtung der Weltliteratur mit ihrer Bildsprache deutlich macht, schwankt der Todesgedanke zwischen dem von Skylla und Charybdis verkörperten Schrecken und der durch die Sirenen symbolisierten Faszination. Gleiches gilt aber auch von dem von *Rudolf Otto* als Koinzidenz von mysterium tremendum und mysterium faszinosum gedeuteten Gottesbild der Menschheit. In seinen als „Kritik des *christlichen Gottesbegriffs*“ gekennzeichneten Ausführungen geht Nietzsche ausdrücklich auf diesen ambivalenten Gottesbegriff mit der Begründung ein, der Mensch brauche aufgrund der in ihm waltenden Spannung einen Gott, der Nutzen und Schaden, Freund und Feind sein kann. Und da er seine Existenz „nicht gerade der Toleranz“ und Menschenfreundlichkeit verdanke, braucht er „den bösen Gott so nötig als den guten“; mehr noch:

Was läge an einem Gott, der nicht Zorn, Rache, Neid, Hohn, List, Gewalttat kannte?[42]

Wie mit kaum einem anderen Motiv stößt Nietzsche mit dieser Frage in ein Krisenzentrum der Gegenwartstheologie hinein. Denn aufgrund einer schwer erklärbaren Irritation ist diese nicht nur von der „Dunkelseite" Gottes fasziniert, sondern in einem markanten Trend der Ansicht, dass nur ein Gott des Zornes, des Gerichts und der Strafe geschichtswirksam sei, während der im Gefolge des Zweiten Vatikanum favorisierte Gott der Erbarmung und Liebe als der alles tolerierende vernachlässigt werden könne. Nachdrücklicher als irgendwo sonst wird die Überprüfung daher an dieser Stelle einsetzen müssen, und das insbesondere auch deswegen, weil sich die Theologie hier wie kaum einmal sonst in einer – für sie allerdings höchst bedenklichen – Übereinstimmung mit ihrem schärfsten Aggressor befindet. Bedenklicher noch als diese Übereinkunft selbst ist jedoch ihr Inhalt; denn mit der Annahme, dass nur ein Gott des Zornes und der Strafe als geschichtswirksam gelten könne, verlässt die Gegenwartstheologie eine Tradition, die sich bis auf die Befreiung Israels aus dem „Sklavenhaus Ägypten" (Ex 20,2) zurückverfolgen lässt und die von dort bis zu der am Kreuz errungenen Befreiungstat Jesu heraufführt. Nur eine fatale Selbstvergessenheit kann diese Übereinkunft mit dem Gegner erklären.[43]

Als schroffer Opponent tritt ihr dieser dafür in der Frage der Offenbarung entgegen. Dabei steht für ihn weniger die Frage nach dem Inhalt als vielmehr die nach ihrer Klarheit und Verstehbarkeit im Vordergrund. Durch den Mund des im Schlussteil des ‚Zarathustra' auftretenden „letzten Papstes" bezichtigt er den Gott des Christentums nicht nur der „Vieldeutigkeit", sondern, gravierender noch, der Undeutlichkeit:

Er war auch undeutlich. Was hat er uns darob gezürnt, dieser Zornschnauber, daß wir ihn schlecht verstünden! Aber warum sprach er nicht reinlicher? Und lag es an unseren Ohren, warum gab er uns Ohren, die ihn schlecht hörten? War Schlamm in unseren Ohren, wohlan! wer legte ihn hinein?[44]

Das ist die von der Theologie mit unterschiedlichen Lösungsmodellen diskutierte, aber nie in dieser Radikalität gestellte Frage nach der Offenbarungsfähigkeit des Menschen. Im Grunde wurde sie schon mit *Lessings* Erziehungsmodell aufgeworfen, dann durch das Instruktionsmodell (*Seckler*) fortgeführt, aber erst durch das Immanenzmodell *Maurice Blondels* voll thematisiert. Es fällt auf, dass Nietzsche gerade in diesem Zusammenhang das Motiv des Gotteszorns erneut ins Spiel bringt, wenngleich ohne nähere Belege. Und nicht weniger auffällig ist seine Ausdrucksweise, durch die er sich, wie kaum einmal sonst, mit allen andern solidarisiert: ;„Was hat er uns darob gezürnt …!“ Dem liegt offensichtlich ein Offenbarungsverständnis zugrunde, das hauptsächlich einen Gott der Drohung und der Zornes im Visier hat. Wie aber hängt das mit dem anselmischen Formalbegriff des Göttlich-Größten zusammen, auf den sich das „Gott ist tot“ des „tollen Menschen“ bezieht?

Darauf antwortet Nietzsche mit seiner Rezeption des Motivs des göttlichen Blicks, das sich bis auf *Philon von Alexandrien* zurückverfolgen lässt, das aber auch von *Anselm von Canterbury* in seinem ‚Proslogion‘ mit der Wendung aufgenommen wurde:

Wie fern bist du mir, wie nah bin ich dir! Wie entrückt bist du meinem Blick, wie gegenwärtig bin ich deinem Blick!

Nach dem bereits erwähnten Jugendgedicht fühlte sich anfänglich auch Nietzsche von Gottes Blick innerlich getroffen und bewegt. Dann aber verdüsterte sich für ihn dieser Eindruck, sodass schon der von Zarathustra als „Mörder Gottes“ entlarvte „häßlichste Mensch“ seine Untat mit dem Geständnis begründet:

Aber er – mussste sterben: Er sah mit Augen, welche alles *sahn, er sah des Menschen Tiefen und Gründe, alle seine verhehlte Schmach und Häßlichkeit … Der Mensch erträgt es nicht, dass solch ein Zeuge lebt.*[45]

Das aber ist der Blick, von dem *Jean-Paul Sartre* sagt, er sei „die Nacht in Person, die ihn (den Menschen) auf dem Grund seiner selbst erwartet und ihn dazu verdammt, er selbst zu sein“ (Le Sursis)[46]. Die Antwort auf die immer noch ausstehende Frage nach dem möglichen Zusammenhang zwischen dem Formalbegriff des Göttlich-Größten und dem Gott des Zornes, der für Nietzsche der einzig wirksame und zudem durch die Offenbarung bekräftigte ist, ergeht vom Gegenpol dieses „inneren Grundes“ aus, also aus der „Höhe“ der allsehenden Gottes (*Cusanus*), der den Menschen mit seinem Blick nicht nur umfängt, sondern einem Psalmwort zufolge auch in einer Weise unschließt, dass er ihm damit alle Fluchtwege abschneidet:

Ringsum schließt du mich ein und umfängst du mich mit deiner Hand. Gar wunderbar ist nur dein Wissen, allzu hoch, nicht zu begreifen! Denn wohin soll ich mich flüchten vor deinem Geist, wohin vor deinem Antlitz fliehen? Steige ich zum Himmel empor, so bist du zugegen, fahre ich in die Unterwelt hinab, so bist du auch dort. Und leihe ich mir Flügel vom

Morgenrot, um mich niederzulassen am fernsten Gestade: auch dort umfasst mich deine Hand und hält mich deine Rechte (Ps 139,1–10).

Unentrinnbar an die Weisheit des Allsehenden ausgeliefert, bleibt dem Menschen nur die Zuflucht zu dem, von dem er sich umgriffen weiß. Nur Gott kann ihn von Gott erlösen. Damit führt der Weg von Nietzsches Gotteskritik zu seiner Deutung Jesu und seines Heilswerks. Wie in keinem anderen Fall nähert sich Nietzsche der Gestalt Jesu mit einer geradezu selbstkritischen Einschätzung seines Verstehens an. Im ‚Antichrist' leitet er die entscheidende Passage mit der Bemerkung ein: „Wenn ich irgendetwas von diesem großen Symbolisten verstehe". Und er beweist seine hermeneutische Fähigkeit mit der in dieser Darstellung geradezu leitmotivartig verwendeten Aussage über den, der nicht nur unter seinen Henkern, sondern in ihnen litt, betete und liebte.[47] Ähnlich, wenngleich jetzt textkritisch, klingt der Eingang zu der Passage aus ‚Jenseits von Gut und Böse'. an die sich Nietzsche bei der Formulierung des „Leitmotivs" erinnert haben dürfte:

Es ist möglich, dass unter der heiligen Fabel und Verkleidung von Jesu Leben einer der schmerzlichsten Fälle von Martyrium des Wissens um die Liebe verborgen liegt (§ 269).

Es ist, wie Nietzsche den Inhalt seiner Vermutung erläutert, das Martyrium sowohl des „unschuldigsten" als auch des „begehrendsten" Herzens, eines ebenso „Ungesättigten" wie „Unersättlichen", der „an keiner Menschenliebe je genug hatte" und deshalb „Geliebt-Werden und nichts außerdem *verlangte*", der sogar eine Hölle erfand, „um die dorthin zu schicken", die ihm diese Gegenliebe verweigerten und der schließlich im Wissen um die Vergeblichkeit seiner Erwartung „einen Gott erfinden musste, der ganz Liebe, ganz Lieben-*Können* ist; – der sich der Menschen-Liebe erbarmt, weil sie gar so armselig, so unwissend ist!". Und Nietzsche erblickt in diesem Martyrium einer menschlich unerwiderten Liebe sogar den letzten Anlass des Todes Jesu. Wie er *Sokrates* unterstellt, dass er Athen zum Giftbecher zwang, weil er sterben wollte, so behauptet er nun auch von Jesus:

Wer so fühlt, wer dergestalt um Liebe weiß, – sucht den Tod (ebd.).

Kaum einmal tritt die Hellsichtigkeit von Nietzsches Hass-Liebe so klar zutage wie an dieser Stelle, mit der er, genauer bedacht, das Christentum nach seiner Mitte befragt und von dorther herausfordert. Denn wo hätte sich dieses, so ist zu fragen, so eindeutig und uneingeschränkt zu der Erkenntnis erhoben, dass der Gott Jesu Christi „ganz Liebe, ganz Lieben-*Können*“ und, wie im Sinn der vorangehenden Wendungen zu sagen ist, „nichts außerdem“ ist? Hat es sich in der Vergangenheit nicht von dem Gott des Zornes und der Rache in Bann schlagen und in der Gegenwart von der „Dunkelseite“ Gottes faszinieren lassen und viel zu wenig auf den von Jesus entdeckten, verkündeten, erkämpften und erlittenen Gott der vorbehalt- und bedingungslosen Liebe zurückbesonnen?

Von Nietzsche stammt sogar, zumindest indirekt, die Antwort auf die Frage nach dem Grund dieses Versäumnisses. Wenn er Jesus zugute hält, dass er „mit der ganzen jüdischen Buß- und Versöhnungslehre abgerechnet“ und mit seinem Evangelium alles „abgetan“ habe, was die „Begriffe ‚Sünde‘. ‚Vergebung der Sünde‘. ‚Glaube‘. ‚Erlösung durch den Glauben‘“ besagen, nennt er die Grundpfeiler des Systems von Vermittlungen kultischer, sakramentaler und pädagogischer Art, das sich im Lauf der Christentumsgeschichte um den Kern der christlichen Heilslehre legte und weitgehend die Praxis des religiösen Lebens bestimmte. Dem stellt er allerdings mit aller Schärfe die „*Praktik*“ entgegen, die Jesus „der Menschheit hinterließ“ und die er im Blick auf dessen Kreuzesworte mit dem Satz umschreibt:

> *Nicht sich wehren, nicht zürnen, nicht verantwortlich-machen ... Sondern auch nicht dem Bösen widerstehen – ihn lieben.*[48]

Demnach besteht die „psychologische Realität der ‚Erlösung‘“ einzig und allein in einem „neuen Wandel“, verstanden als der „tiefe Instinkt dafür, wie man *leben* müsse, um sich ‚im Himmel‘ zu fühlen, um sich ‚ewig‘ zu fühlen“[49]. Denn die Lebenserfahrung, wie Jesus sie kennt, widerstrebt „jeder Art Wort, Formel, Gesetz, Glaube, Dogma“. Er redet bloß vom Innersten: „‚Leben‘ oder ‚Wahrheit‘ oder ‚Licht‘ ist sein Wort für das Innerste“[50]. „Das ‚Himmelreich‘ ist ein Zustand des Herzens“.[51] Um überhaupt etwas von diesem „ganz in Symbolen und Unfasslichkeiten schwimmenden Sein“ zu verstehen, übersetzten es die ersten Jünger jedoch in ihre „eigne Krudität“[52]. So wurde aus „dem Berg-, See- und Wiesenprediger“ der „Prophet, der zukünftige Richter“ und „Wundermann“, insbesondere aber der „Morallehrer“ und damit der Urheber dessen, was Nietzsche im Christentum sah und mit zunehmender Heftigkeit als die „Circe der Menschheit“ und „aller Denker“ bekämpfte[53]:

> *Hat man mich verstanden? – Was mich abgrenzt, was mich beiseite stellt gegen den ganzen Rest der Menschheit, das ist, die christliche Moral entdeckt zu haben.*

Den Hauptstoß gegen diese „Umwertung aller Werte ins Lebensfeindliche“ hatte er in seiner Streitschrift ‚Zur Genealogie der Moral‘ geführt, in der er wie ein Wanderer Halt machte, um „das weite und gefährliche Land zu überschauen“, das er zuvor schon durchmessen hatte[54], das er jetzt aber als den Ort des „Sklavenaufstands in der Moral“ und damit als den des schöpferisch gewordenen Ressentiments begreift.[55] Im Grunde hatte schon Platon mit seiner Entwertung der Realität dem christlichen Asketismus mit seiner Flucht ins „Selbstlose“ und seiner „Entpersönlichung“ Vorschub geleistet.[56] Nun aber entdeckt er, Nietzsche, in der „Hieroglyphenschrift“ der gesamten Moral-Vergangenheit den nackten Widerwillen gegen das Leben, eine den Willen zum Dasein untergrabende „Krankheit“, einen Racheakt am Leben. Alles käme deshalb darauf an, die Moral zu vernichten, „um das Leben zu befreien“[57].

Doch dazu bedarf es, zumindest grundsätzlich, keiner besonderen Initiative. Denn das Christentum ist der bereits erwähnten These zufolge gleich „allen großen Dingen“ zur „Selbstauflösung“ verurteilt und seit der Reformation in diesem Prozess begriffen. Wie es damals „an seiner eigenen Moral“ *als Dogma* zugrunde ging, so muss es nun auch in dem „den nächsten zwei Jahrhunderten“ aufgesparten „Schauspiel in hundert Akten“ *als Moral* zugrunde gehen, und wir – „wir stehen an der Schwelle *dieses* Ereignisses“[58]. Diese Prognose hindert Nietzsche freilich nicht daran, am Schluss von ‚Ecce homo‘ mit aller Gewalt nachzustoßen:

> *Versteht man mich? … Die Selbstüberwindung der Moral aus Wahrhaftigkeit, die Selbstüberwindung des Moralisten in seinen Gegensatz – in mich – das bedeutet in meinem Mund der Name Zarathustra.*[59]

Sofern mit dem „Moralisten“, wie es anders kaum sein kann, der „Morallehrer“ Jesus gemeint ist, rührt diese Aussage an die exorbitante Nachlassnotiz, in welcher Nietzsche im Vollbewusstsein der von ihm beanspruchten Position versichert:

> *In mir überwindet sich das Christentum.*[60]

Wenn das etwas beweist, dann die Tatsache, dass Nietzsche nicht, wie es verbal den Anschein hat, darauf ausging, das Christentum als solches, wohl aber als moralische Religion zu vernichten, so wie er nach dem Urteil *Franz Overbecks* auch nicht den „übermenschlichen“, gegen die Existenz Gottes gerichteten Atheismus, sondern nur den „menschenmöglichen“ vertrat, der die Wirksamkeit des Gottesglaubens im modernen Bewusstsein und der davon geprägten Lebenswelt in Abrede stellte. Wenn es ihm aber darum zu tun war, hat er entscheidend zur Korrektur der moralischen

Kopflastigkeit im Erscheinungsbild der christlichen Kirchen und dadurch zum Überleben des Christentums beigetragen.

Es bleibt noch, einen Blick auf seine institutionskritischen Aussagen zu werfen. Auf die Frage des Feuerhundes „Kirche? Was ist denn das?“ antwortet Zarathustra, „das ist eine Art Staat, und zwar die ‚verlogenste‘“[61]. Im gleichen Sinn hatte sie Nietzsche in der ‚Fröhlichen Wissenschaft‘ als die „Stadt des Untergangs“ bezeichnet.[62] Obwohl es auch an positiven Urteilen nicht fehlt, in denen die Kirche als die im Vergleich zum Staat „vornehmere Institution“ gewürdigt wird, die den „geistigen Menschen den obersten Rang“ sichert, überwiegen doch die kritischen, inkriminierenden und vernichtenden Aussagen. Jetzt erscheint die Kirche als Sammelbecken der in ihr organisierten Kranken, die sich die „Selbstzerstörung“ gerade des „wohlgeratensten Typus Mensch“ zur Aufgabe stellt, ja als der „Stein am Grabe eines Gottmenschen“. Vor allem aber erscheint sie nun als eine „Barbarisierung des Christentums“ und als das Zerrbild der Intentionen Jesu. Ihr fehlte nicht nur der Mut, sich zu den von ihm geforderten Werken zu bekennen; vielmehr wurde im Begriff Kirche gerade das heilig gesprochen, was der „frohe Botschafter“ verworfen hatte, und so entstand in und mit ihr „exakt das, wogegen Jesus gepredigt“ hatte. Doch nicht nur das, auch das „Christentum *verneint* die Kirche“[63]. Wenn also das „ursprüngliche Christentum“, wie Nietzsche versichert, „zu allen Zeiten möglich sein“ werde, dann seiner Vorstellung zufolge nur in einer institutionslosen Gestalt, als die Praktik eines Lebens, „so wie der, der am Kreuze starb, es lebte“[64]. Lässt man Nietzsches Gotteskritik beiseite, so entsteht auf diese Weise eine zyklische Argumentationsfolge, die von seinem Ausgangspunkt in der Würdigung Jesu wieder auf ihn zurückführt. Streng genommen führt das zu der Folgerung:

im Grunde gab es nur einen Christen, und der starb am Kreuz.

Da mit ihm aber auch das Evangelium starb, war von diesem Augenblick an das, was „Evangelium“ heißt, bereits Missverständnis, Fehldeutung, Vergröberung, Barbarisierung und Abfall. Wenn das Christentum aber trotzdem noch jederzeit möglich sein soll, muss diese Negation dialektisch verstanden werden, sodass es aus ihr wie aus einem schöpferischen Nichts stets neu entworfen werden kann. Da Nietzsche dafür aber nicht die geringsten Anhaltspunkte bietet, bleibt für eine Realisierung dieses Ansatzes nur der Weg, diesen Entwurf auf das konkret existierende Christentum zu richten. Das aber käme der Aufgabe gleich, dieses nach der möglichen Bedeutung von Nietzsches Kritik für sein Selbstverständnis zu befragen.

Die Beherzigung

Wenn sich diese Befragung nicht, wie es im Blick auf Nietzsches Aggression nur zu nahe liegt, zu einer Bezichtigung, sondern zu einem Dialog gestalten soll, muss eine Vorfrage beantwortet werden: Ist Nietzsche eine Gestalt der Christentumsgeschichte oder nicht doch nur eine aus der langen Reihe ihrer Opponenten? Dass auf diese Frage positiv votiert werden kann, ergibt sich mit Hilfe der Gegenfrage: Gehört das Christentum zur Lebens- und Denkgeschichte Nietzsches? Zwar führt sein Anspruch, dass sich das Christentum in ihm überwinde, nicht zu einer eindeutigen Klärung, umso mehr aber die bruchstückhafte Bemerkung von seinem „Nicht-fertig-werden mit dem Christentum"[65]. Wer sich so mit einer Sache, wenngleich in destruktiver Absicht, verstrickt hat, gehört in sie hinein, zumal dann, wenn in ihrer Mitte nicht nur ein Prinzip, sondern eine Person wie die von Nietzsche vielfach umkreiste Gestalt Jesu steht. Und dies um so mehr, als sich seine Kritik zentral auf den Gottesbegriff bezieht, um den sich das Christentum wie um eine Kristallisationsmitte aufbaut und den es als seine institutionelle Selbstdarstellung letztlich meint.

Unausdrücklich stellt Nietzsches Gotteskritik das Christentum zunächst vor die Frage, warum die Theologie trotz *Pascals* eindringlicher Warnung – und dies bis in ihre Trinitätslehre hinein – am „Gott der Philosophen" und den darauf bezogenen Beweisgängen festhält, obwohl sie dessen dezidierter These schwerlich widersprechen konnte:

Nicht nur Gott kennen wir allein durch Jesus Christus, Leben und Tod kennen wir allein durch Jesus Christus. Ohne Jesus Christus wissen wir weder, was unser Leben, noch was unser Tod noch was Gott ist, noch was wir selber sind.[66]

Ausdrücklich aber stellt er sie im Sinn des Schlusssatzes dieses Aphorismus zur Rede, in welchem Pascal behauptet: „Ohne ihn finden wir nur Finsternis und Verwirrung sowohl im Wesen Gottes als auch in unserer eigenen Natur". Denn dieser Satz gewinnt sein volles Profil erst vor den Hintergrund der Versicherung des Ersten Johannesbriefs:

Gott ist Licht, und Finsternis ist nicht in ihm (1Joh 1,5)[67].

Auf eben diese – vermeintliche – „Finsternis" spielt Nietzsche an, wenn er im Sinn eines auffälligen Trends der Gegenwartstheologie fragt:

Was läge an einem Gott, der nicht Zorn, Rache, Neid, Hohn, List, Gewalttat kennte?

Dabei war sich Nietzsche der von Jesus erwirkten Alternative durchaus bewusst. Nur schien sie ihm an den gegensinnigen Aktivitäten des bei aller Liebe zugleich furchterregenden Christengottes zu scheitern:

> *Wer ihn als einen Gott der Liebe preist, denkt nicht hoch genug von der Liebe selber. Wollte dieser Gott auch Richter sein? Aber der Liebende liebt jenseits von Lohn und Vergeltung.*[68]

Doch zu dem Gott des Gerichts und der Strafe war die Christenheit durch den von *Ludger Schenke* vermuteten „Rückfall hinter Jesus" gekommen, nachdem sich die Urgemeinde nicht mehr auf der Höhe der von Jesus geforderten Feindesliebe zu halten vermochte, sondern auf den ihr entgegenbrandenden Hass, wie ihr Nietzsche mit wachsender Erbitterung vorhielt, mit Rachegefühlen reagierte. Dabei markiert der Zentralsatz der lukanischen Bergpredigt die wachsende Distanz zur Botschaft Jesu; denn danach ist Gott gütig, „sogar gegen die Undankbaren und Bösen" (Lk 6,35). Somit ist die Identität von Gott und Liebe – und diese damit in höchster Reinheit – sehr wohl denkbar, vorausgesetzt, dass der Gott des Gerichts, als Gegenstand der vorjesuanischen Vorstellungswelt und damit als Selbstprojektion des Menschen ins Gottesgeheimnis hinein begriffen wird. Damit stellt nun aber Nietzsche, in dieser Konsekution gesehen, die Theologie – und durch sie hindurch die Christenheit – vor die Frage nach ihrem Verhältnis zum „Gott Jesu Christi" (*Pascal*), in letzter Konsequenz gesehen somit vor die Frage nach ihrer Identität.

Unterstrichen wird diese ins Zentrum des theologischen Gewissens stoßende Frage durch Nietzsches überraschend heftige Kritik an der christlichen Opfer- und Sühnetheorie. Überraschend deshalb, weil er sich kurz zuvor noch für den Gott des Zorns und der Rache ausgesprochen hatte.[69] Inzwischen hatte er freilich die Vorstellung von einem ebenso guten wie bösen Gott als „dualistische Fiktion" abgetan[70], insbesondere aber den hellsichtigen Gedanken von dem selbst in seinen Peinigern Leidenden und Liebenden entwickelt.[71] Nur so wird es verständlich, dass er die mit der „schauerlichen Paradoxie" des Kreuzestodes Jesu aufgeworfene Frage in der „Schuldopfer"-Lehre auf eine nicht weniger absurde Weise beantwortet sah: beantwortet durch den Rücksturz in ein „schauderhaftes Heidentum"[72]. Wenn der Grad der Erregung einen Rückschluss auf die Triftigkeit des Vorwurfs erlaubt, muss dessen Grund erkundet werden. Der aber kann nach Lage der Dinge nur darin bestehen, dass Nietzsche die – für ihn unantastbare – Würde des Kreuzestodes durch die Sühnevorstellung funktionalisiert und dadurch aufs Schwerste verletzt sah. Nur betroffen und staunend kann man sich dann fragen, warum diese Herabwürdigung erst von dem Aggressor und nicht längst schon von den dafür Verantwortlichen empfunden und denunziert wurde.

Doch für Nietzsche lag die Antwort auf diese Frage zum Greifen nah: So wenig wie die Jünger und in ihrem Gefolge die ganze Christenheit Jesus den schauerlichen Kreuzestod verzeihen konnten, waren sie bereit, auf die aus dem vermeintlichen Opfertod gezogenen Konsequenzen in Gestalt der Schuld- und Sühnepädagogik zu verzichten. Mehr noch: Das ganze System der Heilsvermittlung schien mit der Satisfaktionsvorstellung zu fallen. Nimmt man hinzu, dass diese Vorstellung auch der Rechtfertigungslehre zugrunde liegt, so schien sogar das „Kernstück des ganzen Protestantismus" (*Rohrmoser*) in Frage gestellt zu sein.[73] Damit wiederholt sich auf eine geradezu bestürzende, aber nicht minder erhellende und aufschlussreiche Weise die Situation, vor die sich Jesus gestellt sah, als er mit seiner innovatorischen Botschaft auf den Widerstand seines konservativen Umfelds stieß und als er sich mit seinem – auf die Aufhebung des Opferkults abzielenden – Tempelprotest das Todesurteil seiner auf ihrem religiösen Besitzstand beharrenden Gegner einhandelte.[74] Von Nietzsche könnte somit ein Impuls ausgehen, sich dieser Situation bewusst zu werden und die sich daraus ergebenden Konsequenzen zu ziehen.

Was Nietzsche aufgrund seiner elitären und von einem wachsenden Machtwillen stimulierten Denkweise völlig entging, war aber gerade die nächste und sich unmittelbar aufdrängende Folgerung, die sich auf die Angstpädagogik bezieht, in der alle christlichen Kirchen nach *Oskar Pfister*, ungeachtet ihrer vielfältigen Differenzen, übereinkommen.[75] Doch der Begriff Angst wird ebenso wie das in engstem Zusammenhang damit stehende Motivwort Tod im Werk Nietzsches kaum gestreift. Dennoch muss sein Ansatz, wenn er für die Selbstprüfung des Christentums fruchtbar werden soll, in dieser Richtung fortgeschrieben werden. Dann aber wird klar, dass die von den Kirchen jahrhundertelang geübte und ungemein wirkungsvoll instrumentalisierte Suggestion von Gewissens-, Sünden-, Gerichts- und Höllenängsten der Botschaft Jesu diametral entgegenstand, da diese das Christentum als die Religion der Angstüberwindung auswies. Mit ihrer Pädagogik griff die Christenheit unwillkürlich auf den von Jesus als menschliche Selbstprojektion demaskierten ambivalenten Gott (*Görg*) der Koinzidenz von Schrecken und Faszination zurück.[76] Doch ein Gott, der liebt und richtet, kann in dieser Zwiespältigkeit – und darin behält Nietzsche Recht – unmöglich der Gott der reinen und bedingungslosen Liebe sein und mit dieser gleichgesetzt werden. So aber sieht sich die Christenheit durch Nietzsche vor die Entscheidung gestellt, sich entweder von der sich ohnehin auflösenden Pädagogik der Angstsuggestionen zu verabschieden und den Gott Jesu Christi zu gewinnen oder an ihr festzuhalten und den – sich davon zusehends emanzipierenden – Menschen zu verlieren.

Zu ihrer größten Betroffenheit müssen die Kirchen aber auch feststellen, dass das bei ihrer Pädagogik vorzugsweise eingesetzte Instrument

– für Nietzsche ein ausgesprochenes „Folterinstrument“ – des suggerierten Sündenbewusstseins immer weniger verfängt und einer ethischen Indifferenz, wenn nicht gar dem Gefühl eines nur schwer erklärbaren Exkulpiertseins weicht. Hand in Hand geht damit die Erfahrung, dass alle Appelle zur „Wiederentdeckung der Sünde“ (*Fuchs*) ungehört verhallen. Wenn sich dafür überhaupt eine Erklärung finden lässt, dann in der Beobachtung, dass sich synchron mit der schon seit längerem in Gang gekommenen Glaubenswende eine Wende im moralischen Bewusstsein vollzieht, die mit *Eric R. Dodds* als die von der Schuld- zur Schamkultur bezeichnet werden kann.[77] Was der von Nietzsche als heimlicher Gewährsmann in Anspruch genommene *Heinrich Heine* mit seinem Programm der „Abschaffung der Sünde“ (*Sternberger*) lautstark postulierte, ist stillschweigend rezipiert und zur Direktive des moralischen Bewusstseins geworden.[78] Dass sich Nietzsche den authentischen Gewährsmann entgehen ließ, war die Folge seines unkontrollierten Hasses auf Paulus, der zwar im Römerbrief die nahezu zu obligatorischer Geltung gelangte These vom Tod als dem „Sold der Sünde“ aufgestellt, in der Korrespondenz mit Korinth jedoch, wie bereits erwähnt wurde, mit der Erläuterung seiner emphatischen Frage „Tod, wo ist dein Stachel?“ die ungleich plausiblere – und philosophisch nachvollziehbare – Gegenthese vom Tod als Antrieb zum Bösen entwickelt hatte.

Bevor die – unübersehbar eingetretene – Wende von der Schuld- zur Schamkultur als Absturz in die Amoralität angeprangert wird, sollte allerdings bedacht werden, dass Paulus die Undankbarkeit gegen Gott als das schlimmste Fehlverhalten und als die Ursache der Herzensverfinsterung bezeichnet (Röm 1,21). Das heißt dann umgekehrt, dass die vom Evangelium geforderte Umkehr kaum effektiver als mit der Beschämung über die unerwidert bleibende Liebe Gottes beginnen könnte. Weit davon entfernt, in die Amoralität zu führen, birgt die religiös motivierte Scham somit ein Potential, das gerade heute der Entdeckung und Auswertung harrt. Gleichwohl liegt in der angesprochenen Wende die vermutlich tiefste Ursache dafür, dass sich der heutige Christ zunehmend dem Zugriff der kirchlichen Angst- und Sündenpädagogik entzieht.

Doch dieser emanzipiert sich auch von den moralisch-asketischen Direktiven, und auch dies mit vehementer Zustimmung Nietzsches, der dem von ihm als lebensfeindlich inkriminierten Christentum vorwarf, die Welt erst wirklich hässlich gemacht, den Teufel an ihre Wand gemalt und die Quelle des Lebens – den Eros – vergiftet zu haben. Zwar sei er daran nicht gestorben, wohl aber zum Laster entartet.[79] Das aber habe es erreicht, indem es „Welt“ und „Sünde“ in eine Empfindung zusammengefasst, die Leistung der Antike durch den Traum vom „letzten *Gericht*“ entwertet und durch das Symbol des Kreuzes als eine zum Untergang reife Welt des

Unheils erklärt habe.[80] So sehr diese Anklage vor Übertreibungen strotzt, trifft sie mit ihrem Kern doch auf unbestreitbare Tatbestände, die im Interesse des von Nietzsche zugestandenen Überlebens des Christentums beseitigt oder besser, weil es sich in der Hauptsache um Verletzungen handelt, geheilt werden müssten. An der sensibelsten Stelle, die mit der Pervertierung des Eros markiert ist, aber könnte das nicht effektiver als dadurch geschehen, dass das Christentum dem Eros anstelle des von Nietzsche vermuteten Gifts das, worauf er immer noch wartet, ihr Herzblut, die Liebe, einflößen und ihn dadurch wahrhaft erlösen würde.[81]

Gleiches gilt aber auch für die selbstkritische Aufnahme von Nietzsches Institutionskritik. Zwar ist für ihn der „letzte Römerbau" der christlichen Kirche, wie bereits erwähnt, die „Stadt des Untergangs", die, „bis in die untersten Fundamente erschüttert", dem absehbaren Verfall entgegengeht, besonders in Deutschland, wo sie der von Luther inszenierte „Bauernaufstand", wenngleich gegen dessen Willen, in den Ruin trieb; denn er lieferte die heiligen Bücher, indem er sie jedermann aushändigte, auch den Händen der „Philologen" aus und nahm den Menschen durch die Beseitigung des Zölibats auch die Ohrenbeichte, dieses „heilige Ohr" und „Grab für Geheimnisse". Doch sieht er in der Kirche, zumindest anfänglich, auch den „Gegensatz zu jedem ‚Staate'", das als ein „Herrschaftsgebilde, das den *geistigeren* Menschen den obersten Rang sichert", im Vergleich zum Staat die „*vornehmere* Institution" darstellt.[82] Zuletzt aber erblickt er in der Kirche eine „Organisation der Kranken", die darauf ausgeht, den Menschen, wenn schon nicht zu verderben, so doch zu schwächen und einen „Todfeindschaftskrieg gegen alles Vornehme auf Erden" zu führen.[83] Wenn Nietzsche im ‚Antichrist' betont, dass die Kirche die „*unio mystica* im Bluttrinken" praktiziert und die in ihrem Umfeld vorhandenen „unterirdischen Kulte" in sich aufgenommen und zugleich überboten habe, verwirft er mit der Institution zusammen schließlich auch deren gesamte kultisch-sakramentale Praxis.[84] Dann aber könnte die Beherzigung dieser Kritik, ebenso wie im Fall des „vergifteten" Eros, nur darin bestehen, dass, zusammen mit der Institution auch ihre Vermittlungsformen mit Hilfe des Prinzips Liebe neu definiert und buchstabiert würden. Das gilt für das von ihm als „eine parasitische Art Mensch" geschmähte Priestertum ebenso wie für die priesterlichen Aktivitäten, von denen er nur die „Ohrenbeichte" hervorhebt, dann aber behauptet, dass durch sie „das Herdentier krank gemacht" werde, da insbesondere der „asketische Priester als der vorherbestimmte Heiland der kranken Herde" versuche, „die Kranken bis zu einem gewissen Grade unschädlich zu machen"[85]. Wenn er im Kontext dieser gewundenen Argumentation auch betont, dass es sich bei dieser bloßen „Affekt-Medikation" um keine „wirkliche Kranken-*Heilung*" handle und schließlich sogar versichert, dass der „asketische

Priester kein Arzt" sei, kann im Sinn der Beherzigung daraus eben doch auf eine genuin therapeutische Bestimmung der priesterlichen Aufgabe geschlossen werden, immer noch vorausgesetzt, dass sie aufgrund des Prinzips Liebe erfolgt.

Zuletzt aber endet Nietzsches reduktionistische Kritik des Christentums und dessen rezeptive Selbstbefragung bei der Gestalt Jesu, die so, wie sie von ihm in Abwehr aller denkbaren Unterscheidungen und Abgrenzungen beschrieben wird, in unerhörter Reinheit, um nicht zu sagen Nacktheit, zutage tritt. Zwar fällt alles von ihr ab, was ihr im Zug des kirchen- und dogmengeschichtlichen Auslegungsprozesses an Interpretamenten zugelegt wurde, die *„grobe Wundertäter- und Erlöserfabel"* ebenso wie „alles Spirituale und Symbolische", insbesondere aber die Überlagerungen durch Judaismus, Platonismus, Mysterienkulte und Asketismus. Die Reinheit, in der die Gestalt Jesu nunmehr erscheint, bringt es aber gleichzeitig mit sich, dass alle positiven Sinnlinien in ihr zusammenstürzen und konvergieren, sodass er als der leibhaftige Inbegriff der von ihm vertretenen Wahrheit und der von ihm erweckten Hoffnung und der von ihm gelebten Liebe erscheint. Was von Gott nicht ausgesagt werden kann, weil der, der ihn „als einen Gott der Liebe preist", von dieser angesichts seines Richtertums „nicht hoch genug" denkt, gilt umso mehr von dem, der sogar in seinen Feinden liebt und sich damit als die personal gelebte Liebe erweist. Im selben Maß, wie er sich dem neutestamentlichen Schlüsselsatz „Gott ist die Liebe" (1Joh 4,8. 16) verweigert, nähert sich Nietzsche somit dem – noch immer der Entdeckung harrenden – Satz an, dass Jesus so wie (nach Joh 14,6) „die Wahrheit", wie (nach Kol 1,27) „die Hoffnung" und wie (nach Eph 2,14) „der Friede" auch *die Liebe* ist.

Kein Ergebnis kann vor dem Hintergrund der von Nietzsche zumal in seinem ‚Antichrist' entfesselten Orgie von Verachtung und Hass mehr überraschen als dieses. Aber keines tritt vor diesem finsteren Hintergrund auch leuchtender hervor als dieses. Wenn es in seiner Strahlkraft begriffen wird, kommt es der Aufforderung gleich, im Sinne Nietzsches das Gegenteil dessen zu versuchen, um was es ihm thematisch zu tun war. In seiner Grundperspektive erzählte er, wie er selbst in Anspielung auf sein bekanntes Frühwerk erklärte, die Geburt und Geschichte des Christentums aus dem Geist des Ressentiments, das für ihn soviel wie Rache besagte. Im Gegenzug dazu käme es nun darauf an, diese Geschichte neu und jetzt aus dem Geist der von Jesus gelebten Liebe zu erzählen. Vermutlich bestünde darin die Rekonstruktion des Christentums, die ihm als das – utopische – Fernziel seines Hasses vor Augen stand. Vermutlich wäre er erst damit wirklich verstanden, sofern es dabei nach *Schleiermacher* darum ginge, ihn besser zu verstehen als er sich, verstrickt in seine „Todfeindschaft", selbst zu verstehen vermochte.

Epilog

Wenn Nietzsches kritische Rekonstruktion des Christentums etwas beweist, dann die von der Forschung zu wenig berücksichtigte Tatsache, dass der Gottesgedanke im Zentrum seiner Kritik steht, obwohl das, mit ihm zu reden, „nicht auf jeder Hand“ liegt, also eher indirekt als thematisch zum Ausdruck kommt. Daher steigert sich seine Kritik von der Bildungskritik zur Kultur- und Zeitkritik, von dieser zur Moralkritik und schließlich zu der in seiner „antichristlichen Bergpredigt“ (*Löwith*) vorweggenommenen und im ‚Antichrist‘ gipfelnden Kritik des Christentums. Schon in der von ihm als vorausgeschickte Interpretation des ‚Zarathustra‘ verstandenen ‚Fröhlichen Wissenschaft‘ intoniert er das „Gott ist tot“, in dem *Ernst Jünger* das „dreifache Aufsetzen des Heroldssstabs“ vernahm, das den „Eintritt neuer Mächte“ verkündigt und fortan das gesamte Spätwerk durchhallt.[1] Wenn er seine Gotteskritik mit der Bemerkung einschränkt, dass im Grunde nur der „moralische Gott“ widerlegt sei, und deren Effekt darin erblickt, dass sie nicht etwa zur „Selbstzersetzung Gottes“, sondern nur dazu führe, dass er seine „moralische Haut“ ausziehe, wertet er seine Moralkritik unverkennbar als indirekte Gotteskritik. Indessen bleibt diesem „enthäuteten“ Gott dann immer noch der Leib seiner institutionellen Selbstdarstellung in Christentum und Kirche. Wenn er in der von Jesus verkörperten und gelebten Innerlichkeit erfasst und ergriffen werden soll, muss auch diese Hülle demontiert werden. Weil sie ihm jedoch buchstäblich „auf die Haut geschrieben“ ist, bedarf dies eines äußersten, vom Aufgebot aller argumentativen, rhetorischen und emotionalen Energien getragenen Kraftakts, wie er sich schließlich im ‚Antichrist‘ entlädt. Das aber heißt umgekehrt, dass er im institutionell verfassten Christentum letztlich eine soziale Metapher Gottes erblickt.

Von daher erklärt sich die Doppelstrategie seines Angriffs. Weil er im Christentum ein um den Gottesbegriff als Kristallisationskern aufgebautes „System“ erblickt, geht es ihm zunächst darum, den „Hauptbegriff“ aus dieser „zuammengedachten und ganzen Ansicht der Dinge“ herauszubrechen. Weil der „frohe Botschafter“ dieses Gottes, der als erster und einziger Christ bereits am Kreuz starb, für ihn „ein ganz in Symbolen und Umfasslichkeiten schwimmendes Sein“ ist, denkt er die Geschichte des Christentums genealogisch, als die eines „schrittweise immer gröberen Missverstehens“ dieses ursprünglichen Symbolismus, da das Christentum auf seinem geschichtlichen Weg „den Unsinn aller Arten kranken Vernunft in sich hineingeschluckt" habe . Da „der Wille" in ihm ein Licht „über die schiefe Bahn" angezündet habe, „auf der er bisher abwärts lief", sei es ihm als Hermeneut gegeben, den Gang dieser vergröbernden Fehldeutung zu entdecken und das Christentum durch die Enthüllung seiner Entstehungsgeschichte zu widerlegen. So hatte er es bereits für die Destruktion des Gottesbegriffs in der ‚Morgenröte' ins Auge gefasst:

> *Ehemals suchte man zu beweisen, dass es keinen Gott gebe – heute zeigt man, wie der Glaube, dass es einen Gott gebe, entstehen konnte und wodurch dieser Glaube seine Schwere und Wichtigkeit erhalten habe; dadurch wird ein Gegenbeweis, dass es keinen Gott gebe, überflüssig (I, § 95).*

In der ‚Fröhlichen Wissenschaft' legt er es dann aber doch auf eine förmliche Widerlegung des Gottesgedankens an, zumal dieser seit dem Proslogion-Argument des *Anselm von Canterbury* die Existenz Gottes im Sinn des Satzes „essentia involvit existentiam" zu implizieren und damit, streng formal gefasst, zu beweisen schien. Da dieser „ontologische" Beweis aber nach dem Urteil *Heines* selbst *Kants* Kritik der Gottesbeweise unbeschädigt überstanden hatte, konzentrierte sich sein Angriff auf die Widerlegung dieses Arguments, gegen das er, da es offensichtlich argumentativ nicht zu widerlegen war, seine ingeniöse Sprachkraft einsetzte. Ausgangspunkt war für ihn dabei die Umsetzung des Formalbegriffs des unüberdenklich Größten in eine für den Entwurf einer Bildgeschichte brauchbare Metapher, wie sie dann auch tatsächlich im Motiv des weggewischten Horizonts die Entstehungsgeschichte der „Parabel vom tollen Menschen" beherrschte. Spricht er bei dieser Einschätzung des „ontologischen" Arguments nur für sich oder steht er dabei in einem – wenngleich kritisch-distanzierten – ideengeschichtlichen Kontext?

Der Dreischritt

In seinem geistvollen Pascal-Buch ‚Christliches Bewusstsein' setzte *Romano Guardini* das anselmische Argument in eine zweifache Beziehung, sowohl zu *Pascals* Argument „du pari", bekannt als das der „Wette", als auch zu *Kierkegaards* Reflexion über das „absolute Paradoxon" in seinen ‚Philosophischen Brocken'. Übereinstimmend mit dem – vermutlich aus *Tertullians* Rede von der aeterna linea – hervorgegangenen Bildbegriff des Horizonts bestimmt Kierkegaard die Gottesidee als die „der Grenze", an der sich das Denken insofern „totläuft", als die Vernunft bei dem Bedenken in ihren eigenen Untergang einwilligen muss. Der aber ist unerlässlich, weil sich das gesuchte Dasein Gottes nicht einstellt, solange sie den Beweis zu führen sucht, sofort jedoch, sobald sie die Beweisführung aufgibt. Es verhalte sich damit, erläutert Kierkegaard, wie mit den kartesianischen Puppen, die sich aufrichten, sobald man sie loslässt. Da aber das Loslassen dem Untergang der Vernunft gleichkommt, entsteht damit jene riskante Entscheidungssituation, die von Pascals „Wette" durchgespielt wird.

Doch dem Dreischritt von Anselm über Pascal zu Kierkegaard fehlt der kritische Gegentakt, solange nicht Nietzsche in aller Form in dieses Konstrukt einbezogen wird. Zudem fehlt ihm dann, zusammen mit dem Kontrast, die theologische Stringenz und Tiefe. Denn Nietzsche setzte den anselmischen Formalbegriff nicht nur mit dem Motiv vom weggewischten Horizont ins Bild; indem er dieses zu einem Antigleichnis entfaltete, brachte er ihn, zumindest mittelbar, auch in den von Pascal geforderten christologischen Kontext. Denn für diesen gilt im Vorgriff auf jede Gottesbeziehung und jeden Gottesbeweis:

> *nicht nur Gott erkennen wir allein durch Jesus Christus; auch uns selbst erkennen wir nur durch Jesus Christus; Leben und Tod erkennen wir allein durch Jesus Christus. Ohne Jesus Christus wissen wir weder, was Leben und Tod sind, noch was Gott ist, noch was wir selber sind (§ 548).*

Der Symbolismus

Ohne diesen Rückbezug auf den „einzigen Mittler zwischen Gott und den Menschen" (1 Tim 2,5) sind alle Brücken zu ihm, die intellektuellen wie die existentiellen, ins Leere gebaut. Es grenzt an eine geradezu groteske Paradoxie, dass dies ausgerechnet durch den „Besieger Gottes und des Nichts" in Erinnerung gerufen und geltend gemacht werden musste. In diesem Zusammenhang gewinnt seine genealogische, die Geschichte des Christentums als die eines zunehmenden Verfremdungsprozesses deutende Ableitung ganz besonders Gewicht. Denn sie nimmt ihren Ausgangspunkt in einem „Symbolismus", den Nietzsche schon in ‚Jenseits von Gut und Böse' mit den denkwürdigen Worten umschrieben hatte:

> *Es ist möglich, daß unter der heiligen Fabel und Verkleidung von Jesu Leben einer der schmerzlichsten Fälle vom Martyrium des Wissens und die Liebe verborgen liegt: das Myrtyrium des unschuldigsten und begehrendsten Herzens, das an keiner Menschenliebe je genug hatte, das Liebe, Geliebt-Werden und nichts außerdem verlangte.*

Das aber sei, so entfaltet Nietzsche diesen Gedanken, der Exzess einer Liebe, die in ihrem Übermaß gleicherweise eine Hölle für diejenigen erfinden musste, die sich ihr verweigerten, wie einen Gott, der „ganz Liebe" ist und sich als solcher der armseligen und unwissenden Menschen-Liebe erbarmt und, wie zu ergänzen ist, im unvermeidlichen Scheitern dieses Entgegenkommens schließlich den Tod sucht. Hier rührt Nietzsche, wie nicht deutlich genug hervorgehoben werden kann, im Unterschied zur nahezu gesamten, im ambivalenten Gottesbild der Menschheitstradition befangenen Denkweise seines Umfelds an Jesu Entdeckung des Gottes, der „ganz Liebe" ist, wenn auch nur hier. Denn noch in der ‚Fröhlichen Wissenschaft' hatte er erklärt, dass man von der Liebe zu gering denke, wenn man sich, wie er schließlich im ‚Antichrist' präzisiert, auf die dualistische Fiktion eines guten und eines bösen Gottes einlasse; denn ein Gott, der zugleich Richter, selbst ein gnädiger Richter sei, könne unmöglich „ein Gegenstand der Liebe werden". Mit seiner Angrenzung an den Gott, der „ganz Liebe, ganz Lieben-*Können* ist", aber hatte er unausdrücklich *Pascals* Grund-Satz zugestimmt, dass aus christlicher Sicht der Zugang zu Gott ausschließlich durch Jesus vermittelt wird, sodass Gottesbeweise allenfalls im Stil des Risikospiels der „Wette" geführt werden können.

Ungleich wichtiger ist jedoch die zweifache Angrenzung an *Kierkegaard.* Ausdrücklich in dem Wort von dem unter der Hülle der Jesus-Vita verborgenen „Martyrium der Liebe", mit dem er sich weitgehend, wenn auch nicht völlig, auf Kierkegaards These vom Leiden Jesu an seiner Unkenntlichkeit einstimmt, mit dem ihm der Becher des Schmerzes noch einmal, und jetzt „ein bitterstes mal", gereicht werde. Unwillkürlich fragt man sich, ob mit dem „Leitwort", wonach Jesus nicht nur durch seine Peiniger, sondern in ihnen gelitten habe, nicht Ähnliches gemeint ist. Wichtiger noch für den Zusammenhang ist jedoch die unausdrückliche Angrenzung, die das Motiv des „Loslassens" betrifft. Unschwer kann man Nietzsches gesamte Kritik als Aufforderung zur Verabschiedung und Lossagung vom Christentum verstehen. Dann aber berührt er sich darin mit Kierkegaards Gedanken, dass man vom Versuch eines Gottesbeweises ablassen und den Beweis wie eine kartesianische Puppe „loslassen" müsse, wenn sich das Dasein Gottes einstellen solle. Dasselbe darf aber angesichts von Nietzsches positiver Prognose von seiner Kritik angenommen werden. Sie insinuiert die Lossagung von dem als Fehlinterpretation der Ursymbols denunzierten Christentum in der geheimen Erwartung, dass sich dann dessen auch heute noch mögliche Urgestalt wiederherstellen möge. Denn so, wie die großen Kulturgestalten nach der mehrfach erwähnten Prognose der ‚Genealogie der Moral' dazu verurteilt sind, an sich selbst und ihrem eigenen Hervorbringen zugrunde zu gehen, so ist auch ihre Wiederherstellung letztlich nur von ihnen selbst zu erwarten.[2]

Die Wiederkunft

Im Grunde war Nietzsche davon überzeugt, dem Christentum lange vor dem im ‚Antichrist' eröffneten „Todkrieg" bereits durch seine Lehre von der ewigen Wiederkehr den Todesstoß versetzt zu haben. Denn damit widersprach er dem jüdisch-christlichen Geschichtskonzept, das vom Beginn in der Schöpfung auf das in der Parusie erreichte Ziel hinführte, indem er bewusst – und mit äußerster Betonung – auf das antike Modell der ewig in sich kreisenden Welt zurückgriff. Und damit widerrief er *Hegels* Prognose vom ständigen Fortschritt im Bewusstsein der Freiheit. Nachdem er in seinem Lebensrückblick ‚Ecce homo' aber feierlich erklärt hatte:

erst von mir an gibt es wieder Hoffnungen,

konnte er nicht anders votieren. Denn der Fortschritt, den Hegel als das Formgesetz des zukunftsgerichteten Geschichtsmodells ausmachte, ist nach *Karl Löwith* eine säkularisierte, von ihrem endzeitlichen Erfüllungsziel abgekoppelte und auf innerweltlich Machbares zurückgebeugte Hoffnung. Nachdem Nietzsche diese an sich gerissen hatte, konnte er sie nicht mehr dem von der Vorsehung und dem Geist Gottes gesteuerten Gang der Geschichte überlassen; vielmehr musste er nun umgekehrt die Geschichte auf einen – letztlich mit ihm identischen – Augenblick zurücknehmen, indem er die Welt ewig um „sich" – im Doppelsinn dieses Wortes – kreisen ließ. Doch damit geriet er selbst, und mit ihm alles, was er unternahm, in diese Kreisbewegung hinein. Deshalb war für ihn mit der Todерklärung Gottes nicht das letzte Wort gesprochen; vielmehr musste er mit dessen Wiederkehr rechnen, wie es dann auch in wiederholten Äußerungen zum Ausdruck kam. Und deshalb kam auch sein Kampf gegen das Christentum mit seinem vernichtenden End-Urteil nicht an sein wirkliches Ziel und Ende. Vielmehr nötigte ihn die – letztlich als sein Identitätsprinzip zu verstehende – Idee von der ewigen Wiederkehr dazu, ihm eine Wiederkunft, wenngleich in dogmen- und ritenloser Gestalt, in Aussicht zu stellen. Er wäre nicht der „Wahrsagevogel-Geist" gewesen, der zurückblicken musste, um sagen zu können, was kommen wird, wenn er das in Abrede gestellt hätte. Er hätte es nicht gekonnt, weil die Liebe, die er im Blick auf den Gekreuzigten entdeckte, mächtiger war als die Furie des Hasses, die sich in ihm austobte. Zwar ging es dieser um die Vernichtung des Christentums; doch die in ihm nie erloschene Liebe wollte sein Überleben.

Anmerkungen

NIETZSCHES KRITIK DES CHRISTENTUMS

I. Nietzsches letzter Wille

1 Zur Genealogie der Moral I, § 11.
2 Über die Zukunft unserer Bildungs-Anstalten.
3 Der Antichrist, § 6.
4 Jenseits von Gut und Böse, § 230.
5 Der Antichrist, §§ 6f.
6 Nachlass, KSA (= Karl-Schlechta-Ausgabe) XIII, 307.
7 Also sprach Zarathustra II: Auf den glückseligen Inseln.
8 Götzen-Dämmerung: Streifzüge, § 5.
9 Nachlass, KSA XII, 163f.
10 Der Antichrist, § 39.
11 A.a.O., § 40.
12 A.a.O., § 37.
13 A.a.O., § 41
14 A.a.O., §§ 33f.
15 A.a.O., § 36.
16 A.a.O., § 44.
17 A.a.O., § 62.
18 K. Jaspers, Nietzsche und das Christentum, München 1963, 73.
19 Der Antichrist, § 31.
20 A.a.O., § 35.
21 Ecco homo: Warum ich ein Schicksal bin, § 1.
22 Der Antichrist, § 39.
23 Wie Anm. 21.
24 Ecce homo: Warum ich so weise bin, § 7.
25 A.a.O., § 3.

II. Umriss einer Nietzsche-Hermeneutik

1 Also sprach Zarathustra II: Von den Gelehrten. Die von Löwith gegen Podach gewendete Stelle bezieht sich, wie ihr Fortgang mit dem Satz „Ein Gelehrter bin ich den Kindern noch und auch den Disteln und roten Mohnblumen [...]. Aber den Schafen bin ich's nicht mehr: so will es mein Los – gesegnet sei es!" erkennen lässt, auf die wissenschaftliche „Toterklärung" Nietzsches durch Ulrich von Wilamowitz-Moellendorf (in der Streitschrift ‚Zukunftsphilologie! Eine Erwiderung auf Fried-

rich Nietzsches Geburt der Tragödie') und Hermann Usener, der im Blick auf die ‚Geburt der Tragödie' urteilte: „Jemand, der so etwas geschrieben hat, ist wissenschaftlich tot" (1872).

[2] L. Andreas-Salomé, Friedrich Nietzsche in seinen Werken, Wien 1894.

[3] Nachlass (Die Unschuld des Werdens I), KSA 10, § 1253; Ecco homo: Warum ich ein Schicksal bin, 6.

[4] Darstellungen aus der Zeit nach der Jahrhundertwende, die Nietzsche einmal nackt auf einem Felsvorsprung sitzend, dann in priesterlicher Toga auf dem Weltengipfel stehend, mit zum Sternenhimmel erhobenen Armen und schließlich als Träger der Dornenkrone zeigen, sprechen ebenso drastisch wie beredt für diese Tendenzen; dazu M. Montinari, Nietzsche (I Protagonisti della Storia Universale 117), Milano o. J. [1968], 294 f.; ferner G. Deesz, Die Entwicklung des Nietzsche-Bildes in Deutschland, Würzburg 1933, 23 ff.; 63 ff.

[5] Dazu die aufschlussreiche Äußerung Ernst Horneffers über die Editionspraxis des Archivs: „Unentziffert, unabgeschrieben lagen haufenweise die Manuskripte da, von denen niemand ahnte, was sie enthielten. Aber frisch, fröhlich hatte man immer herausgegeben. So gingen wir [er fasst sich in diesem ‚wir' mit seinem Bruder August zusammen] dann ans Werk, den Nachlass zu kopieren. Aber das dauerte Frau Förster-Nietzsche viel zu lange. Die ‚Eintönigkeit' *unserer Art* zu arbeiten war ihr äußerst verhasst. Sie arbeite immer alles schnell von der Hand weg, meinte sie ... Kurz, es sollten schnell Bände heraus. Wir standen vor einer schwierigen Wahl. Ihr Wille, eine Ausgabe des Nachlasses zustande zu bringen, und sei es noch so überstürzt, stand unerbittlich fest. Das wussten wir. Wenn wir ihr unsere Mitarbeit entzogen hätten, so hätte sie jeden andern damit betraut. Sie nannte öfter Namen, dass es einem um Nietzsche willen schwindlig werden konnte" (Nietzsche-Chronik. Daten zu Leben und Werk, zusammengestellt von Karl Schlechta, München 1975, 122).

[6] Zu den Brieffälschungen der Schwester, die er im dritten Band seiner Nietzsche-Ausgabe *detailliert belegt,* äußert sich Schlechta im weiteren Zusammenhang der Schrift (77; 94), die im Übrigen, wie schon Karl Löwith bemerkte, derart deutliche Zeichen des Überdrusses an Nietzsche erkennen lässt, dass sie selbst von dem Vorwurf der Einseitigkeit nicht freigesprochen werden kann. Auf den besonders eklatanten Fall eines von der Schwester gefälschten Briefs, der den jungen Kaiser für Nietzsche zu interessieren sucht, durch den tatsächlichen Wortlaut der manipulierten Stelle jedoch desavouiert wird, verweist Wolfgang Müller-Lauter in seinem Werk: Nietzsche. Seine Philosophie der Gegensätze und die Gegensätze seiner Philosophie, Berlin–New York 1971, 28.

[7] Von Elisabeths Hass auf Lou berichtet die Biographie von H. F. Peters, Lou. Das Leben der Lou Andreas-Salomé (Originaltitel: My Sister, my Spouse), München 1964, 134 ff.; 141 ff.; 153; 344; 381. Wie raffiniert Elisabeth in ihrer Kampagne gegen Overbeck zu Werke ging, zeigt ihre Taktik, den „Overbeck der siebziger Jahre", den sie als „*heiter, mutig,* witzig, voller kühner Ansichten" schildert, gegen den „bedrückten, ängstlichen Mann" der Altersjahre, „der so wenig Verständnis für die Philosophie Nietzsches zeigte", auszuspielen und seine Freundschaft mit ihm dadurch unglaubwürdig zu machen. (Dazu die Hinweise und Stellen bei A. Pfeiffer, Franz Overbecks Kritik des Christentums, Göttingen 1945, 55.) Von welchem Er-

folg ihre Invektiven bisweilen begleitet waren, zeigt mit drastischer Eindringlichkeit der zweite Band der von Carl Albrecht Bernoulli vorgelegten Dokumentation zu dem Freundschaftsverhältnis Overbecks und Nietzsches, der aufgrund eines von Elisabeth Förster-Nietzsche erwirkten Gerichtsurteils nur verstümmelt, mit einer Reihe von eingeschwärzten Textstellen und mit einer Kürzung um sieben Seiten, im Buchhandel erscheinen konnte. Der tatsächliche Eindruck ist störender, als die beigelegte Erklärung des Autors erkennen lässt, der Band sei „kein Invalide, sondern ein aufrechter Kämpfer“: Franz Overbeck und Friedrich Nietzsche. Eine Freundschaft, nach ungedruckten Dokumenten und im Zusammenhang mit der bisherigen Forschung dargestellt von Carl Albrecht Bernoulli, 2 Bde., Jena 1908. Der Wortlaut der geschwärzten Stellen und weggelassenen Seiten wurde jetzt erst von Montinari in Band 6 der Nietzsche-Studien (1977) 300–328 mitgeteilt.

8 Dazu die von Guido Schneeberger vorgelegte Dokumentation mit dem Titel: Nachlese zu Heidegger, Bern 1962, die auch Heideggers Ansprache zu einer „Wahlkundgebung der deutschen Wissenschaft“ (vom 11. November 1933) mit der Absage an die „Vergötzung eines boden- und machtlosen Denkens“ zugunsten einer „völkischen Wissenschaft“ enthält (148 ff.).

9 Nachdem sich Jaspers in seiner Nietzsche-Monographie (von 1936) intensiv um eine umfassende Darstellung Nietzsches bemüht, in seiner Abhandlung ‚Nietzsche und das Christentum‘ (von 1938) den Zentralaspekt von Nietzsches Religionskritik gewürdigt und in seiner Vorlesungsreihe „Vernunft und Existenz“ (von 1935) durch die Gegenüberstellung mit Kierkegaard einen wichtigen Beitrag zur vergleichenden Nietzsche-Forschung geleistet hatte, tritt Nietzsche im Spätwerk des Philosophen, zweifellos unter dem Eindruck seiner politischen Desavouierung, auffällig zurück

10 Dazu Ecco homo: Der Fall Wagner, 4: „Niemand in Deutschland hat sich eine Gewissensschuld daraus gemacht, meinen Namen gegen das absurde Stillschweigen zu verteidigen, unter dem er vergraben lag: ein Ausländer, ein Däne war es, der zuerst dazu genug Feinheit des Instinkts *und Muth* hatte, der sich über meine angeblichen Freunde empörte …“

11 Löwiths philosophisches Programm kommt in den Titeln der beiden Sammelbände ‚Zur Kritik der geschichtlichen Existenz‘ (von 1960) und ‚Zur Kritik der christlichen Überlieferung‘ (von 1966) zum Ausdruck. Danach ist es ihm darum zu tun, die „Zweideutigkeit“ der gesamten nachchristlichen Philosophie von Descartes bis Hegel aufzudecken, die einerseits auf dem Boden der christlichen Überlieferung denke, gleichzeitig aber diesen fundamentierenden Glauben mit ihren philosophischen Einsichten zu begründen suche (Vorträge und Abhandlungen, Stuttgart 1966, 51). Dieser Zweideutigkeit macht seiner Auffassung nach Nietzsche ein Ende, indem er sich konsequent gegen sämtliche christliche Voraussetzungen wendet, abzüglich freilich jenes „Restes von Ideal“, der im kompromisslosen Willen zur Wahrheit besteht, dieser äußersten Konsequenz der christlichen Denkweise, mit der sich der Glaube gleichsam gegen sich selbst wendet und seine Selbstaufhebung betreibt (a. a. O., 52 f.). Wenn das zutrifft, muss Nietzsche freilich dem ganzen Ansatz zufolge gleichfalls als ein „christliches Ereignis“ angesehen werden, zumal der christliche Glaube in seiner eschatologischen Endvorstellung durchaus mit dem Gedanken seiner eigenen „Aufhebung“ vertraut ist. Insofern ist Löwith der Vorwurf nicht zu

ersparen, dass er wider besseres Wissen Nietzsche gegen die christliche Überlieferung stellt, obwohl dieser seinen ausdrücklichen Prämissen zufolge zu ihr gehört.

[12] Wie Löwith wiederholt in Erinnerung rief, rechnete Nietzsche, wie eine Briefstelle vom Mai 1884 ausführt, damit, dass fünfzig Jahre später einigen die Augen dafür aufgehen würden, was durch ihn getan sei. So die Einleitung zu der von Löwith besorgten Nietzsche-Auswahl (Frankfurt und Hamburg 1956, 14), die diese Vorhersage durch die Mitte der dreißiger Jahre erschienenen Nietzsche-Interpretationen von Jung, Jaspers, Heidegger und ihm selbst „merkwürdig genau" bestätigt sieht.

[13] Hinweise dazu bei P. Pütz, Friedrich Nietzsche, Stuttgart 1975, 106f., wo auch die von Montinari mitherausgegebenen ‚Nietzsche-Studien' und ‚Monographien und Texte zur Nietzsche-Forschung' vermerkt werden.

[14] Kritisch äußerte sich Heidegger sowohl zum ersten Projekt einer „historisch-kritischen Gesamtausgabe" als auch zu allen Versuchen einer biographischen Aufhellung, in: Nietzsche I, Pfullingen 1961, 18f.

[15] Nachdem schon Nietzsches Zeitgenossen die biographische Ähnlichkeit mit seinem Lieblingsdichter Hölderlin aufgefallen war, setzten nach seinem Tod die Gegenüberstellungen mit einer ganzen Reihe von Vergleichsgestalten ein, insbesondere mit Kleist, Kierkegaard, Dostojewskij, Solowjew, Berdjaev, Byron, Carlyle, Yeats, Mill, Emerson, Eliot, Lawrence, Gide, du Bos, Valéry, Strindberg, d'Annunzio, Unamuno, Kafka und Dante. Unter dem Titel ‚Nietzsche als Nachahmer Jesu' zog Franz Brentano Nietzsche sogar mit diesem in einen kritischen Vergleich: Die Lehre Jesu und ihre bleibende Bedeutung, hrsg. von Alfred Kastil, Leipzig 1922, 129–132.

[16] Näheres dazu auf Seite 44f.

[17] Heidegger, Nietzsche I, 13f.

[18] Was dabei als die zentrale Unzulänglichkeit des Nietzsche'schen Denkens galt, wurde von dem zu Freud hin tendierenden Flügel der Nouvelle Philosophie als einer seiner signifikantesten Vorzüge gewertet. Näheres dazu auf Seite 49ff.

[19] Ecco homo: Warum ich ein Schicksal bin, 1.

[20] O. Flake, Nietzsche. Rückblick auf eine Philosophie, Baden-Baden 1946. In Flakes Verdikt stimmten, eher lautstark als überzeugend, vor allem Stefan Andres, der Nietzsche vor den „Kassationshof" zitierte, und der gegen den „Machtverhimmler" und „maulfertigen Schuft" polemisierende Arno Schmidt ein.

[21] So bestätigt sich auch an ihnen, was Nietzsche Georg Brandes, seinem dänischen Interpreten, in einer Wahnsinnsbotschaft zum Ausdruck brachte: „Nachdem du mich entdeckt hast, war es kein Kunststück, mich zu finden: die Schwierigkeit ist jetzt die, mich zu verlieren ... Der Gekreuzigte" (Poststempel: Torino, 4. 1. 89).

[22] Auf die unaufgehobene Gegensätzlichkeit in Nietzsches „Philosophie der Gegensätze" geht thematisch die (in Anm. 6 erwähnte) Studie von Müller-Lauter ein, auf die im Folgenden (Seite 46f.) ausführlicher einzugehen sein wird.

[23] Ecce homo: Götzen-Dämmerung, 2.

[24] B. Allemann, Nietzsche und die Dichtung, in: Nietzsche. Werk und Wirkungen, hrsg. von Hans Steffen, Göttingen 1974, 51.

[25] Nietzsches Doppelbegabung als Prosaist und Lyriker mag ihm den Anstoß dazu gegeben haben, wiederholt – wie Erich F. Podach deutlich machte – auf die

Kunstform der Satura Menippea zurückzugreifen, deren Reiz in der Mischung prosaischer und poetischer Elemente liegt: E. F. Podach, Friedrich Nietzsches Werke des Zusammenbruchs, Heidelberg 1961, 206f.

[26] Allemann, a.a.O., 46.

[27] Ecce homo: Jenseits von Gut und Böse, 1; Zarathustra: Vorrede, 7.

[28] Allemann, a.a.O., 54.

[29] Dazu Th. W. Adorno, Verfremdetes Hauptwerk. Zur Missa Solemnis, in: Moments musicaux, Frankfurt a.M. 1964, 167–185.

[30] In seinem Essay ‚Nietzsches Philosophie im Lichte unserer Erfahrung' nennt Mann den Passus aus ‚Ecce homo' ein „stilistisches Meisterstück, sprachlich ein wahrer tour de force, zu vergleichen nur etwa der wundervollen Analyse des Meistersinger-Vorspiels in ‚Jenseits von Gut und Böse' und der dionysischen Darstellung des Kosmos am Ende des ‚Willens zur Macht'", in: Neue Studien, Berlin und Frankfurt a.M. 1948, 121.

[31] Menschliches, Allzumenschliches I: Vorrede 1.

[32] F. Würzbach, Das Vermächtnis Friedrich Nietzsches, Salzburg–Leipzig 1940, XXXIII.

[33] Allemann, a.a.O., 63.

[34] A. Gide, Journal 1889–1939; G. Benn, Nietzsche – nach fünfzig Jahren; nach Allemann, a.a.O., 62; 64.

[35] Sie wirken nicht halb so peinlich wie die noch viel unglaublicheren Details, die Karl Jaspers in seinen ‚Schicksal und Wille' betitelten autobiographischen Schriften (München 1967, 109–126) der Nachwelt überliefern zu müssen glaubte.

[36] M. Montinari, Ein neuer Abschnitt in Nietzsches ‚Ecce homo', in: Nietzsche-Studien 1 (1972) 380–418, bes. 396–401.

[37] Ecce homo: Warum ich ein Schicksal bin, 9.

[38] Also sprach Zarathustra I: Von der schenkenden Tugend, 3.

[39] K. Löwith, Friedrich Nietzsche. Vorspiel einer Philosophie der Zukunft, Frankfurt a.M. 1959, 19.

[40] Geschrieben am 18. September 1863.

[41] Ecce homo: Warum ich so weise bin, 1.

[42] Der Eklat bestand in einer Duellforderung Fritz Koegels, der seinen Platz als Veranstalter der zweiten Gesamtausgabe offensichtlich nicht kampflos zu räumen gedachte.

[43] Flake, Nietzsche, a.a.O., 131.

[44] Im Folgenden beziehe ich mich auf den instruktiven Beitrag von Gunter Martens, Im Aufbruch das Ziel. Nietzsches Wirkung im Expressionismus, in: H. Steffen (Hrsg.), Nietzsche, Werk und Wirkungen, Göttingen 1974, 115–166.

[45] In der Folge vollzog Sorge, in dem ein Modell für die Enzio-Figur in Gertrud von le Forts Roman ‚Der Kranz der Engel' vermutet werden darf, einen schmerzlichen Ablösungsprozess von Nietzsche, der sich in seinen dramatischen Entwürfen ‚Antichrist' und ‚Gericht über Zarathustra' niederschlug. Näheres zu der erwähnten Romanfigur in meiner Abhandlung: Überredung zur Liebe. Die dichterische Daseinsdeutung Gertrud von le Forts, Regensburg 1980, 72f.

[46] So die Schrift ‚Der erste Schritt zu einer positiven Ästhetik' (von 1894).

[47] So der Schluss des Aufsatzes ‚Literatur oder Wahrheit?' (von 1897).

[48] Nach W. Solowjew, Übermensch und Antichrist. Ausgewählt von Ludolf Müller, Freiburg i.Br. 1958, 109f.

[49] Becher, Vom Anderswerden (von 1952).

[50] Motiviert wurde diese unnachgiebige Haltung vermutlich durch den Einspruch, den die „Aktion" gegen die „Deutschsprechung Nietzsches" in einem gleichnamigen Artikel (von 1915) erhob. Eine deutliche Ausnahme macht der spätere Georg Heym, der sich im Frühjahr 1911 die ‚Götzendämmerung', die ‚Zweite Unzeitgemäße Betrachtung', ‚Jenseits von Gut und Böse', die ‚Fröhliche Wissenschaft' und ‚Ecce homo' als weitere Lektüre Nietzsches vormerkt.

[51] K. Löwith, Nietzsches Philosophie der ewigen Wiederkehr des Gleichen, Stuttgart 1956, 1999.

[52] Ebd.

[53] Also sprach Zarathustra III: Der Genesende. Diesen Tatbestand vermerkte Jörg Salaquarda in der Diskussion meines Referats über Nietzsches Verhältnis zu Kleist und Hölderlin: Nietzsche-Studien 7 (1978) 128.

[54] Auf die Einseitigkeit der von Löwith gewählten Perspektive macht Müller-Lauter in seiner in Anm. 6 erwähnten Studie aufmerksam (6f.; 136; 184).

[55] Es ist schon die unausdrückliche Tendenz seiner vielfach missverstandenen Monographie ‚Weltgeschichte und Heilsgeschehen. Die theologischen Voraussetzungen der Geschichtsphilosophie', Stuttgart 1953. Dazu A. H. Meyer, Die Frage des Menschen nach Gott und Welt inmitten seiner Geschichte im Werk Karl Löwiths, Würzburg 1977.

[56] Löwith, Nietzsches Philosophie, a.a.O., 200. ‚Ecce homo' erschien, hrsg. von Raoul Richter, 1908 in einer von Henry van de Velde gestalteten Liebhaberausgabe von 1250 Exemplaren.

[57] Löwith, Nietzsches Philosophie, a.a.O., 206.

[58] A.a.O., 210.

[59] A.a.O., 211.

[60] In leichter Abänderung gegenüber Löwith (a.a.O., 222ff.) ist das Problem hier im Anschluss an Ausführungen von Band 1 der zweibändigen Nietzsche-Monographie (Pfullingen 1961, 27) formuliert.

[61] Löwith, Nietzsches Philosophie, a.a.O., 220ff.

[62] H. M. Wolff, Friedrich Nietzsche. Der Weg zum Nichts, Bern 1956, 300.

[63] Im Disput mit Jaspers und Heftrich behandelt auch Angèle Kremer-Marietti Nietzsches „Philosophie des Labyrinths" in ihrem Essay: L'Homme et ses Labyrinths, Paris 1972.

[64] Heftrich, Nietzsches Philosophie. Identität von Welt und Nichts, Frankfurt a.M. 1962, 269.

[65] E. Biser, „Gott ist tot" – Nietzsches Destruktion des christlichen Bewußtseins, München 1962, 256–287.

[66] Eine geistvolle, die Denkleistung des Werks jedoch überkritisch zerfasernde Kritik legte Peter Köster unter dem Titel ‚Die Problematik wissenschaftlicher Nietzsche-Interpretation' in Band 2 der Nietzsche-Studien (1973) 31–60 vor.

[67] K. Löwith, Nietzsches Philosophie der ewigen Wiederkehr des Gleichen, a.a.O., 64ff.; dazu Müller-Lauter, a.a.O., 184f.

[68] Zum Folgenden G. Vattimo, Nietzsche heute?, in: Philosophische Rundschau 24 (1977) 67–91.

[69] Die Abhandlung von Gilles Deleuze erschien unter dem Titel ‚Nietzsche und die Philosophie' neuerdings auch in deutscher Übersetzung (München 1976).

[70] Vattimo, a.a.O., 67–73.

[71] Typisch für die neofreudianische Nietzsche-Rezeption sind die Beiträge von Jacques Derrida (La Question du Style) und Jean-Michel Rey (Nietzsche et la Theorie du Discours Philosophique) zum Nietzsche-Symposion in Cerisy-la-Salle (von 1972): Nietzsche aujourd'hui?, Paris 1973 (I, 235–299 und 301–336). Dazu auch die instruktiven Ausführungen von Edouard Gaede zur Frage „Nietzsche Précurseur de Freud?" (II, 87–118).

[72] Deleuze, Nietzsche und die Philosophie, a.a.O., 212.

[73] A.a.O., 211.

[74] A.a.O., 213.

[75] Vattimo, a.a.O., 89ff. Weniger „explosiv" stellt sich, damit verglichen, die Arbeit von Walter Kaufmann ‚Nietzsche. Philosopher, Psychologist, Antichrist' (von 1950) dar, die als das Hauptwerk der amerikanischen Nietzsche-Rezeption zu gelten hat. Geschrieben auf der Basis eines betont affirmativen Grundverhältnisses zu Nietzsche, unternimmt auch sie den Versuch, die Totalität der Nietzsche'schen Gedanken und Motive einzufangen. Betroffen von der Dekadenz des Zeitalters und mehr noch von der Desintegration, in der er das menschliche Selbstsein begriffen sieht, versucht Nietzsche danach zunächst, diesem Unheil durch die Erneuerung des sokratischen Modells zu begegnen. Mit der wachsenden Distanzierung von Sokrates und dessen Subsumierung unter die Kategorie der „Decadence" sieht er sich sodann veranlasst, gleicherweise radikalere und größere Modelle einer möglichen Therapie zu entwerfen, die er im Konzept des Übermenschen und der ewigen Wiederkunft des Gleichen gefunden zu haben glaubt. So erweist sich Nietzsche ungeachtet der Tatsache, dass er die traditionelle Philosophie und Psychologie verwarf, dass er den Tod Gottes proklamierte und den Spuren des Nihilismus in einer absurd gewordenen Welt nachging, als ein von Grund auf jasagender Geist, dies freilich so, dass er bei aller Nähe zu Jaspers weder dem Existentialismus zugeschlagen noch aufgrund seiner Berührungen mit Wittgenstein für die analytische Philosophie reklamiert werden kann. Denn Nietzsche lässt sich auf keine Bewegung festlegen. Zwar entwickelte er faszinierende Ideen und Theorien; doch ermutigte er gleichzeitig auch zum „Angriff auf die eigenen Überzeugungen" (422f.).

[76] Das eine geschieht in der Darstellung von Wiebrecht Ries, Friedrich Nietzsche: Wie die „wahre Welt" endlich zur Fabel wurde, Hannover 1977, das andere in dem Interpretationsversuch von Hans Peter Balmer, Freiheit statt Teleologie. Ein Grundgedanke von Nietzsche, Freiburg/München 1977, und in der auf den Nachweis der atheistischen Grundposition Nietzsches fixierten Studie von Reinhard Margreiter: Ontologie und Gottesbegriff bei Nietzsche. Zur Frage einer „Neuentdeckung Gottes" im Spätwerk, Meisenheim am Glan 1978. Zu seinem Vorwurf, bei den von mir eingeführten Begriffen der „Seinsüberschreitung" und des „Überseienden" handle es sich vermutlich nur um „Leerformeln" (S. 140, Anm. 155), sei lediglich auf die Untersuchung von Hans Eduard Hengstenberg: Seinsüberschreitung und Kreativität, Salzburg 1978, verwiesen.

[77] Ecce homo: Genealogie der Moral.
[78] Kaufmann, Nietzsche als der erste große Psychologe, in: Nietzsche-Studien 7 (1978) 267.
[79] Brief an Reinhart von Seidlitz vom 12. Februar 1888.
[80] Ecce homo: Also sprach Zarathustra, 4 und 5.
[81] A.a.O.: Götzen-Dämmerung, 1.
[82] Näheres dazu im Schlusskapitel der vorgesehenen Buchpublikation ‚Der Hammer redet', in der Elemente einer Nietzsche-Hermeneutik entwickelt werden.
[83] Also sprach Zarathustra III: Von alten und neuen Tafeln, 3.
[84] Dazu mein Beitrag: Nietzsche und Dante. Ein werkbiographischer Strukturvergleich, in: Nietzsche-Studien 5 (1976) 146–177.
[85] Dazu nochmals das Eingangszitat.
[86] Dazu meine Ausführungen in: Theologische Sprachtheorie und Hermeneutik, München 1970, 280–294.
[87] R. Bultmann, Jesus, München und Hamburg 1967, 7–15.
[88] C. F. v. Weizsäcker, Atomenergie und Atomzeitalter, Frankfurt a.M. 1957, 59f. Von Bultmann selbst wurde diese Parallele in aller Form zu Eingang seines Beitrags ‚Zum Problem der Entmythologisierung' (1963) gezogen, in: Glaube und Verstehen IV, Tübingen 1965, 128–137.
[89] KGW VIII 7 [54].
[90] Nicht weniger groß ist die Affinität zu der den biblischen Aussagen gemäßen Rezeptionsform.
[91] So G. Benn, Nietzsche nach fünfzig Jahren, in: Gesammelte Werke 1: Essays, Reden, Vorträge, Wiesbaden 1962, 482.
[92] Aus dem ursprünglich vorgesehenen „Vorwort an Richard Wagner" (vom 22. Februar 1871).
[93] Nach Pütz, Thomas Mann und Nietzsche, in: Nietzsche. Werk und Wirkungen, 95.
[94] Also sprach Zarathustra IV: Das Zeichen.

III. Der Mythenzerstörer und Mythenschöpfer

[1] Ecce homo: Warum ich ein Schicksal bin, § 1.
[2] Ecce homo: Warum ich so gute Bücher schreibe; Jenseits von Gut und Böse, § 1; K. Jaspers, Nietzsche und das Christentum, München 1963,73; dazu auch die Ausführungen in meiner Schrift: Gottsucher oder Antichrist?, Salzburg 1982, 29–51.
[3] W. F. Otto, Theophania. Der Geist der altgriechischen Religion, Hamburg 1956, 65.
[4] Die Geburt der Tragödie aus dem Geist der Musik, § 3.
[5] Ebd.
[6] Ebd.
[7] A.a.O., § 17.
[8] A.a.O., § 21.
[9] Nachgelassene Fragmente vom Frühjahr 1887: Kritische Studienausgabe (KSA) XI, München 1980, 34; 38.

[10] Nachlassaufzeichnung vom Sommer 1875; KSA VIII, 203.

[11] Unzeitgemäße Betrachtungen IV: Richard Wagner in Bayreuth, § 9.

[12] Die Anspielung bezieht sich auf Symeon den „neuen Theologen", der von der Nachwelt mit diesem Ehrentitel von „dem Theologen" Gregor von Nazianz abgehoben wurde.

[13] M. Gregor-Dellin, Richard Wagner. Sein Leben, sein Werk, sein Jahrhundert, München 1983, 622 f.

[14] Wie Anm. 11.

[15] Die Parsifal-Legende wird durch die Tatsache widerlegt, dass Nietzsche von der Stunde, in der ihm Wagner an Cosimas 32. Geburtstag erstmals aus seinem Parsifal-Entwurf vorlas, seinem Brief an Erwin Rohde zufolge die „schönste und erhebenste Erinnerung" behielt; die „tödliche Beleidigung kommt demgegenüber schon deshalb als Ursache für den Bruch nicht in Betracht, weil sie von Nietzsche, wie die Malwida von Meysenbug gegebene „Erklärung" zeigt, jener neutralisierenden Selbststilisierung unterworfen wurde, die bereits bei der Umsetzung der „desavouierenden" Aufnahme mit Lou (im Leiterwagen) und Paul Rée in den Ratschlag des alten Weibleins „Du gehst zu Frauen? Vergiß die Peitsche nicht!" zu beobachten ist. Dazu H. F. Peters, Lou Andreas Salomé. Das Leben einer außergewöhnlichen Frau (Originaltitel: My Sister, My Spouse), München 1977, 109 f.

[16] KSA 8,204.

[17] Ebd.

[18] Nachlass, WM § 1067 (KSA 11, 38[12]).

[19] Dazu K. Löwith, Nietzsches Philosophie der ewigen Wiederkehr des Gleichen, Stuttgartt 1956.

[20] Ecce homo: Also sprach Zarathustra I.

[21] Th. Mann, Nietzsches Philosophie im Lichte unserer Erfahrung, in: Neue Studien, Frankfurt a. M. 1948, 120 f.

[22] Ecce homo: Also sprach Zarathustra III. Nach dem von Mazzino Montinari verfaßten Kommentarband zur KSA (14, 496) scheint es zu diesem „stilistischen Meisterstück" (Th. Mann) tatsächlich so gut wie keine Vorstudien zu geben, sodass in diesem Fall tatsächlich zutriftt, was Nietzsche, der sonst durch den Textbestand seines eigenen Nachlasses widerlegt wird, von der inspiratorischen Entstehung seines ‚Zarathustra' behauptet.

[23] Th.W. Adorno, Verfremdetes Hauptwerk. Zur Missa Solemnis, in: Moments musicaux, Frankfurt a. M. 1964, 170.

[24] Dazu Collis Nachwort zu Band 6 der KSA (449–458).

[25] Nach H. M. Wolff, Friedrich Nietzsche. Der Weg zum Nichts, Bern 1956, 204; demgegenüber hatte Nietzsche noch in einem undatierten Brief an Franz Overbeck aus Airolo (von 1884) seinen „Sohn Zarathustra" als seinen „Tröster und Zusprecher" bezeichnet.

[26] Nach Gregor-Dellin war es im Fall der Rheingold-Ouvertüre ein „Rauschen", das er in „somnambulem Zustand" in einem Hotelzimmer von La Spezia (am Nachmittag des 5. September 1853) zu vernehmen glaubte; im Fall der „Meistersinger" war es der Anblick von Tizians ‚Assunta' in der Accademia von Venedig, der ihn nach seinem Lebensbericht unmittelbar zur Ausführung des Werkes bewog: Richard Wagner, 375; 478.

[27] Es handelt sich dabei um einen Auszug aus Sartres Genet-Buch, wiedergegeben bei A. Guzzoni (Hrsg.), Hundert Jahre philosophische Nietzsche-Rezeption, Meisenheim 1989, 103–107.

[28] An Peter Gast (vom 11. September 1879); dazu mein Beitrag: Nietzsche und Dante, in: Nietzsche-Studien 5, 1976,146–177. Bekanntlich war auch Kierkegaard aus dem auf Nietzsche vorausweisenden Grund einer übermächtigen Vaterbindung der fast unüberwindlichen Meinung, dass er noch vor Vollendung seines 34. Lebensjahres sterben werde. Dazu W. Lowrie, Das Leben Sören Kierkegaards, Düsseldorf–Köln 1955, 166.

[29] KSA 9, 561.

[30] J.-P. Sartre, a. a. O., 104. Denselben Gedanken entwickelte Max Picard, für den sich die Wirklichkeit unter der gottflüchtigen Vorentscheidung der Gegenwart in ein Bündel von Möglichkeiten auflöst: Die Flucht vor Gott, Freiburg i. Br. 1958, 22–28.

[31] Sartre, a. a. O., 105.

[32] Jenseits von Gut und Böse, 230.

[33] Die fröhliche Wissenschaft IV, 341.

[34] E. Förster-Nietzsche, Der einsame Nietzsche, Leipzig 1922, 522; dazu auch der Kommentarband zur KSA 14, 460.

[35] Brief vom 4. Januar 1889.

[36] Richard Wagner in Bayreuth: Unzeitgemäße Betrachtungen IV, 9.

[37] Die innere Beziehung führt zurück zu dem hellsichtigen Durchblick der ‚Götzen-Dämmerung' mit dem Titel „Wie die ‚wahre Welt' endlich zur Fabel wurde", wo vom Mittag, dem „Augenblick des kürzesten Schattens", als dem Anfang Zarathustras die Rede ist, während die äußere Beziehung auf die Schlußszene von Hölderlins ‚Hyperion' verweist; dazu mein Beitrag: Die Reise und die Ruhe. Nietzsches Verhältnis zu Kleist und Hölderlin, in: Nietzsche-Studien VII, 1978, 97–129.

IV. Der abschüssige Denkweg

[1] Die fröhliche Wissenschaft V, § 344.

[2] F. Rosenzweig, Der Stern der Erlösung, Frankfurt 1988, 428f.

[3] Also sprach Zarathustra IV: Der häßlichste Mensch.

[4] Götzen-Dämmerung: Wie die „wahre Welt" endlich zur Fabel wurde.

[5] Die fröhliche Wissenschaft V, § 382.

[6] Götzen-Dämmerung: Die „Vernunft in der Philosophie", § 5.

[7] Unzeitgemäße Betrachtungen: Über die Zukunft unserer Bildungsanstalten 111 (vom 27. Febr. 1872).

[8] Also sprach Zarathustra IV: Außer Dienst.

[9] Zur Genealogie der Moral III, § 27.

[10] Ecce homo: Warum ich so gute Bücher schreibe; Also sprach Zarathustra § 3.

[11] Also sprach Zarathustra: Zarathustras Vorrede § 3.

[12] A. a. O., 11: Von großen Ereignissen.

[13] Cusanus, De visione Dei, c. 7,25.

[14] Also sprach Zarathustra: Vorrede, § 6.

[15] M. Montinari, Friedrich Nietzsche. Eine Einführung, Berlin 1991, 130; F. Overbeck, Brief an Peter Gast (vom 15. Jan. 1889).

[16] Dazu meine Schrift ‚Gottsucher oder Antichrist?'. Nietzsches provokative Kritik des Christentums, Salzburg 1982, 27 (Anm. 24).

[17] Brief vom 6. Januar 1889.

[18] F. Overbeck, Brief an Peter Gast vom 31. Juli 1883.

NIETZSCHES REKONSTRUKTION DES CHRISTENTUMS

I. Die Aggression

[1] Schon im Juni 1894 schreibt er an die Schwester, dass er nicht müde werden dürfe, bis auch „der Hauptbau" fertig vor ihm stehe.

[2] Der Antichrist, § 62.

[3] A.a.O., § 39.

[4] Auch wenn sich diese als Vorskizze zu dem Satz des ‚Antichrist': „Wenn man nicht fertig wird mit dem Christentum, die *Deutschen* werden daran schuld sein" (§ 62), herausstellen sollte, käme das dem Eingeständnis des eigenen „Versagens" gleich. Indessen ist der zeitliche Abstand für diese Konjektur zu groß, sodass die Wendung für sich selber spricht und so auch gewichtet werden muss.

[5] Götzen-Dämmerung, § 47; Der Antichrist, § 57.

[6] Brief Nietzsches an Franz Overbeck vom 23. 6. 1881.

[7] K. Jaspers, Nietzsche und das Christentum, Hameln o. J., 74.

[8] A.a.O., 5.

[9] J. Hofmiller, Nietzsche, in: Süddeutsche Monatshefte 29 (1931) 74–131 (83; 84f.).

[10] Ecce homo: Warum ich so weise bin, § 7.

[11] G. Colli; Nachwort zu Band VI der kritischen Studienausgabe sämtlicher Werke, München 1980, 456. Die beiläufig erwähnte Untersuchung von A. U. Sommer, Friedrich Nietzsches „Der Antichrist". Ein philosophisch-historischer Kommentar, Basel 2000, trägt zwar in mustergültiger Weise so gut wie das ganze Material über das Werk zusammen, leidet aber wie auch andere monothematische Studien darunter, dass es sich unter der Last des zusammengetragenen Wissens nicht zur vollen Reflexionshöhe der kommentierten Schrift zu erheben vermag.

[12] Der Antichrist, § 37.

[13] Also sprach Zarathustra IV: Der häßlichste Mensch.

[14] Demgegenüber erklärt Franz Rosenzweig in seinem ‚Stern der Erlösung': „Die Wahrheit ist nicht Gott. Gott ist die Wahrheit"; Frankfurt 1988, 428f.

[15] J. Köhler, Friedrich Nietzsche und das Christentum, Hannover und Berlin 1902, 15.

[16] G. Augustin, Nietzsches religiöse Entwicklung, Stuttgart 1936, 23.

[17] A.a.O., 27.

[18] Ecce homo: Warum ich so klug bin, § 1.

[19] Der Antichrist, § 62.

[20] Der Antichrist, § 29.

[21] Morgenröte IV, § 321.
[22] Der Antichrist, §§ 398; 27.
[23] A.a.O., § 16.
[24] A.a.O., §§ 41 f.
[25] A.a.O., §§ 34f.
[26] A.a.O., § 42.
[27] A.a.O., § 41.
[28] Nachgelassenes Fragment vom Winter 1887/88, in: Sämtliche Werke. Kritische Studienausgabe XIII, 114.

II. Die Destruktion

[1] Die fröhliche Wissenschaft V, § 358.
[2] Götzen-Dämmerung: Streifzüge eines Unzeitgemäßen, § 5.
[3] Der Antichrist, § 39.
[4] Also sprach Zarathustra III: Der Genesende, § 2.
[5] A.a.O. IV: Außer Dienst.
[6] Der Antichrist, § 17.
[7] Der Antichrist, § 17.
[8] Die fröhliche Wissenschaft III, § 108.
[9] Tertullian, Adversus Praxean, c.16. Auf dieses Zitat war Nietzsche bei seiner Lektüre von ‚Des Afrikaners Arnobius sieben Bücher wider die Heiden' gestoßen, die er intensiv durchgearbeitet hatte.
[10] Die für das Verständnis aufschlussreiche Entstehungsgeschichte des Aphorismus ist wiedergegeben in meiner Schrift: Gottsucher oder Antichrist? Nietzsches provokative Kritik des Christentums, Salzburg 1982, 52–68; 124–131 und, ausführlicher noch, in meinem Beitrag: Nietzsches Kritik des christlichen Gottesbegriffs und ihre theologischen Konsequenzen, in: Philosophisches Jahrbuch 78 (1971) 33–65; 255–305.
[11] H. de Lubac, Die Tragödie des Humanismus ohne Gott (Originaltitel: Le Drame de l'humanisme athée), Salzburg 1950, 39–49.
[12] H. Heine, Zur Geschichte der Religion und Philosophie in Deutschland, in: Heinrich Heine, Sämtliche Werke IX (Ausgabe Kaufmann), München 1964, 247–251.
[13] Die Metapher vom ausgetrunkenen Meer und dem den ganzen Horizont wegwischenden Schwamm könnte sich Nietzsche gleichfalls durch Heines Bemerkung nahegelegt haben, wonach Augustinus „Gott mit einem großen See und die Welt mit einem großen Schwamm" verglich: A.a.O., 213.
[14] Nachgelassenes Fragment vom Herbst 1886, in: Kritische Studienausgabe XII, 108.
[15] Der Antichrist, § 51.
[16] A.a.O., § 34.
[17] A.a.O., § 31.
[18] A.a.O., § 33f.
[19] Der ‚Antichrist', §§ 33f.
[20] A.a.O., § 41.

[21] Die Morgenröte, § 68; Der Antichrist, § 42.
[22] A.a.O., § 24.
[23] A.a.O., § 36.
[24] Menschliches, Allzumenschliches II/II, § 385; Die Morgenröte I, § 79.
[25] Die fröhliche Wissenschaft III, § 130; Die Morgenröte I, § 89; A.a.O., IV, § 321, Jenseits von Gut und Böse IV, § 168.
[26] Plan zu der unzeitgemäßen Betrachtung ‚Wir Philologen', § 162.
[27] Zur Genealogie der Moral III, § 27.
[28] Der Antichrist, § 36.
[29] Also sprach Zarathustra I: Vom freien Tode.
[30] Die fröhliche Wissenschaft III, § 137.
[31] A.a.O., § 140.
[32] Zur Genealogie der Moral I, § 8.
[33] Der Antichrist, § 27.
[34] A.a.O., § 29. Auf die Unterdrückung dieser durch Hofmiller wiederhergestellten Stelle in der von der Schwester veranstalteten Erstausgabe wurde eingangs hingewiesen.
[35] Der Antichrist, §§ 32; 34.

III. Die Inversion

[1] A.a.O., § 35. Die Worte des Schächers sind bekanntlich die des befehligenden Hauptmanns (Mk 15,39).
[2] Als eine Art Vorgriff darauf können die mittelalterlichen Kreuzigungsszenen gelten, in denen Christus von seinen Tugenden ans Kreuz geschlagen und von der „Caritas" durchbohrt wird.
[3] F. Brentano, Die Lehre Jesu und ihre bleibende Bedeutung (Ausgabe Kastil), Leipzig 1922, 129–132.
[4] A.a.O., 132.
[5] Dazu der Hinweis in meiner Studie ‚Paulus: Zeuge, Mystiker, Vordenker'. München 1992, 139.
[6] Brief an Peter Gast vom 14. Februar 1885.
[7] Der Antichrist: Warum ich ein Schicksal bin, § 1.
[8] E. Benz, Nietzsche: Ideen zur Geschichte des Christentums und der Kirche, Leiden 1956, 178.
[9] G. Martens, Im Aufbruch das Ziel. Nietzsches Wirkung im Expressionismus, Göttingen 1974, 115–166.
[10] Jenseits von Gut und Böse, § 270; dazu F. Tönnies, Der Nietzsche-Kultus. Eine Kritik, Leipzig 1897, 114.
[11] Dazu H. U. von Balthasar, Herrlichkeit. Eine theologische Ästhetik III, 1: Im Raum der Metaphysik, Einsiedeln 1965, 492–551; K.-J. Kuschel, Jesus im Spiegel der Weltliteratur. Eine Jahrhundertbilanz, Düsseldorf 1999, 600–632.
[12] Brief an Franz Overbeck vom 2. Juli 1885.
[13] K. Löwith, Nietzsche: Zeitgemäßes und Unzeitgemäßes, Frankfurt 1956, 22.
[14] Brief an Georg Brandes vom 20. November 1888.
[15] Auf diese Stelle am Ende des dritten Buches von Heines ‚Geschichte der Reli-

gion und Philosophie in Deutschland' hatte der Entdecker der Abhängigkeit, Henri de Lubac, in seiner ‚Tragödie des Humanismus ohne Gott' hingewiesen.

[16] Brief an Malwida von Meysenbug vom 21. Februar 1883. Dazu auch meine Kontroverse mit D. Borchmeyer in dem Beitrag: Der „beleidigte" Nietzsche und der „bekehrte" Wagner, in: Philosophisches Jahrbuch 93 (1986) 175–180.

[17] Der Antichrist, § 53.

[18] Brief an Marie Baumgartner vom 30. August 1877.

[19] Brief an Carl Fuchs vom 17. Dezember 1888.

[20] Brief an Jacob Burckhardt vom 6. Januar 1889.

[21] Brief an Cosima Wagner vom 3. Januar 1889.

[22] R. J. Benders und St. Oettermann, Friedrich Nietzsche. Chronik in Bildern und Texten, München–Wien 2000, 723; 730; 737 f.

[23] K. Beyschlag, Die verborgene Überlieferung von Christus, München und Hamburg 1967, 100 ff.; 125; 133 f.

[24] A. a. O., 128 ff.

[25] C. G. Jung, Bewusstes und Unbewusstes, Frankfurt 1987, 11–53; P. Wust, Die Dialektik des Geistes, Augsburg 1928, 512–530.

[26] A. a. O., 119.

[27] So R. Bultmann im Vorwort zu seinem Jesusbuch (1986), aber auch in seinem Beitrag: Zum Problem der Entmythologisierung, in: Glauben und Verstehen IV; Tübingen 1965, 128 ff.

IV. Die Revision

[1] Ecce homo: Warum ich so klug bin, § 1.

[2] Der Antichrist, § 9.

[3] A. a. O., §§ 5 f.

[4] A. a. O., § 7.

[5] A. a. O., § 16–19. Wenn es noch eines Beweises dafür bedürfte, dass sich Nietzsches Kritik des Christentums zentral gegen dessen Gottesbegriff richtet und dass er das Christentum als eine soziale Metapher dieses Zentralbegriffs versteht, würde er durch die an dieser Stelle (§ 16) einsetzende „Kritik des *christlichen Gottesbegriffs*" erbracht, die sich wie eine methodologisch-argumentative Vorwegnahme der folgenden Ausführungen ausnimmt.

[6] A. a. O., § 16; dazu nochmals die Ausführungen über die von Henri de Lubac entdeckte (und von Dolf Sternberger bestätigte) Abhängigkeit Nietzsches von Heines Essay über ‚Die Religion und Philosophie in Deutschland' und meine Analysen dieses Zusammenhangs.

[7] A. a. O., § 25.

[8] A. a. O., § 29.

[9] A. a. O., § 30.

[10] A. a. O., § 32.

[11] A. a. O., § 34.

[12] A. a. O., § 35.

[13] A. a. O., § 29.

[14] Ecce homo: Warum ich so gute Bücher schreibe; Zur Genealogie der Moral.

[15] Der Antichrist, § 40.
[16] A. a. O., § 41.
[17] Wie Anm. 15.
[18] A. a. O., § 42.
[19] A. a. O., § 43.
[20] A. a. O., § 44.
[21] A. a. O., § 58.
[22] Die fröhliche Wissenschaft V, § 340.
[23] A. a. O., § 58.
[24] Nach C. A. Bernoulli, Franz Overbeck und Friedrich Nietzsche in Freundschaft II, Jena 1908, 202.
[25] Der Antichrist, § 62.
[26] G. Wienold, Die Organisation eines Romans: Der Tod des Vergil, in: M. Lützeler (Hrsg.), Materialien zu Hermann Broch, Der Tod des Vergil, Frankfurt 1976, 251–279.
[27] Augustinus, Enarratio in Ps 41 (42). 2–12; dazu meine Schrift: Der schwere Weg der Gottesfrage, Düsseldorf 1982, 27 f.
[28] Dazu meine Studie: Paulus: Zeuge, Mystiker, Vordenker, München 1992, 150 ff.
[29] A. a. O., 173.
[30] Die fröhliche Wissenschaft III, § 125.
[31] Jenseits von Gut und Böse IX, § 295.
[32] A. a. O., IX, § 296.
[33] Der Antichrist, § 62.
[34] So etwa A. U. Sommer, der die Bestreitung dieser These durch Schellong als geradezu „befreiend“ empfindet: Friedrich Nietzsches „Der Antichrist“, Basel 2000, 31.
[35] A. Pfeiffer, Franz Overbecks Kritik des Christentums, Göttingen 1975, 205
[36] Der Antichrist, § 46.
[37] A. a. O., § 34.
[38] Brief an Heinrich von Stein vom Dezember 1882; Nachgelassenes Fragment vom Herbst 1883: Kritische Studienausgabe IX, München 1980, 582.
[39] Der Antichrist, § 34.
[40] A. a. O., §§ 31 f.
[41] A. a. O., § 32.
[42] A. a. O., §§ 34; 41.
[43] A. a. O., § 39.
[44] Nachgelassenes Fragment vom Spätsommer 1882, in: Kritische Studienausgabe X, München 1980, 89.
[45] Brief an Franz Overbeck vom 31. 3. 1885.
[46] A. a. O., § 45.
[47] Nachgelassenes Fragment vom Herbst 1881, in: Kritische Studienausgabe IX, München 1980, 652.
[48] Nachgelassenes Fragment vom Sommer 1875, in: a. a. O., VIII, 180; Menschliches, Allzumenschliches I: Das religiöse Leben, § 137.
[49] G. Brandes, Aristokratischer Radikalismus, in: H. Guzzoni (Hrsg.), Hundert Jahre philosophische Nietzsche-Rezeption, Frankfurt 1991, 14. Wenn Brandes als

Voraussetzung dessen den „Ekel am Leben“, verbunden mit dem Wunsch, „etwas anderes zu sein, irgendwo anders zu sein“ nennt, nimmt er unwillkürlich die Spur des von ihm gleichfalls einfühlsam gewürdigten Kierkegaard auf, der sich in der neueren, vor allem auch von Gerd-Günther Grau vorangebrachten Nietzsche-Forschung als ungemein ergiebige Vergleichsgestalt erwies. Dazu G. Brandes, Nietzsche und Kierkegaard, in: Vernunft, Wahrheit, Glaube. Neue Studien zu Nietzsche und Kierkegaard, Würzburg 1997, 64–94.

[50] Der Antichrist, §§ 46; 48f.

[51] Ausdrücklich nimmt Nietzsche auf Lessing nur in seiner Unzeitgemäßen Betrachtung ‚David Strauß, der Schriftsteller und Bekenner‘ (1873) Bezug, wobei er, wie in einem Vorgriff auf seine Selbsteinschätzung in dem Gedicht „Ecce homo“, den „Lessing-Enthusiasten“ vorwirft, kein Gefühl dafür gehabt zu haben, „daß ein solcher Mensch wie eine Flamme zu geschwind abbrannte“.

[52] Der Antichrist, § 39.

[53] A.a.O., § 29.

V. Die Rekonstruktion

[1] C. A. Bernoulli, Franz Overbeck und Friedrich Nietzsche. Eine Freundschaft I, Jena 1908, 216; A. Pfeiffer, Franz Overbecks Kritik des Christentums, Göttingen 1975, 59.

[2] Der Antichrist, §§ 32; 35; 16.

[3] Zur Genealogie der Moral III, § 27.

[4] Jenseits von Gut und Böse: Vorrede.

[5] Götzen-Dämmerung: Was ich den Alten verdanke, § 2.

[6] Dazu R. Bultmann, Das Urchristentum im Rahmen der antiken Religionen, Zürich 1949, 172–180.

[7] Menschliches, Allzumenschliches II: Der Wanderer und sein Schatten, § 58.

[8] Die fröhliche Wissenschaft III, § 135.

[9] A. Strobel, Der erste Brief an die Korinther, Zürich 1989, 261f.

[10] L. Schenke, Die Urgemeinde. Geschichtliche und theologische Entwicklung, Stuttgart 1990, 163f.

[11] R. Bultmann, a.a.O., 184ff.

[12] Der Antichrist, § 42.

[13] Dazu Cl. Tresmontant, Biblisches Denken und hellenistische Überlieferung (Originaltitel: Essai sur la pensée ébraique), Düsseldorf 1956.

[14] Also sprach Zarathustra IV: Der häßlichste Mensch.

[15] Die fröhliche Wissenschaft V, § 344.

[16] Nachlass: Die Unschuld des Werdens I: 8,17.

[17] Der Antichrist, § 34.

[18] A.a.O., § 38.

[19] A.a.O., § 34.

[20] Jenseits von Gut und Böse IV, § 164.

[21] Der Antichrist, § 58.

[22] Ecce homo: Warum ich so gute Bücher schreibe, § 1; dazu M. Montinari, Ein neuer Abschnitt in Nietzsches ‚Ecce homo‘, in: Nietzsche lesen, Berlin 1982, 131.

[23] Dazu nochmals sein Nachwort zu Band VI der kritischen Studienausgabe.
[24] Ecce homo: Warum ich so gute Bücher schreibe, § 3.
[25] A.a.O., § 4.
[26] Jenseits von Gut und Böse IX, § 295.
[27] J. Köhler, Zarathustras Geheimnis, Nördlingen 1989, 562–571; 602.
[28] H. M. Wolff, Friedrich Nietzsche. Der Weg zum Nichts, Bern 1956, 244.
[29] E. Wasmuth, Der unbekannte Pascal. Versuch einer Deutung seines Lebens und seiner Lehre, Regensburg 1962, 245–255.
[30] Ecce homo, a.a.O., § 6.
[31] Ecce homo: Götzen-Dämmerung, § 2. Urheber dieser Stelle ist der kritischen Studienausgabe (XIV, 500) zufolge nicht Nietzsche, sondern Peter Gast (Brief vom 25. Oktober 1888), den Nietzsche wörtlich übernahm.
[32] Nach C. A. Bernoulli, Franz Overbeck und Friedrich Nietzsche. Eine Freundschaft I, Jena 1908, 394.
[33] Ecce homo: Warum ich so weise bin, § 7.
[34] A.a.O., § 3.
[35] Ecce homo: Warum ich ein Schicksal bin, § 1.
[36] Ecce homo: Jenseits von Gut und Böse, § 1.
[37] Ecce homo: Warum ich ein Schicksal bin, §§ 1 f.
[38] Menschliches, Allzumenschliches I, § 463; Morgenröte, § 197.
[39] Dazu meine Studie: Glaubenserweckung. Das Christentum an der Jahrtausendwende, Düsseldorf 2000, 44 ff.
[40] Also sprach Zarathustra II: Auf den glückseligen Inseln.
[41] S. Kierkegaard, Der Begriff Angst, Kap. II, § 2.
[42] Das Antichrist, § 16.
[43] Dazu der Abschnitt „Licht oder Finsternis?“ meiner Studie: Gott im Horizont des Menschen, Limburg 2001, 25–79.
[44] Also sprach Zarathustra IV: Außer Dienst.
[45] Also sprach Zarathustra IV: Der häßlichste Mensch.
[46] Dazu das Kapitel „Der Blick“ in Sartres philosophischem Hauptwerk: Das Sein und das Nichts (Originaltitel: L'Être et le Néant), Hamburg 1962, 338–397.
[47] Der Antichrist, § 35.
[48] Der Antichrist, § 35.
[49] A.a.O., § 33.
[50] A.a.O., § 32.
[51] A.a.O., § 34.
[52] A.a.O., § 31.
[53] Ecce homo: Warum ich so gute Bücher schreibe, § 5; Warum ich ein Schicksal bin, § 6.
[54] Zur Genealogie der Moral, Vorrede, § 2.
[55] Zur Genealogie der Moral, I, § 4.
[56] Ecce homo: Warum ich ein Schicksal bin, § 7.
[57] Nachgelassenes Fragment, Kritische Studienausgabe XII, München 1980, 376.
[58] Zur Genealogie der Moral III, § 27.
[59] Ecce Homo: Warum ich ein Schicksal bin, § 3.
[60] Also sprach Zarathustra II: Von großen Ereignissen.

[61] Also sprach Zarathustra II: Von großen Ereignissen.

[62] Die fröhliche Wissenschaft V, § 358.

[63] Der Antichrist, § 27.

[64] A.a.O., § 39.

[65] Nachlassnotiz vom Herbst 1886, in: Kritische Studienausgabe XII, 169.

[66] B. Pascal, Pensées, § 548.

[67] H.-J. Klauck, Der erste Johannesbrief, Zürich 1991, 53–78.

[68] Also sprach Zarathustra IV: Außer Dienst.

[69] Der Antichrist, § 16.

[70] A.a.O., § 17.

[71] A.a.O., § 35.

[72] A.a.O., § 41.

[73] G. Rohrmoser, Geistige Wende – Warum?, Mainz 1984, 67.

[74] Über den Sinn dieser prophetischen Zeichenhandlung gibt die Markusversion mit der Bemerkung Aufschluss: und er verbot, Geräte durch den Tempelbezirk zu tragen (Mk 11,16); denn damit unterband er für eine symbolische Zeit den dortigen Opferkult.

[75] O. Pfister, Das Christentum und die Angst. Mit einem Nachwort von Th. Bonhoeffer, Frankfurt 1985.

[76] M. Görg, Der un-heile Gott und die Bibel im Banne der Gewalt, Düsseldorf 1995.

[77] E. R. Dodds, Die Griechen und das Irrationale (Originaltitel: The Greeks and the Irrational), Darmstadt 1951, 15f.; 175f.

[78] D. Sternberger, Heinrich Heine und die Abschaffung der Sünde, Hamburg und Düsseldorf 1976; im Nachwort verweist Sternberger auch auf Heine als Quelle des Aphorismus ‚Der tolle Mensch' (420f.).

[79] Jenseits von Gut und Böse IV, § 168.

[80] Morgenröte I, § 71.

[81] Ebenso entschieden wie behutsam sprach sich dafür Gertrud von le Fort in ihrer Novelle ‚Plus ultra' und im zweiten Teil ihres Schweißtuchromans ‚Der Kranz der Engel' aus; dazu A. M. Miller, Briefe der Freundschaft mit Gertrud von le Fort, Memmingen 1976, 111–122.

[82] Die fröhliche Wissenschaft V, § 358.

[83] Der Antichrist, § 60.

[84] A.a.O., § 58.

[85] Zur Genealogie der Moral III, § 16.

Epilog

[1] E. Jünger, An der Zeitmauer, Stuttgart 1959, 159.

[2] Im Falle Kierkegaards hat das Motiv des „Loslassens" nicht nur den mit dem Hinweis auf das „geheime Leiden" Jesu an seiner Unkenntlichkeit ausgesprochen religiösen, sondern vor allem auch den auf die Trennung von seiner Verlobten Regine bezogenen biographischen Hintergrund, der ihn ebenso zum Dichter wie zum größten Glaubensdenker seiner Zeit werden ließ.